应用技术型高等教育财经类专业"十三五"规划教材

生产与运作管理

主　编　魏秀丽　明　鋆
副主编　饶　欣　范碧霞
主　审　徐　刚

上海财经大学出版社

图书在版编目(CIP)数据

生产与运作管理/魏秀丽,明鋆主编. —上海:上海财经大学出版社,
2016.8
(应用技术型高等教育财经类专业"十三五"规划教材)
ISBN 978-7-5642-2443-1/F•2443

Ⅰ.①生… Ⅱ.①魏…②明… Ⅲ.①生产管理-高等学校-教材
Ⅳ.①F273

中国版本图书馆 CIP 数据核字(2016)第 102492 号

□ 责任编辑 徐 超
□ 封面设计 张克瑶

SHENGCHAN YU YUNZUO GUANLI
生 产 与 运 作 管 理
主 编 魏秀丽 明 鋆
副主编 饶 欣 范碧霞
主 审 徐 刚

上海财经大学出版社出版发行
(上海市武东路 321 号乙 邮编 200434)
网 址:http://www.sufep.com
电子邮箱:webmaster @ sufep.com
全国新华书店经销
江苏省句容市排印厂印刷装订
2016 年 8 月第 1 版 2016 年 8 月第 1 次印刷

787mm×1092mm 1/16 15 印张 384 千字
印数:0 001—4 000 定价:35.00 元

前　言

生产活动是人类社会最基本、最重要的活动。随着现代社会的发展,生产的内涵不断得以扩展。有生产运作活动就有生产运作管理。管理的目的是通过正确的方式做正确的事,以最小的投入获得最大的产出。在管理科学的丛林中,生产运作管理是一门实践性很强的学科。一方面,生产运作管理所解决的基本问题都是在社会生产实践中经常遇到的问题;另一方面,当今应用型大学培养的人才需要具备更多的实践技能,能解决实际问题。现有的众多关于生产运作管理的相关教材,有的是从学科体系出发,重理论轻实践;有的针对高职高专类技术型人才的教材,又显得重实操轻理论,较难满足众多应用型本科院校培养应用型人才的需要。如何将理论与实践更好地结合,寻求更适合应用型本科类院校的教材体系,是本书的编者一直在探索的问题。

本书的编写同样也是围绕着生产运作管理的三大模块——生产运作系统的设计、运行、维护和改进的思路进行,但在编写的过程中,除了构建核心知识的理论体系外,更注重知识的实践应用性。概括起来,本书具有如下特色:

(1)案例与理论紧密结合。在本书的每一章都有紧密结合理论知识的案例,章前有引导案例,有助于读者带着思考进入学习;章后有案例讨论,有助于读者对知识的复习和巩固。

(2)课后习题、延伸阅读辅助理论知识学习。在本书的每一章后都配有全方位的具有针对性的习题和练习,同时,通过延伸阅读连接与本章内容相关的前沿知识,不仅帮助读者巩固所学知识,还能帮助指导读者进一步阅读和研究相关知识,实现知识的扩展,提高思维和自学能力。

(3)关注实践操作环节。在本书的编写过程中,为了更好地实现理论与实践的结合,在每一章结束后都针对各种不同条件的教学,安排切实可行又能提高学生实践动手能力的课外实践活动,一方面可以使所学知识得以运用,另一方面也可以培养学生的团队协作能力。

本书由湖北商贸学院和华中师范大学传媒学院的几位教师通力合作完成。全书由魏秀丽设计并提出编写大纲,徐刚对大纲及编写内容提出修改意见。具体分工如下:第一章、第二章由范碧霞、饶欣共同编写完成;第三章、第四章、第五章、第七章、第十章由魏秀丽编写完成;第六章、第八章、第九章由明鋆编写完成。另外,湖北商贸学院的毛洪涛老师也参与了本书资料的收集、整理和部分习题和实践环节的编写工作。全书的统稿工作由魏秀丽完成。

在本书的编写过程中,作者参考了很多国内外相关著作和资料,并尽可能详细地在书中注明出处。在此,对撰写这些文献的专家、学者表示深深的谢意。在本书编写中,也有可能由于疏忽出现有些资料被引用和借鉴了,但没有注明出处。若有此类现象发生,在此深表歉意。

由于编者的学识有限,书中谬误在所难免,敬请使用本书的师生和广大读者批评指正,以便进一步改进和完善。

编 者

2016 年 6 月

目 录

前言 ··· 1

第一章　绪论 ·· 1
　本章学习要点 ··· 1
　引导案例 ·· 1
　第一节　生产与生产运作管理 ··· 3
　第二节　生产运作类型及特征 ··· 10
　第三节　生产运作管理的发展 ··· 16
　　本章小结 ··· 21
　　延伸阅读 ··· 21
　　案例讨论 ··· 21
　　课后同步测试 ·· 23
　　课外小组实践活动 ··· 24

第二章　生产运作战略 ··· 25
　本章学习要点 ··· 25
　引导案例 ·· 25
　第一节　企业战略和生产运作战略 ·· 27
　第二节　生产运作竞争要素及竞争战略 ··· 32
　第三节　生产运作战略的制定 ··· 37
　　本章小结 ··· 41
　　延伸阅读 ··· 41
　　案例讨论 ··· 41
　　课后同步测试 ·· 43
　　课外小组实践活动 ··· 44

第三章　生产运作设施的选址与布置 ········· 45
本章学习要点 ········· 45
引导案例 ········· 45
第一节　设施选址 ········· 47
第二节　设施布置 ········· 55
本章小结 ········· 65
延伸阅读 ········· 65
案例讨论 ········· 65
课后同步测试 ········· 67
课外小组实践活动 ········· 69

第四章　生产过程组织及流水线设计 ········· 70
本章学习要点 ········· 70
引导案例 ········· 70
第一节　生产过程组织概述 ········· 71
第二节　生产过程的时间组织 ········· 73
第三节　流水生产线的设计与平衡 ········· 76
本章小结 ········· 85
延伸阅读 ········· 85
案例讨论 ········· 86
课后同步测试 ········· 87
课外小组实践活动 ········· 89

第五章　工作设计与工作测量 ········· 90
本章学习要点 ········· 90
引导案例 ········· 90
第一节　工作设计概述 ········· 91
第二节　工作研究与工作方法分析 ········· 98
第三节　工作测量与工时定额 ········· 104
本章小结 ········· 111
延伸阅读 ········· 111
案例讨论 ········· 112
课后同步测试 ········· 112
课外小组实践活动 ········· 114

第六章 生产运作能力规划与设计 ················· 115
- 本章学习要点 ················· 115
- 引导案例 ················· 115
- 第一节 生产能力概述 ················· 116
- 第二节 生产能力的度量与计算 ················· 118
- 第三节 生产能力与生产任务的平衡 ················· 122
- 第四节 生产能力的规划 ················· 123
  - 本章小结 ················· 127
  - 延伸阅读 ················· 127
  - 课后游戏与讨论 ················· 128
  - 课后同步测试 ················· 128
  - 课外小组实践活动 ················· 130

第七章 综合生产计划和主生产计划 ················· 131
- 本章学习要点 ················· 131
- 引导案例 ················· 131
- 第一节 生产计划概述 ················· 132
- 第二节 综合生产计划 ················· 138
- 第三节 主生产计划的制定 ················· 147
  - 本章小结 ················· 159
  - 延伸阅读 ················· 159
  - 案例讨论 ················· 160
  - 课后同步测试 ················· 161
  - 课外小组实践活动 ················· 163

第八章 物料需求计划与 ERP ················· 164
- 本章学习要点 ················· 164
- 引导案例 ················· 164
- 第一节 MRP 的产生 ················· 165
- 第二节 MRP 系统 ················· 167
- 第三节 从 MRP 到 ERP ················· 173
  - 本章小结 ················· 176
  - 延伸阅读 ················· 176
  - 案例讨论 ················· 176
  - 课后同步测试 ················· 179
  - 课外小组实践活动 ················· 180

第九章 生产作业计划与作业排序 181
本章学习要点 181
引导案例 181
第一节 概述 182
第二节 生产作业计划的期量标准 183
第三节 作业排序 196
本章小结 200
延伸阅读 200
案例讨论 201
课后同步测试 201
课外小组实践活动 204

第十章 网络计划技术 205
本章学习要点 205
引导案例 205
第一节 网络计划技术概述 206
第二节 网络图的绘制 208
第三节 网络计划时间参数的计算 215
第四节 网络计划的优化 221
本章小结 227
延伸阅读 227
案例讨论 228
课后同步测试 229
课后小组实践活动 231

参考文献 232

第一章 绪 论

【本章学习要点】
- 掌握生产运作管理的含义和内容
- 熟悉生产系统的基本组成和功能
- 清楚不同的生产类型及其特征
- 区分服务型生产和制造型生产的特殊性
- 了解现代生产运作管理的发展历程和发展新趋势

【引导案例】

通用电气的服务化转型之路

自美国通用电气公司(GE)在2012年提出"工业互联网"概念以来,其对业务结构进行整合重组,剥离了以往盈利能力较强的金融和家电等非核心业务板块,重新聚焦到高端制造业领域。GE以工业互联网为中心不断加强软硬件整合,加快向制造业的服务化、智能化方向转型,并呈现出与以往服务化发展的不同特征。

一、GE围绕工业互联网开展的业务变革

1. 强化核心板块业务

一是提升工业领域的软件服务能力。GE在硅谷投资建立了自己的数据中心,为企业提供庞大的数据服务支持。2013年,GE以1.05亿美元注资云服务和大数据服务公司——Pivotal,为工业化产品和服务提供数据服务。GE的软件中心也以Pivotal的多个技术作为标准来开发新应用,拓展互联网产业在工业领域的应用。2014年5月,GE收购加拿大的网络安全公司Wurldtech,后者的网络安全相关服务既适用于炼油厂、输电网等复杂环境,也可应用于医疗器械、智能电表等单一设备。

二是弥补能源电力业务短板。2014年6月,GE以123.5亿欧元收购法国阿尔斯通的能源和输电业务,成为GE工业领域有史以来规模最大的一次并购。此外,两者还将组建各占50%股份的合资公司,以管理阿尔斯通未出售的电力设备资产。两者能源设备类似,在热电领域存在互补,在风电、水电领域也各有所长,不但契合GE在能源业务的全球化布局,更重要的是可以弥补GE在输变电业务的短板,使GE可以在此基础上加强能源管理系统的构建,优化能源系统设计。

三是加强医疗领域互联网融合。近年来,GE不断推进工业互联网在医疗资源共享、预防性维护及资产优化等方面的应用。2014年1月,GE宣布收购医疗人力资源管理软件及分析解决方案提供商——API Healthcare公司,希望通过该收购为医疗机构提供实时数据监测,从而加强人员管理和患者的相互衔接。GE开展手术室内各种手术流程中的决策和管理,利用软件、实时数据和强大的分析能力帮助提升治疗效果,不断推进医疗工业互联网生态系统的建立和医疗信息化进程。

2. 剥离出售非核心业务

一是进行去金融化。GE拥有庞大的金融业务,一直是金融和工业融合发展的典范,金融业务甚至占到GE 2014年总利润的42%。但随着金融风险的加大,GE的金融业务也面临着愈加严格的金融监管压力。因此,GE主动剥离金融部门大部分业务,从而降低对金融业务的依赖,进一步回归工业领域。2014年,GE分拆了旗下金融信用卡业务以及消费金融公司;2015年3月,GE以62.6亿美元的价格将旗下金融子公司GE Capital的澳大利亚和新西兰消费者贷款业务出售给KKR公司和德意志银行在内的金融财团;2015年4月,GE宣布将在未来两年内继续剥离3 630亿美元的GE Capital的大部分金融业务,以期更加专注于高端制造业。目前,对金融业务的剥离工作在加速进行中,但GE还会保留与航空、能源和医疗设备等领域相关的金融租赁业务,主要为工业部门提供必要的支持。

二是退出家电行业。2014年9月8日,GE宣布将退出家用电器行业,把旗下冰箱、洗衣机等在内的家电业务以33亿美元的价格转让给瑞典伊莱克斯公司,后者是欧洲最大的家电企业,美国第二大家电品牌。GE家电部门唯一保留的业务是照明业务,并注重该业务在智能终端等商业领域的应用和推广。同时还可以看到,其他电子电气巨头企业也纷纷退出家电市场。2014年9月,德国西门子公司与世博集团达成协议,后者以30亿欧元的价格收购西门子所持有的合资企业博世和西门子家用电器集团50%的股份。西门子从此彻底退出家电市场,将业务主要分布在工业、能源、楼宇、交通和医疗等领域。国际巨头纷纷淡化利润率低的家电行业,而选择那些利润和技术门槛更高的领域,GE也走上"去多元化"、专注发展高端制造业的发展方向。

3. 构建工业互联网联盟并广泛开展合作

2014年4月18日,AT&T、思科、GE、IBM和英特尔在美国波士顿宣布成立工业互联网联盟(IIC),以期打破技术壁垒,形成跨产业界的联动,通过促进物理世界和数字世界的融合,而释放所有工业领域的商业价值。思科为GE的软件提供可以运行的网络产品,英特尔的处理器与GE的系统进行集成,AT&T通过网络将火车、货轮和飞机引擎连入云端。2013年,GE与亚马逊开展合作,利用其全球基础设施、广泛的服务和大数据优势,提供面向工业应用和基础设施的云解决方案。2014年10月,GE还与软银、Verizon和沃达丰达成全球联盟,为工业互联网优化无线网络连接方案。

二、GE服务化转型的主要做法

1. 软硬结合实现服务增值

GE启动工业互联网战略,正是基于其在航空、医疗等领域的高端机器和设备的制造优势,这些硬件会产生大量的数据,通过将这些硬件接入互联网,使得物理资源优势转化成数据资源优势。GE通过在硅谷建立自己的软件和分析中心,同时不断地收购整合其他软件公司的技术,大大增强了对数据的分析和处理能力。GE将这些数据信息处理技术转化成工业互联网产品,以市场需求和行为为导向,致力于资产优化和运营优化,从而降低成本和提高生产效率。例如,GE 除进行发动机制造外,还对全球的航空公司和航空货运公司提供服务,通过利用飞机性能数据、故障预测、恢复和规划,来提高飞机的效率。GE 公司的设备目前拥有高达 1 600 亿美元的服务合同,工业互联网产品的应用将为公司平均每台设备带来 3%~5%的销售额增长,软件的销售额每年将增长 15%。GE 已构建起高端制造业的新商业模式,即向软件和服务化转型。

2. 着力打造开放式工业互联网平台

GE 凭借其强大的业务整合能力,不断地用自身的技术去改善收购的业务,从而实现技术的快速发展。自 2012 年实施工业互联网战略以来,用了短短三年的时间就推出了工业互联网平台——Predix,甚至欲将其打造成工业互联网的操作系统标准,并预计在 2015 年将 Predix 软件平台向所有用户开放。该软件平台成为 GE 的工业互联网生态系统的重要载体,它将会降低企业采用工业互联网应用的门槛,允许安装各种不同的工业软件,将各种工业装备、设备,甚至是生产企业连接到互联网并接入云端,并提供资产性能管理(APM)和运营优化服务。为了进一步推广 APM 方案,GE 还发布了 Predix 应用工厂(AppFactory),用于快速开发建模、实现和部署工业互联网应用。正是基于平台的开放性,将加快推进工业设备的互联网接入,推动 Predix 生态系统的完善,从而为 GE 带来更多的产品订单和服务需求业务。

(资料来源:国家重大技术装备网,http://www.chinaequip.gov.cn)

生产是大多数人都熟悉的活动,然而,随着服务业的兴起,生产的概念已经得到进一步扩展。生产不再只是工厂里从事的活动了,而是一切社会组织将其最主要的资源投入进去进行的最基本的活动。也就是说生产不仅指对有形产品的制造,同时也包括对无形产品——服务——的提供。没有生产活动,社会组织就不能存在。本章阐述的是生产及生产运作系统的基本概念和功能、生产运作管理的目标和基本内容,讨论生产运作的分类、各种生产运作类型及其特征,介绍生产运作管理的历史并探讨生产运作管理的发展趋势。

第一节 生产与生产运作管理

一、生产运作概念的形成和发展

(一)生产的传统含义

生产是自有人类社会以来最基本的实践活动。在人类的历史长河中,人类就是通过生产创造的一切社会财富求得生存与发展,生产的概念也随着社会生产力水平的提高而不断延伸与发展。

最初,人类以自然界作为基本财富资源,以"自然"为对象进行生产,形成了第一产业范畴意义上的生产概念,主要运用于农业、采掘业。之后,工业生产迅速发展,人类把"实物制造"列为创造财富的源泉,由此强调有形的实物产品的生产。这时的生产,按照马克思主义的观点,是指以一定生产关系联系起来的人们利用劳动资料,改变劳动对象,以适合人们需要的过程。这里所说的生产主要指物质资料的生产。所以长时间以来,传统的生产被定义为:将一定的原材料转化为有形产品的过程。

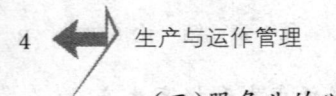

(二)服务业的兴起

经济学家将经济的发展分成前工业(pre-industrial)社会、工业(industrial)社会和后工业(post-industrial)社会三个阶段。

在前工业社会,人们主要从事农业和采掘业。农业和采掘业的实质是从自然界直接提取所需的物品。人们利用体力、兽力和简单的工具,以家庭为基本单位进行生产,劳动生产率低下,受自然条件的影响很大。

在工业社会,人们主要从事制造业。制造业的实质是通过物理和(或)化学的方法,改变自然界的物质,生产所需要的人造物品——产品。这些人造物品代表人类创造的物质文明,丰富了人们的物质和精神生活。分工是工业社会组织生产活动的基本原则。通过分工,可以提高人们操作的熟练程度,节约不同工作之间的转换时间,并促进机器的发明。人们利用机器和动力,以工厂为单位进行生产,使劳动生产率大幅度提高。

在后工业社会,人们主要从事服务业,其实质是提供各种各样的服务。人们利用知识、智慧和创造力,以信息技术为依托,通过不同的社会组织,为顾客提供服务。信息成为关键资源,生活质量由保健、教育和休闲来衡量,主要活动是人们之间的交往。

现代服务业大体相当于现代第三产业。国家统计局在1985年《关于建立第三产业统计的报告》中,将第三产业分为四个层次:第一个层次是流通部门,包括交通运输业、邮电通讯业、商业饮食业、物资供销和仓储业;第二个层次是为生产和生活服务的部门,包括金融业、保险业、公用事业、居民服务业、旅游业、咨询信息服务业和各类技术服务业等;第三个层次是为提高科学文化水平和居民素质服务的部门,包括教育、文化、广播电视事业,科研事业,生活福利事业等;第四个层次是为社会公共需要服务的部门,包括国家机关、社会团体以及军队和警察等。

可见,服务业的范围十分广泛。服务业的重要性日益被人们所认识,它已经成为现代社会不可分离的有机组成部分。如果没有服务业,就不会有现代社会。没有教育,就不可能造就掌握各种知识的人才,工农业生产就没有合格的劳动者;没有交通和通信这样的基础设施,工农业生产就不可能进行;没有政府提供的服务,各种社会组织就不能正常运作;没有各种生活服务,人们就不能正常生活。

自改革开放以来,我国服务业发展迅速。《国务院关于加快发展服务业的若干意见》(国发[2007]7号)指出,服务业的发展水平是衡量现代社会经济发达程度的重要标志。加快发展服务业,提高服务业在三次产业结构中的比重,尽快使服务业成为国民经济的主导产业,是推进经济结构调整、加快转变经济增长方式的必由之路,是有效缓解能源资源短缺的瓶颈制约、提高资源利用效率的迫切需要,是适应对外开放新形势、实现综合国力整体跃升的有效途径。

服务业的兴起是社会生产力发展的必然结果,也是满足人们物质生活和精神生活需要的必然结果。服务业发展不足,不仅会制约工农业生产的发展,成为限制国民经济发展的瓶颈,还会造成社会不稳定,很多社会矛盾是因为服务业发展不足而引起的,尤其是公共服务。从技术进步的角度看,工业产品日益复杂,技术含量越来越高,如果没有基于产品的服务,用户由于缺乏专业知识,没法解决使用产品过程中遇到的各种问题。实行差异化战略,除了使产品具有特殊性能以外,提供服务是主要途径,尤其是通过服务满足顾客个性化需要。服务创造顾客价值的空间比实体产品大得多,GE和IBM等大公司的服务转型,也说明了这一点。

(三)生产概念的扩展

服务业的兴起,使生产的概念得到延伸和扩展。过去,西方学者把和工厂相联系的有形产品的制造活动称作"production",而把提供劳务的活动称作"operations"。现在,他们有时将两

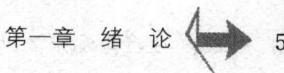

者均称为"operations"。西方学者将有形产品和劳务都称作"财富",把生产定义为创造财富的过程。

生产的概念扩大到非制造领域,是有道理的。例如,搬运工人和邮递员转送的都不是他们自己制造的东西,但他们都付出了劳动,我们不能说他们从事的不是生产活动。事实上,在现代社会已经很难将制造产品和提供服务截然分开了,产品和服务已经融合,单纯制造产品不提供任何服务的企业已经不复存在,单纯提供服务而不提供产品的情况也是较少的。

随着社会和经济的发展,人们越来越把有形产品的生产过程和无形产品——服务——的提供过程作为一个相互联系的整体来看待,都看作一种"投入—转换—产出"的过程。这种扩大了的生产概念,即"投入—产出"的概念,在西方管理界被称为"operations",即运作。尽管生产和运作两者之间有不同,但基本形式是一样的。由此,我们可以将生产定义为:生产是一切社会组织将对它的输入(生产要素)转化为输出(产品或服务)的过程,也即创造产品和提供服务的过程。如图1—1所示。

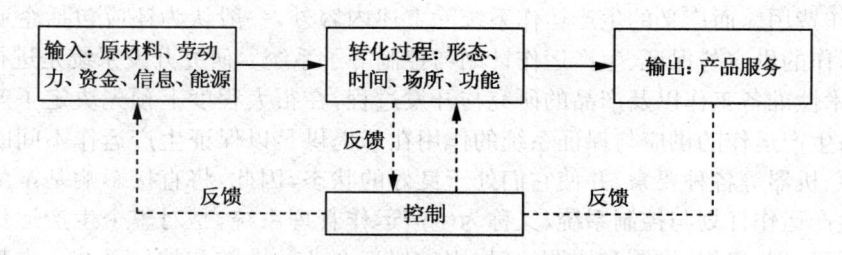

图 1—1　输入转化为输出的过程

社会组织要提供输出,则必须有输入。输入是由输出决定的。生产什么样的产品和提供什么样的服务,决定了需要什么样的原材料和其他投入。输入不同于输出,这就需要转化。转化是通过人的劳动实现的,转化的过程就是生产。转化是一个增值的过程,它使输出的价值高于输入的价值。

为了更好地理解生产的输入和输出过程,表1—1列出了几种典型的社会组织的输入、转化和输出的内容。

表 1—1　　　　　　　典型社会组织的输入、转化和输出

组织	主要输入	资源	主要转化过程	典型输出
医院	病人	医生、护士、药品、医疗设施	治疗	康复的病人
餐馆	顾客	粮食、餐具、厨具、调料等	烹调食物,提供用餐服务	顾客用餐的满意度
商店	顾客	房屋、柜台、售货员、展示窗等	售货与服务	销售服务
汽车制造厂	钢材、发动机、零部件等	工具、技术人员、生产设备、技术图纸、厂房等	零件加工、汽车装配	高质量的汽车
大学	高中毕业生	教师、教室、实验室、图书馆等	教学	受过教育的人才
航空公司	旅客	飞机、空服人员、驾驶员、机场及地勤人员等	飞向目的地	安全、准时到达终点

二、生产运作系统的含义和功能

（一）生产运作系统的含义

从系统的观点来考察生产运作，可以将企业中从事生产运作活动的子系统称为生产运作系统。生产运作系统是由人和机器等构成的，能将一定输入转化为特定输出的有机整体。生产运作系统本身是一个人造的系统，它也是由输出决定的。输出的"质"不同，则生产系统不同，如钢铁厂的生产系统不同于机床厂的生产系统，餐馆的生产系统不同于银行的运作系统。生产运作系统还取决于输出的"量"。同样是汽车生产，大量大批生产和小批量生产所采用的设备以及设备布置的形式是不同的；同样是提供食物，大酒店与小餐馆的运作组织方式也是不同的。

生产运作系统有广义和狭义之分。狭义的生产运作系统有时也称为制造系统，是指直接进行产品的生产加工或实现劳务的过程，其工作直接决定着产品或劳务产出的类型、数量、质量和生产运作费用。而广义的生产运作系统除上述内容外，一般认为还应包括企业中的研究开发、生产运作的供应与保证、生产运作计划与控制等子系统。研究开发系统是进行生产运作前的各项技术性准备工作以及产品的研究与开发过程，在很大程度上预先决定了产品或劳务产出的效果；生产运作的供应与保证系统的作用在于提供足以保证生产运作不间断进行所需的物料、能源、机器等各种要素，并使它们处于良好的状态，因此，将直接影响基本生产运作的正常运行；生产运作计划与控制系统，又称为生产运作管理系统，是对整个生产运作系统各方面的工作进行计划、组织、控制和协调，其作用类似于企业的大脑和神经系统。本教材所指生产运作系统是广义的生产运作系统。

从生产管理的角度看，任何一个生产运作系统都具有五个基本要素：人（people）、厂房（plant）、物料（parts）、过程（process）和计划与控制（planning and control），这就是生产运作系统的"5P"学说。人这里是指生产运作过程中参与的直接和间接的劳动力资源。厂房要素是指生产运作过程中涉及的场地、设施设备、工具等。物料是指生产运作活动的对象，包括生产过程中的主要材料和辅助材料。过程是指产品生产的流程、步骤、技术和方法。计划控制是指生产运作系统的过程控制与信息管理。

这五大要素构成了生产运作系统的两大子系统：物质系统和管理系统。物质系统是一个实体系统，主要由各种设施设备、机械等组成；管理系统主要是指对生产运作的物质系统进行设计、配置、运行和改进，实际上是对生产运作过程的计划、组织和控制。管理系统考虑的主要问题是如何对生产运作系统进行设计、运行和改进。

总之，我们可以说，生产运作系统包括拥有各种不同技能的人、各种不同功能的机器和厂房以及使其能够运作起来的资金等。因此，生产运作系统是人的组织、物的配置和资金运筹的协调运作的统一体。

（二）生产运作系统的功能

生产运作系统是实现价值转化的一个企业子系统，它通过为用户提供价值来实现企业价值增值，这是生产运作系统最本质的功能。但是这种价值增值的功能是多维度的，这种多维度与用户需求有关。因为企业生产运作系统是通过满足用户的需求达到实现企业价值，这是生产运作系统存在的基础。基于这种关系，理解企业生产运作系统的功能也必须从理解顾客需求开始。

用户对产品提出要求，企业由此制定相应的产品战略，为实现该战略，对生产系统提出相应要求。简言之,生产运作系统的功能即为顾客对产品需求的满足。顾客对产品需求是多方面的,主要有:品种款式、质量、价格、数量、交货期、服务、环保与安全。由此要求生产运作系统在创新、质量、柔性、成本、按期交货、继承性、环保与安全等方面做出努力。与此对应,生产运作系统具备的功能主要有:

(1)产品创新功能。一个生产运作系统必须不断推出新产品,满足日益增长的顾客需求。要提高生产运作系统的产品创新功能,企业要不断更新生产工艺与生产装备,采用先进的产品开发策略,提高产品开发速度。

(2)质量保证功能。生产运作系统必须向顾客提供合格的产品与服务的质量保证,只要达到甚至超过顾客的质量要求,生产运作系统才有竞争力。

(3)市场应变功能。生产运作系统必须具有根据顾客需求的变化而灵活调整生产要素,改变生产组织方式来适应需求的变化能力。

(4)交货保证功能。生产运作系统必须按照顾客交货要求来组织生产,然后按照交货期交货,这是企业参与竞争的基本条件。能否按时交货取决于生产运作系统的生产组织与控制能力。随着市场竞争的加剧,基于时间竞争的压力增加,生产运作系统这种按时交货能力的要求也越来越高。

(5)成本控制功能。企业产品成本的大部分是由生产过程产生的,为了降低产品价格,提高市场竞争力,必须不断降低成本,而降低成本的关键是降低生产成本。因此,生产运作系统必须具有控制成本的能力。

(6)服务保障功能。企业产品销售出去以后,顾客在使用产品的过程中会出现各种问题,如零件更换、维修等。因此,生产运作系统要提供各种服务保障:提供备件与备品、提供安装服务、使用培训等。

三、生产运作管理的目标和内容

生产运作管理是对企业输入转化为输出(产品或服务)的各种生产要素和过程进行计划、组织和控制的一系列管理活动的总称。

(一)生产运作管理的目标

生产运作管理的目标用一句话可以总结为:在适当的时候,以适当的价格,向顾客提供适当质量的产品和服务。也即灵活、高效、准时、低耗、可靠地生产合格产品或提供满意服务。

(1)灵活是指企业要适应市场变化,不断调整生产要素的组合,根据客户需要进行生产,以提高生产对客户需求的响应能力。

(2)高效是生产始终追求的基本目标。在激烈的市场竞争中,企业只有不断提高效率,才能迅速响应客户的需求,为此要采用先进技术装备、改进工作方法、制定合理的管理制度、提高员工素质等。

(3)准时是指在客户需要的时候,按客户需要的数量,提供客户需要的产品或服务。准时是现代生产的一个基本要求,准时生产可以消除企业不必要的浪费,从而降低成本、提高响应能力。

(4)低耗是指提供相同数量和质量的产品或服务,消耗的人、财、物最低,通过降低消耗,可以降低成本,从而使产品具有价格竞争优势。

(5)可靠是指企业产品或服务符合客户的交货要求、质量要求等。

(二)生产运作管理的内容

生产运作管理的内容大体可以分为三个部分:生产运作系统的设计管理、生产运作系统运作过程管理和对生产过程改进与维护的管理。

生产运作系统的设计主要包括产品或服务的选择、用于生产的各类设施设备的选址、能力规划、工艺选择、设施布置、工作设计等的决策过程。生产运作系统设计一般是在新建或改建、扩建生产单位或营业场所时进行的。当需要扩大生产或营业规模,或因产品变化而要重新调整设备布局时,都会遇到生产运作系统的设计问题。

生产运作系统的运行管理主要是对长期、中期、短期生产活动的计划、组织和控制。具体内容主要包括:生产运作计划和能力计划、库存和成本控制、作业调度、人员调配、质量保证等方面。在很大程度上,生产运作管理人员的主要任务是进行生产运作系统运行中的日常管理工作。

生产运作系统的设计直接决定着生产运作系统的运行效率。一个先天不足的生产运作系统无论后天管理得多么出色,也难达到理想中的最优状态。表1—2给出了生产运作系统设计和运行管理的主要内容。

表1—2　　　　　　　　　生产运作系统设计与运行管理内容

决策内容	要解决的基本问题
生产运作系统设计	
产品和服务	改进和提高产品质量及服务水平的途径
流程选择	企业应采取的生产流程
能力需求	中长期生产能力需求量,最优地满足能力要求的方案
设施选址	工厂、仓库、分销中心或服务门店的选点布局
设施布置	部门、设备、生产流程等的最佳配置
工作设计	调动员工积极性的最佳方法,提高生产率的措施
生产运作系统运行	
总体生产规划	中长期生产任务,对生产能力的长期需求
物料需求计划	何时、何部门需要何种原材料、零件和产品
作业计划	最优作业顺序及时间安排,负荷测定,生产设备设施配置
项目管理	影响项目工程周期的关键因素,项目的目标制定及资源管理
库存管理	订货批量的大小,订货时机,重点物料的管理
质量控制	建立质量保证体系,质量管理标准的建立与实施

生产运作系统的维护与改进包括设备管理与可靠性、生产现场和生产组织方式的改进。生产运作系统运行的计划、组织和控制,最终都要落实到生产现场。因此,要加强生产现场的协调与组织,使生产现场做到安全、文明生产。生产现场管理是生产与运作管理的基础和落脚点,加强生产现场管理,可以消除无效劳动和浪费,排除不适应生产活动的异常和不合理现象,使生产运作过程中的各要素更加协调,不断提高劳动生产率和经济效益。

四、生产运作管理的作用

由于科技的不断进步和经济的飞速发展,企业越来越面临着缩短交货期、提高产品质量、降低产品成本以及对不断变化的市场作出快速反应等方面的压力,这使越来越多的企业认识到生产运作管理对于企业获取竞争优势的重大作用。

(一)生产运作是企业经营的基本职能之一

一般认为,社会组织的基本职能有三项:生产运作、财务和营销。三项基本职能是相互依存的。其中,发现需求是进行生产经营活动的前提,有了资金和生产某种产品及提供某种服务的能力,如果该产品或服务没有市场,那将是毫无意义的;有了资金和市场,但却制造不出产品或提供不了服务,也只能眼睁睁地看着市场被竞争对手抢占;有了市场和生产能力,但没有资金购买原材料和支付工资,显然也是不行的。三项基本职能连同组织的其他职能,都是组织不可少的,每项职能都依赖于其他职能。

(二)生产运作是企业创造价值的主要环节

从人类社会经济发展的角度来看,除了自然界带来的财富(如石油、煤等矿产)之外,人类从事物质产品的生产是创造财富的主要活动。工业生产直接决定着人们的衣食住行的方式,也直接影响着农业、矿产业等其他产业技术装备的能力。伴随着生产过程的进行,被加工对象完成了"原材料—在制品—产品"的转换,其价值也逐步增值。因此,对制造业而言,生产过程是企业创造价值的过程。另外,随着生产规模的不断扩大,产品和生产技术的日益复杂,市场交换活动的日益活跃,一系列连接生产活动的中间媒介活动变得越来越重要。因此,与工业生产密切相关的金融、保险、对外贸易、房地产、仓储运输、技术服务等服务行业在现代生活中所占的比重越来越大,这些在人类创造财富的整个过程中起着越来越重要的作用,同样是创造价值或财富的必要环节。因此,对服务业,服务过程也是价值增值的过程。无论是制造业的生产过程,还是服务业的服务过程,都是生产运作过程,可见,生产运作是企业创造价值的主要环节。

(三)生产运作管理是企业竞争力的源泉

现代企业面临着许多问题,如资金、设备、技术、生产、销售、人员管理、与政府/银行/股东的关系等问题。任何一个方面出了问题,都有可能影响整个企业的正常生产和经营。但消费者只关心企业所提供的产品或服务的效用,因此,企业之间的竞争实际上是企业产品之间的竞争,企业竞争的关键最终体现在企业提供的产品或服务的质量、价格和适时性上。哪个企业的产品质量好、价格低又能及时推出,这个企业在竞争中就能取胜。一个企业产品的竞争力,在很大程度上取决于企业生产运作管理的绩效。从这个意义上来说,生产运作管理是企业竞争力的真正源泉。

[企业实践] 美国大陆航空公司运作的改善

1994年,美国大陆航空公司的财务状况很糟糕,顾客大量流失,资金也很快被消耗殆尽,4万多个就业岗位岌岌可危。而今,大陆航空公司士气高昂,这多亏了对运作流程的重新设计以及如何有效运作所做的努力。转折的关键就在于以协作的方式对许多运作流程迅速进行再设计,以使每一个人都齐心协力。经过多年的低成本运营之后,质量和顾客响应策略得到了巨大的改进。大陆航空公司更改了流程,使流程的重点变成为顾客价值增值而不是削减成本。其难点是找出改善顾客体验的办法以使收入的增长快于成本的增加。航空公司设立了免费热线来处理员工有关改进运营的建议，比如提高机票预订流程的速度。管理层设法通过选择人们愿意旅行的地点和时间，并利用清洁、有吸引力的飞机来改进顾客的体验。

航空公司还选择了15种左右的关键指标对竞争对手进行跟踪和比较，这些指标包括准时到达、行李托运和顾客投诉等。飞机维护有所改进，提高能力利用率，飞机得到及时修复，使其在需要飞行时不会出现故障。最后，为提高可靠性，公司鼓励制定飞行计划的人员与掌管机械师、机组乘务员以及飞机零部件库存的运行部门之间更好地进行跨职能部门的沟通。经过1年的时间，维修经费预算从7.77亿美元下降到3.95亿美元，并且航空公司的飞机派遣可靠性从行业中的最后一名跃升为第一名。

（资料来源：柯清芳. 生产运作管理[M]. 北京理工大学出版社，2009. 略有改动）

第二节　生产运作类型及特征

所谓生产运作类型，是指一个组织以什么样的基本形式来组织资源，设计生产运作系统。它是产品和服务的品种、数量、专业化程度等因素在生产运作系统的技术、组织、效益等方面的综合表现。

不同的生产运作类型所对应的生产运作系统的结构及其运行机制不同，相应的管理方法也不同。因此，了解和掌握不同生产运作类型的特点、运行机制，对搞好生产运作管理具有重要意义。

一、制造性生产和服务性运作

尽管各类社会组织的生产特征各不相同，但根据其产出，从管理角度，可以将生产运作分成两种类型：制造性生产和服务性运作。

制造性生产是通过物理或化学的作用将有形输入转化为有形输出的过程，提供的是有形产品，而服务性运作提供的基本上是无形的行为或绩效，它的运作可能与某种物质产品相联系，也可能毫无联系，如旅游、保健、咨询和美容等。服务业以提供劳务为特征，但服务业也从事一些制造性生产，只不过制造性生产处于从属地位。

（一）制造性生产与服务性运作的共同点

不管是制造性生产还是服务性运作，两者有许多相似之处：

(1) 两者都是为了满足社会需要。

(2) 两者都执行"投入—转换—产出"的过程，整个转换过程的输出就是产品或服务。

(3) 两者都涉及设计和运行决策。如制造商必须决定其工厂规模大小，服务组织必须决定其营业面积的大小，两者都必须就选址、工作进度、资源分配等进行决策。

（二）服务性运作的特殊性

与传统的制造业生产不同，服务业运作有自己的一些特殊性。当然两者首要的不同就是输出产品的不同（前面已经提到，制造性生产输出的是有形产品，而服务性运作输出的是无形的产品或服务）。除了这点，两者在其他多个角度也有不同，主要表现在：

1. 服务性运作的产品不可储备

制造性生产提供的产品是有形产品，可以库存，可以被储藏、运输，用于满足未来的或其他地区的需求。在有形产品的生产中，企业可以利用库存和改变生产量来调节与适应需求的波动。而服务是不能预先"生产"出来的,也无法通过库存来调节顾客的随机性需求。为了达到满意的服务水平,服务人员、服务设施以及各种物质性准备都要在需求到达之前完成,而当实际需求高于这种能力储备时,服务质量就会下降。因此,服务性运作过程受时间的约束更大,对运作能力的管理比制造业更难。

2. 与顾客的接触频繁

制造性生产的顾客基本上不接触或极少接触产品的生产运作系统,主要接触流通业者和零售业者。但对于服务性运作来说,其生产与消费是同时进行的,顾客既是投入的一部分,又是运作过程中接受服务的主体。如在医院、教育结构、百货商店、娱乐中心等,顾客在提供服务的大多数过程中都是介入的。

3. 响应顾客需求的难度大

制造性生产所提供的产品可以有数天、数周甚至数月的交货周期,而对于许多服务性运作来说,必须在顾客到达的几分钟内做出响应。如机床设备购买者可能同意16周后交货,但在一个超级市场,如果顾客在收款处等5分钟,可能就会变得不耐烦。

由于服务性运作的顾客是随机到达的,因此服务性运作要想保持需求和能力的一致,难度是很大的。而且,顾客到达的随机性在不同的日期、每日不同的时间段内可能都会不同,这就使得短时间内的需求也有很大的不确定性。

4. 设施靠近顾客目的地

制造性生产的生产设施可远离顾客,其产品可销往某一地区、全国甚至国际市场,这意味着它们有比服务运作更集中、规模更大的设施,更高的自动化程度和更多的资本投资,对流通、运输设施的依赖性也更强。而对于服务性运作来说,服务不可能被运输到远地,其服务质量的提高有赖于对最终市场的接近与分散程度,设施必须靠近其顾客群,从而一个设施只能服务于有限的区域范围。

5. 产品质量不易度量

由于制造性生产所提供的产品是有形的,其产出的质量易于度量。而对于服务性运作来说,大多数产出是不可触摸的,顾客的个人偏好也影响对质量的评价,因此,对质的客观度量有较大的难度。例如,在百货商店,一个顾客可能以购物时营业员的态度作为服务质量的主要评价标准,而另一个顾客可能以处理付款的准确性和速度来评价。

6. 生产率难以测定

制造性生产的设备和人员都要求有很强的技术性,并严格按照事先制定的工艺标准和工艺规程工作,生产率容易测定。而服务性运作中,每一个人都可以说是服务方面的专家,每个人都有过提供服务的经历,也知道一定的提供服务的方法,而且这些方法在大多数情况下因服务对象的不同会有较大的区别。因此,服务性运作的生产率难以测定。

综上所述,制造性生产与服务性运作的区别可以归纳为表1—3。

表1—3　　　　　　　　　制造性生产与服务性运作的不同

制造性生产	服务性运作
产品是有形的、可触摸的	产品是无形的、不可触摸的
产出可储存	产出不可储存
顾客与生产系统极少接触	顾客与服务系统接触频繁

续表

制造性生产	服务性运作
响应顾客需求的周期较长	响应顾客需求的周期短
可服务于本地区、全国乃至国际市场	主要服务于有限区域
设施规模较大	设施规模较小
质量易于度量	质量不易度量
生产率容易测定	生产率不易测定

二、制造性生产的分类

制造性生产行业广泛,产品种类众多,其生产过程及生产系统千差万别。分类标准不同,生产类型也不同。表1—4列出了几种典型的制造性生产的分类方法。

表1—4　　　　　　　　　　　制造性生产的典型分类

分类依据	生产类型
按产品使用性能分类	通用产品的生产、专用产品的生产
按生产工艺特征分类	加工装配式生产、流程式生产
按产品需求特性分类	订货型生产、备货型生产
按生产的稳定性和重复性程度分类	大量生产、成批生产、单件小批生产

（一）按产品使用性能分类

按产品使用性能划分,可以把制造性生产分为通用产品的生产和专用产品的生产。

1. 通用产品的生产

通用产品是按照一定的标准设计生产的产品。通用产品的通用性越强,产品的销路就越广。通用产品的生产规模大,生产过程也相对稳定。因此,可以采用高效的专用生产设备,在计划方式上也有条件采用优化的标准计划。

2. 专用产品的生产

专用产品是根据用户的特殊需求专门设计和生产的产品。产品的适用范围小,需求量也不大。生产专用产品的企业,由于产品不断变换,生产过程运行的稳定性较差,因而所需要的设备应具有较高的柔性,生产计划和控制也比较复杂。

（二）按生产工艺特征分类

按照生产工艺特征划分,可以把制造性生产分为加工装配式生产和流程式生产。

1. 加工装配式生产

加工装配式生产又称"离散型生产",是指先分别通过各种固有的加工作业工序,制造出图纸规定的零部件,再按照一定的工艺流程把零部件装配成最终产品的过程。机床、汽车、家具、电子设备、服装、玩具等大多数产品的制造都属于加工装配式生产。在加工装配式生产过程中,产品是由离散的零部件装配而成的。这种特点使得构成产品的零部件可以在不同地区,甚至是不同的国家制造。加工装配式生产的组织十分复杂,是生产管理研究的重点。

2. 流程式生产

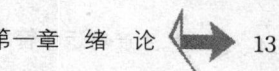

流程式生产又称"连续型生产",是指把一种或数种物料从最初的工序或接近最初的工序投入,均匀、连续地按一定工艺顺序运动,不断改变形态和性能,最后形成产品的生产过程。化工、炼油、冶金、能源、造纸等的生产过程都属于流程式生产。对于流程式生产而言,保证连续供料和确保每一生产环节在工作期正常运行是管理的重点,任何一个生产环节出现故障,都会引起整个生产过程的瘫痪。与加工装配式生产相比,流程式生产具有工艺相对稳定、自动化程度较高、生产周期较长、过程连续或批处理等特征。

加工装配式生产和流程式生产的不同见表1—5。

表1—5　　　　　　　　　加工装配式生产和流程式生产的比较

比较项目	加工装配式生产	流程式生产
产品品种数	较多	较少
产品差别	可以满足用户的特定需求	多为标准产品
自动化程度	较低	较高
设备的性能	通用性强	专用性强,难以改变用途
生产能力的核定	模糊的	由设备决定,可明确规定
对设备可靠性的要求	较低	高
设备维修	多为局部修理	停产检修
原材料品种数	较多	较少
在制品库存	较高	较低

(三)按产品需求特性分类

按照产品需求的特性划分,或者按照组织生产的特征划分,可以把制造性生产分为备货型生产和订货型生产。

1. 备货型生产

备货型生产是指在没有接到用户订单时,根据市场需求预测,按已有的产品标准或产品系列,有计划地生产出产成品存货,以存货满足顾客需求。备货型生产有以下几个主要特征:(1)用户广泛,产品市场需求量大;(2)由生产者进行产品的功能开发与设计;(3)一般为标准产品或产品系列,且品种有限;(4)产品价格由生产者根据市场情况事先确定;(5)产品标准化程度高,生产批量大。

备货型生产的管理重点在于按"量"组织生产过程,准确预测市场需求,在满足顾客需求的前提下,保持合理的期末成品库存水平,使总生产成本最小。通常适合于产品有一定销路、有相对稳定的销售量的情况。

2. 订货型生产

订货型生产是指按用户订单进行的生产。用户可能对产品提出各种各样的要求,经过协商和谈判,以协议或合同的形式确认对产品性能、质量、数量和交货期的要求,然后组织设计和制造。

订货型生产有以下几个主要特征:(1)产品的适用范围小,市场需求小;(2)产品的标准化程度低,生产效率低;(3)生产和存储这些产品的费用较大,产品是为专门的用户而生产的;(4)库存量少;(5)顾客参与程度高。

订货型生产管理的重点是按"期"组织生产过程,按需求预测采购主要原材料,按订单要求定制和按期交货。

订货型生产为缩短交货期有时需要储存半成品,根据库存对象的不同,订货型生产又可分为按订单装配、按订单制造、按订单设计建造三种形式。按订单装配(ATO)是指零件等半成品按备货型生产组织,接到订单后按要求组装。按订单制造(FTO)是指上游的阶段备货,零件加工与产品组装按订单进行,客户化程度较高,交货期较ATO长,如服装先采购布料,再根据订单裁剪、加工与缝制。按订单设计建造(ETO)是指从产品设计开始考虑客户个性化需求,如造船。

备货型生产与订货型生产的不同见表1—6。

表1—6　　　　　　　　备货型生产与订货型生产的比较

比较项目	备货型生产	订货型生产
产品的确定	标准产品	按用户要求生产,无标准产品
产量的确定	根据预测确定	根据订单确定
产品的价格	事先确定	订货时确定
生产效率	高	低
用户订货提前期	短	长
库存水平	高	低
满足顾客化程度	低	高

两种生产类型各有优劣。需要说明的是,企业在组织生产时到底选择按照备货型组织生产还是订货型组织生产,还要考虑产品生产周期的长短。一般来说,选择备货型还是选择订货型并非只能选其一,为了能够同时考虑顾客的特定需求和缩短生产周期、降低成本,在实践中可以把两种方式结合起来运用。

(四)按生产稳定性和重复性程度划分

按照生产稳定性和重复性程度划分,可以把制造性生产分为大量生产、成批生产和单件小批生产。

1. 大量生产

大量生产是指一次只生产一种或少数几种产品,但产量很大的生产类型。如螺钉、轴承等标准件、灯泡、电池等通用产品及电冰箱、电视机等社会需求量大的产品。一般这类产品在一定时期内具有大量且相对稳定的需求。

大量生产方式的特点是生产的品种少,每一种产品的批量大,生产的重复性程度高,这使得该生产方式在设计和工艺、生产组织和管理方面形成了优势。由于大量生产的这些特点,可设计专用、高效的工艺设备,按标准操作方法作业,组织流水线生产,从而大大提高生产效率。

2. 成批生产

成批生产是指轮番更换产品的品种,每种产品均有一定的数量,加工对象周期性重复的生产类型。

成批生产的特点是产品品种较多,每一种产品都有一定的产量,各种产品在计划期内成批轮番生产。每种产品都按一定批量分批生产,以满足对不同生产的需求,保持了在一定时间内连续而又定期重复生产的特点。如机床厂、中小型电机厂等。"成批轮番生产"是该生产方式与大量生产方式的主要区别。在同一生产线上生产不同的产品,需进行工艺转换,工艺切换能力影响批量大小。

成批生产方式生产的对象是通用产品,一般同时采用专用设备及通用设备进行生产。生产的重复性介于大量生产和单件小批生产之间。在当今企业实践中,单纯的大量生产和单纯的单件生产都比较少,多数为成批生产。

3. 单件小批生产

单件小批生产是根据客户需要来组织生产,产品品种多、批量小,极端情况批量为1,多数情况是少量多品种的生产,如飞机、轮船、大型机床等的生产。

单件小批生产方式的特点是,产品的对象基本上是一次性需求的专用产品,一般不重复生产。由于生产的品种多,生产对象不断变化,因此生产的灵活性程度高,例外管理也多。

表1-7列出了大量生产、成批生产和单件小批生产的不同。

表1-7 大量生产、成批生产和单件小批生产的比较

比较项目	单件小批	成批	大量大批
产品品种	繁多、不稳定	较多、较稳定	少、稳定
产量	单件或少量	较多	大
工作地专业化程度	基本不重复	定期轮番	重复生产
设备	万能通用设备	部分专用设备	多数专用设备
设备布置	工艺原则、机群式布置	混合原则、对象或成组生产单元	对象原则、流水线或自动线
劳动分工	粗	中	细
工人技术水平	多面手	专业操作(多工序)	专业操作
生产率	低	中	高
适应性(柔性)	强	较差	差
单件成本	高	中	低

三、服务性运作的分类

服务运作的基本特征是提供劳务,而不制造有形产品。但是,不制造有形产品不等于不提供有形产品。

服务性运作可以按照以下标准进行不同的分类。

(1)按照是否提供有形产品,可将服务性运作分为纯劳务运作和一般劳务运作。纯劳务运作一般不提供任何有形产品,如咨询、法庭辩护、指导和讲课等。一般劳务运作提供有形产品,如批发、零售、邮政、运输和图书馆书刊借阅等。

(2)按照顾客是否参与,可将服务性运作分为顾客参与的服务运作和顾客不参与的服务运作。顾客参与的服务运作如理发、保健、旅游、客运、学校和娱乐中心等,这种运作没有顾客的参与,服务不可能进行。顾客不参与的运作如修理、洗衣、邮政、货运等。一般来说,有顾客参与的服务性运作管理更为复杂。

(3)按照服务运作系统的特性,可将服务性运作分为技术密集型运作和人员密集型运作。技术密集型运作需要更多的设施和设备投入,如航空公司、运输公司、医院、银行、通信等,这类

运作方式更注重技术装备和投资决策,加强技术管理,控制服务交付进度与正确性。人员密集型运作需要更多的人员,如百货商店、餐饮业、学校等,这类运作方式更注重员工的聘用、培训和激励,工作方式的改进,设施的选址和布置等问题。

(4)按照顾客需求的特性,可将服务性运作分为通用型服务运作和专门型服务运作。通用型服务运作是指针对一般的、日常的社会需求所提供的服务,如批发零售、货运、银行、饭店等,这类服务的运作过程比较规范,服务系统有较明确的前后台之分,顾客只能在前台服务中介入,后台与顾客没有直接联系。专门型服务运作是指针对顾客的特殊要求或一次性要求所提供的服务,如医院、汽车修理站、咨询、各类事务所等,这类服务的运作过程有较紧密的顾客介入,同时难以用统一的服务过程规范,管理较为复杂。

[企业实践]   **百景园餐厅的运作**

    百景园餐厅是华中科技大学内的一所校园餐厅,隶属于华中科技大学后勤集团。百景园餐厅有四层。一层提供快餐、套餐和地方风味,快餐服务是其主要部分,和过去学生食堂卖饭差不多,由顾客在餐厅所提供的固定品种中选择。

    二层实行"自选组合",设立大型自选窗口,由顾客自己用托盘选取需要的食物,选取完毕后到购餐区出口处收银台打卡付费,餐厅工作人员根据选购台上食物的减少情况及时补充。

    三层为中餐酒席厅,单独设有上楼通道和电梯。酒席厅按照客人点菜的方式进行。三层整体上划分为大厅与包房区,包括30个包房的32张餐台和大厅的60张餐台,定员从2座、4座到12座、16座、18座不等,可同时接纳1 000人就餐。每个包房装修的形式、色调、用材都不相同,可谓"一房一景"。

    四层是学校后勤集团办公的场所。

    优良的组织管理是餐厅多元化服务的有力保障。百景园餐厅分设楼层经理,具体负责各楼层的运营,三层酒席式的楼层经理由餐厅总经理兼任。各楼层内部划分类型组,由组长负责本组工作任务分派、采购物资计划和质量标准实施等。所需原料由餐厅汇总后报饮食服务总公司统一采购,为节约成本,采购部门对大量可存储原料进行定期采购,集中库存。

    百景园一、二和三层的部分原料由上述方式经饮食服务中心统一采购,其需求预测相对稳定。

    三层的特殊用料由餐厅自行采购,需求量随季节、时令、教师学生活动周期(节假日、毕业期和答辩期等)明显变化。

第三节   生产运作管理的发展

一、生产方式的演变

    生产方式是生产要素与资源的配置方式,也就是劳动者(人)、劳动对象(物料)与劳动工具(设备与技术等)的组合方式。关于生产方式的演变归纳起来可以从两个角度来认识:一是基于生产技术变革的生产方式的演变;二是基于企业竞争重点转变的生产方式演变。

(一)基于生产技术变革的生产方式的演变

生产技术是生产方式变革的内部推动力,从历史上看,人类每一次大的技术革命都会极大地推动生产力的变革,从而出现新的生产方式。按照技术出现的时间顺序,工业生产技术可以划分为如下几个时代:(1)手工生产时代;(2)机械化生产时代;(3)机械化和电气化生产时代;(4)信息化与智能化生产时代。

从企业经营的角度看,无论生产技术与生产方式如何改变,企业生产经营活动都必须实现两个根本目标:一是企业资源优化,即投入与产出的优化,实现利润的最大化;二是客户价值实现,即客户价值需求的满足能力,实现客户价值的最大化。根据这两个目标并且以这两个目标作为坐标,按照生产技术出现的不同时代把生产方式的演变过程描绘在图1—2中。

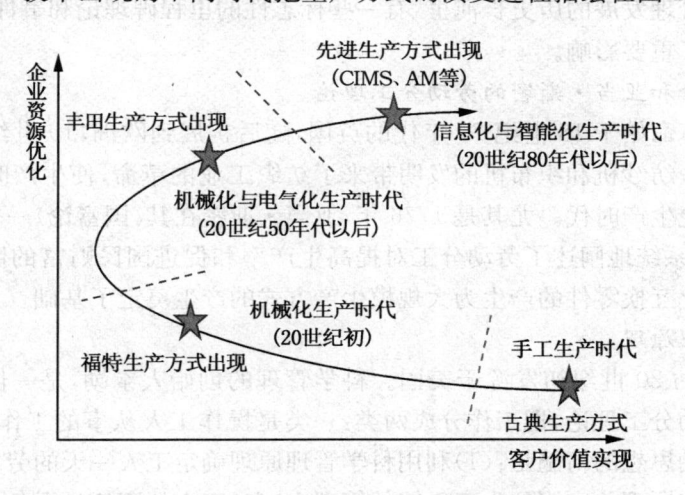

图1—2 基于生产技术变革的生产方式的演变过程

图1—2中四个不同的生产技术时代,其代表的生产方式分别是:古典生产方式、福特生产方式、丰田生产方式和先进生产方式(计算机集成制造CIMS与敏捷制造AM等出现)。不同生产方式的生产要素的作用是不同的。例如,手工生产时代的古典生产方式,劳动者的因素是主要的,它决定了生产率的水平,同时劳动者的能力决定了产品的客户价值实现程度。但是,到了信息化与智能化生产时代的先进生产方式,信息成为重要的生产要素,而且劳动对象(产品)需求是决定生产系统投入和产出的主导力量,即生产运作管理从过去的以企业为中心向以客户为中心的管理模式进行转变。

(二)基于企业竞争重点转变的生产方式的演变

由于企业的生产是在市场竞争环境下不断调整的,因此,其生产方式的演变也可以从企业竞争重点转变的角度来认识。

从20世纪初开始到21世纪,企业竞争重点经历了从成本竞争、质量竞争、品种竞争、时间竞争到服务竞争的转变过程,未来随着环保理念的推进,新的基于环保竞争生产方式也必将出现。

不同竞争重点需要与之相适应的生产方式。从企业竞争重点转变的角度看,生产方式的演变过程如表1—8所示。

表 1-8　　　　　　　基于企业竞争重点转变的生产方式演变过程

竞争重点出现的时间	20世纪50~60年代	20世纪70~80年代	20世纪80~90年代	20世纪90年代至21世纪初	21世纪初	未来
竞争要素	成本	质量	品种	时间	服务	环保
典型生产方式	福特生产方式	丰田生产方式	柔性制造系统与CIMS	敏捷制造与虚拟制造	大量定制生产	绿色制造

二、生产运作管理发展的里程碑

在生产运作管理发展的历史长河里，有一些标志性的里程碑理论和事件，对现代生产运作管理的发展产生了重要影响。

（一）工业革命和亚当·斯密的劳动分工理论

第一次工业革命始于18世纪70年代的英国，随后扩展到欧洲，19世纪传到美国。工业革命期间，蒸汽机、纺纱机和织布机的发明带来了纺织工业的革命，使生产时代从手工劳动时代步入到了机械化生产时代。尤其是1776年，亚当·斯密在其《国富论》一书中首次提出了劳动分工的观点，并系统地阐述了劳动分工对提高生产率和促进国民财富的巨大作用。劳动分工理论以及标准化互换零件的产生为大规模生产方式的产生奠定了基础。

（二）科学管理原理

科学管理运动20世纪初发源于美国。科学管理的创始人泰勒，是一位工程师和效率专家。泰勒运用劳动分工理论，把工作分成两类：一类是操作工人从事的工作；一类是管理人员所做的工作。泰勒思想的精髓是：(1)利用科学管理原理确定工人一天的劳动定额；(2)管理者的责任是发现这些原理并应用到生产系统的管理中；(3)工人的责任是无条件地执行管理者的命令。

科学管理的主要特征是：(1)以提高生产率为目标；(2)以科学求实的态度进行调查研究；(3)强调以个人为研究对象，重视个人积极性的发挥；(4)强调规章制度的重要性。泰勒等人通过大量的调查研究总结出一套科学的管理方法，如劳动定额、操作规程、作业标准化、奖励工资等。

福特是将科学管理原理应用于实践的第一个企业家。他发明的流水生产线开创了现代大量生产的序幕。福特生产方式的主要特征为：(1)把机器和操作工人按仔细规划的作业顺序排列；(2)每个工人被指定做一种高度专业化的工作；(3)生产严格按节拍进行。

（三）管理科学的发展与信息技术

20世纪40~50年代，运筹学作为一门有效组织与管理业务活动的科学出现，并成为管理科学的一门基础学科。

在生产运作管理中，运筹学的理论和方法发挥了举足轻重的作用。在生产系统决策与优化方面发挥了重要作用，如生产计划、作业排序、库存控制、厂址选择、物资调运路线规划等。除了运筹学，统计学等其他数学工具在生产运作管理中也发挥了重要作用，如库存控制、设备可靠性分析、质量控制等大量运用统计学等知识。

数学给生产运作管理的科学化提供了一种工具，而当数学与计算机结合起来时，生产运作管理的科学化就显示出更大的作用。通过编写计算机程序，复杂数学模型的手工计算得到大大简化且更加精确；通过数据库技术，企业生产流程通过计算机的管理信息系统实现了信息化,使流程更加简单。

(四)日本制造业的影响

20世纪80年代,丰田公司在长期的实践中创造了一种不同于福特的新的生产方式,即丰田生产方式,也称准时生产制。90年代,准时生产进一步演变成精益生产,并且和全面质量管理相得益彰。精益生产和全面质量管理共同构成了日本管理模式。

日本管理模式的特征主要有:

(1)重视人的因素在提高生产率中的作用。在西方国家,提高生产率主要是通过技术与设备的自动化与现代化水平来实现,而日本企业更多通过人的因素来实现生产率的提高。

(2)重视团队活动在生产活动中的作用。日本企业在生产管理中有比较多的团队组织活动,如改善团队、创造团队等。

(3)精细化生产。日本企业以丰田公司为代表形成的生产管理模式的基本特征是工作精细化,追求质量,持续改善。

当然,如今服务业的兴起和发展也给生产运作管理带来了极大的影响,许多服务运作的理念也渗入到制造领域,使两者更加紧密地结合,出现了以服务为导向的制造等生产方式的变化。

三、现代生产运作管理面临的形势及发展趋势

(一)现代生产运作管理面临的形势

1. 市场需求的挑战

随着经济的发展和人们生活水平的提高,顾客的个性化需求越来越高。产品品种数飞速膨胀,产品市场寿命周期越来越短。在这种环境下,企业必须不断地投入大量的人力和物力进行新产品的研发,生产方式也更多地转向多品种小批量的生产。

2. 新技术层出不穷

现代社会新技术日新月异,如何合理利用新技术并与现有生产计划相结合是企业技术改造的决策难点。企业为了适应生产技术的发展,需要不断更新设备与工艺,进行技术改造。然而,生产技术的发展速度大大超过了人们的预期。生产技术的多样化使得企业进行投资决策变得十分困难,从而使技术改造的投资转换速度跟不上技术发展的速度。因此,如何把新设备、新工艺的投资与现有生产技术结合起来,是企业技术改造的决策难点。

3. 基于时间的竞争进一步加剧

随着客户要求的交货速度越来越快及产品的市场寿命周期的缩短,要想在激烈的市场竞争中取得优势,企业必将进一步加速新产品设计到投产的过程,必须加强组织信息流,提高如仓储、运送等物流活动的速度,减少交货、发送时间和响应时间。

4. 经济全球化趋势的挑战

管理全球化生产网络是未来生产管理者面临的新挑战。资源的有限性,使企业不得不进行全球化资源的优化,实现全球化生产,但全球化生产需要解决全球供应商的选择与管理、跨文化工作团队的管理、全球供应链的管理、质量信息的跟踪与监督等问题。

5. 环保问题日益显现

工业发展给人类带来财富的同时,也给人类带来对资源的浪费与破坏,全球气候变暖、沙尘暴、雾霾等就是人类为工业化付出的沉重代价。社会环保意识的提高,使人们逐步认识到生产的职能必须包括对废弃物的处理,在生产有用物的同时,应充分考虑资源的可再生性。

(二)现代生产运作管理的发展趋势

1. 大规模、多品种小批量生产成为主流

随着市场需求的日益多样化,市场细分越来越细,个性化生产、多品种小批量生产将取代传统的标准化大量生产。为了解决个性化需求和降低生产成本之间的矛盾,大规模定制生产应运而生。这种方式是将顾客的个性化需求和标准化有机地集合在一起,使顾客在获得个性化的产品和服务时,只需支付大量生产的费用。另外,对于多品种小批量生产的经济性较差的问题,可以从生产系统的硬件(如柔性生产设备)和软件(如计划与控制系统、工作组织方式和员工的多技能)两个方面寻求优化。

2. 跨企业的集成管理备受重视

由于产业或企业间的关联越来越密切,纵向和横向一体化的集成也是产业发展之所需。这种业务关联企业间的合作即为供应链系统,目前企业间的竞争已转变为供应链与供应链之间的竞争。供应链间是竞争关系,而供应链内部则是合作关系,即跨企业的集成管理如何运作的问题,使得供应链关系更牢固,企业的竞争力更强。

3. 基于时间竞争的生产方式的出现

基于时间竞争的概念是由小乔治·斯托克(George Jr. Stalk)在1988年提出的。19世纪是"精雕细刻"的手工制造产品时代,20世纪是"大量生产、大量消费"的工业经济时代,21世纪是"即时满足顾客个性化需求"的网络经济时代。急剧变化的时代使得时间成为取得竞争优势的最重要资源。顾客个性化需求日益突出,使得企业必须采用按订单生产,但按订单生产的最大问题是订货提前期太长,使得基于时间的竞争更加突出。

手工生产实现了定制,但成本高,订货提前期长,质量也不稳定,难以满足普通消费者的需要。大量生产实现了低成本、高质量和即时交付,但大量生产的产品不能满足个性化需要。大规模定制能够实现产品定制和接近大量生产的低成本,但又不能实现即时交付。现在需要找到一种能够同时实现低成本、高质量、顾客化定制和即时交付的新的生产方式,这种新的生产方式就是即时顾客化定制。

4. 服务型制造的发展

随着服务业的发展,与制造业互相渗透、融合,制造业的服务化趋势已经显现,生产性服务逐步兴起。

美国通用电气公司(GE)从一家典型的制造企业变成一家以服务为主的企业,开创了服务型制造的先例。GE原是一家生产多元化产品的公司,其产品包括飞机发动机、发电设备和火车机车,一直到医疗设备。1991年杰克·韦尔奇上任后,提出了"全面服务"、"实时服务"和"提供解决方案",从而使GE得到奇迹般的发展。(1)全面服务。把制造的产品销售出去,仅实行"三包"等售后服务是不够的,而是提供全面服务,顾客需要什么,就提供什么,对产品负责到底。因为对于GE这样的制造企业来说,一年生产的产品数量是很有限的,如果只是围绕这些产品提供售后服务,业务量就很少,服务也不能形成规模。韦尔奇不仅看到GE过去生产的大量的飞机发动机需要维修,而且看到其他公司生产的飞机发动机也需要维修,甚至不仅是维修飞机发动机,而且要考虑整个飞机的维护。(2)实时服务。当GE制造的设备出现故障时,能够及时提供维修服务,而不影响设备正常工作。例如,对医疗设备进行实时监测,及时修理,保证手术正常进行。(3)提供解决方案。从用户的视角、按用户的需要来提供解决方案,得到用户的信赖与依靠,并通过制造商的资源和能力帮助用户获取他们的竞争优势。其他全球著名的制造企业,如IBM和戴尔等,也都由制造领域向服务领域拓展。

对于服务型制造,美国称为"基于服务的制造",日本称为"服务导向型制造",而英国称为"产品服务系统"。服务型制造不仅是制造业发展的方向,也是解决我国制造业当前面临困境的途径。

5. 绿色制造成为新选择

随着人们环保意识的觉醒,人们越来越意识到作为生产管理者,不仅要对提供产品和服务负责,还要对产生的"三废"负责。于是,"绿色制造"的概念提出了。

绿色制造是一个综合考虑环境影响和资源利用效率的现代制造模式,其目标是使产品从设计、制造、包装、运输、使用到报废处理的整个产品生命周期中,对环境的破坏最小,资源利用率最高。对制造环境和制造过程而言,绿色制造主要涉及资源的优化利用、清洁生产和废弃物的最少化及综合利用。

本章小结

生产与服务都是人类创造价值的基本活动,生产运作管理是一门介绍物质生产与服务运作过程管理的课程。本章作为全书的绪论,介绍了生产运作及生产运作管理的基本知识。本章首先介绍了生产及生产运作系统的概念及功能、生产运作管理的目标及内容。然后讨论了生产运作的类型及特征,特别分析了服务性运作与制造性生产相比的特殊性,比较了不同生产类型的不同特征。最后介绍了生产运作管理的发展历史,探讨了生产运作管理面临的形势及发展趋势。

延伸阅读

[1] 柯清芳.论生产运作管理对企业竞争力的影响[J].产业与科技论坛,2006(7).
[2] 方远平,等.国内外服务业分类探讨[J].国际经贸探讨,2008(1).
[3] 代宝,吴慈生.生产管理创新的基本轨迹:历史的视角[J].华东经济管理,2007(8).
[4] 傅翠晓.面向知识产品的生产管理系统框架[J].科技进步与对策,2009(10).
[5] 唐卫宁,徐福缘.基于SDN的大批量定制生产运作模式研究[J].科技管理研究,2009(3).
[6] [美]戴维·A.科利尔,等.运营管理[M].马风才译.北京:机械工业出版社,2011.
[7] 王成军,俱莹梅.基于时间竞争的供应链企业竞合关系探析[J].商业时代,2012(31).
[8] 马晓杰,魏春光.浅谈柔性制造系统的现状与发展[J].中国电子商务,2012(9).
[9] 米雪莲,刘琳.绿色制造发展理念与发展前景浅析[J].中国机械,2014(9).
[10] 王晓俊,岳文辉.面向绿色制造的生产决策模型及其应用[J].装备制造技术,2015(9).

案例讨论

海尔的定制冰箱

哈尔滨的宋先生因房间摆放需要,想要一台左开门的冰箱。于是他登录了海尔网站中的用户定制服务,提出了他的特殊要求。7天后,宋先生拿到了海尔集团专门为他定制的左开门冰箱。

　　山东银座商城是第一家接到海尔定制冰箱产品的商场，1 000多台冰箱从订货到交货只用了两天时间。南京新街口百货大楼第一批到货的500多台定制冰箱，没几天就被抢购一空，这在该商场是从未有过的现象。

　　设计生产出我国第一台定制冰箱的海尔集团，2000年创造了一个市场奇迹，那就是在短短一个月时间，竟拿到了100多万台定制冰箱的订单。

　　目前，个性化家电在国外已开始流行，特别是发达国家，人们的生活水平和信息化水平的提高，使消费者非常关注家电功能的多样化和个性化。一些发达国家从80年代末开始逐步淘汰大批量生产一种产品的家电生产方式，在生产布局、技术工艺管理、组织流程上实行柔性化，进行小批量生产，一条生产线可以生产几十种型号的产品，以满足不同消费者的个性化需求。而这种互动式个性化营销将成为市场营销的主流模式。

　　海尔人认为，新经济时代，企业面对的是千千万万的个体，或者说是一对一的消费者，他们会提出无数个性化的需求。能够满足这种需求，才会在新经济中掌握主动。谁占领了制高点，谁将成为家电行业的胜者。为了应对新经济时代的要求，海尔制定了从制造业向服务业转移的战略。

　　定制冰箱，可以说是海尔从制造业向服务业转移的"先行者"。定制冰箱对厂家来说，就是把"我生产你购买"转变成了"你设计我生产"。虽然这两者都是做冰箱，但前者是典型的制造业，后者却有了服务业的概念它更能满足消费者的个性化需求。定制冰箱对企业提出了更高的挑战。设计系统、模具制造系统、生产系统、配送系统、支付系统、服务系统等都比普通冰箱的要求高得多。比如，消费者看中了"金王子"的外观、"大王子"的容积、"欧洲型"的内置、"美国型"的线条，设计人员需要对其进行科学合理的搭配，模具要重新制作，生产线要重新调试，配送系统要送对型号，服务系统要清楚这种机型的配置。一台冰箱容易做到，几百万台各不相同的冰箱都能做得丝毫不差，将是一项浩繁的工程。

　　从海尔宣布要向服务业转移到推出定制冰箱，仅仅用了三四个月的时间。因此，有人不免对海尔的这种"神速"感到惊异，甚至怀疑。其实，海尔早在几年前就已经开始尝试冰箱定制生产。海尔冰箱出口的国家达100多个，每个国家都有不同的气候、电压状况及消费习惯，所以对冰箱的设计要求也各不相同。而海尔从市场细分以及个性化的角度出发，设计了数千种不同类型的冰箱产品，总是能满足不同国家消费者的需求。例如，海尔的冰箱超大容积设计满足了国外消费者"一日购物、六日休闲"的生活习惯；自动制冰、吧台等功能设计，为喜欢"红酒加冰块"的欧洲消费者增添了一份浪漫情调；容积庞大，却达到了A+级能耗标准的省电功能，使澳洲客户不断追加订单；多路风冷设计的冰箱让地处热带荒漠、气候炎热干燥的中东国家消费者感受到无限凉爽；另外根据国外消费者喜欢放长假出游的生活习惯，海尔还设计了具有"假日功能"的冰箱，只要用户在外出度假前将冰箱设置在"假日"档，冰箱内就不会因为长期密封而产生异味，而且耗电量也大大降低。这些，是海尔定制冰箱的前奏。

　　更为重要的，是海尔长期积累的雄厚的设计和科技实力。海尔建立的海高设计公司，已成为世界一流的工业设计公司。海尔在世界各地设立的6个设计分部、10个设计中心，能够整合世界范围内的设计资源。目前，海尔已能够设计生产欧、亚、美、日等全球4种主流冰箱，已拥有12大系列5 800余种型号产品，以满足世界各地消费者的不同需求。海尔遍布世界各地的15条先进的冰箱生产线，为冰箱的个性化产品提供了生产制造资源。海尔的中央研究院和70个研究所可以整合世界科技资源的能力，为定制冰箱提供了科技后盾。特别是1999年海尔实施业务流程重组以来,其在全国各地建立了庞大的物流网络系统。海尔从设计、科研、生产及物流配送上,都具备了满足用户个性化需求的能力,这为推出定制冰箱奠定了厚实的基础。

目前,海尔已能做到只要用户提出定制需求,一周之内就可以将产品投入生产。而如今海尔冰箱生产线上,有一半以上的产品是按照全国各大商场的要求专门定制的。

(资料来源:陈荣秋,马士华.生产运作管理(第4版)[M].北京:机械工业出版社,2012.略有改动.)

思考讨论问题:
1. 定制冰箱为什么如此受欢迎?
2. 预测驱动生产和订单驱动生产有什么不同?
3. 是不是所有的企业都可以运用定制生产的方式?实施定制生产需要什么条件?

课后同步测试

一、思考问答题

1. 社会组织的三项基本职能是什么?说明它们之间的关系。
2. 简述生产运作管理的定义、内容与目标。
3. 分别对制造业与服务业中的大量大批生产与单件小批生产各举一例,并说明其特点。
4. 举例说明订货型生产与备货型生产的特点。
5. 服务性运作与制造性生产有哪些不同?
6. 什么是服务型制造?
7. 假如你要创办一家生产彩色电视机的企业或者创办一家医院,你将会遇到哪些生产运作管理问题?

二、单项选择题

1. 大多数企业中存在的三项主要职能是(   )。
   A. 制造、生产和运作   B. 运作、营销和财务   C. 运作、人事和营销   D. 运作、制造和财务
2. 下列不属于大量生产运作的是(   )。
   A. 飞机制造   B. 汽车制造   C. 快餐   D. 中小学教育
3. 下列不是生产运作管理的目标的是(   )。
   A. 高效   B. 灵活   C. 准时   D. 以上都不是
4. 相对于流程式生产,加工装配式生产的特点是(   )。
   A. 品种数较多   B. 资本密集   C. 有较多标准产品   D. 设备柔性较低
5. 按照生产要素密集程度和与顾客接触程度划分,医院是(   )。
   A. 大量资本密集服务   B. 大量劳动密集服务
   C. 专业资本密集服务   D. 专业劳动密集服务
6. 下列不是服务运作的特点的是(   )。
   A. 生产率难以确定   B. 质量标准难以建立
   C. 服务过程可以与消费过程分离   D. 纯服务不能通过库存调节
7. 当供不应求时,会出现(   )。

A. 供方之间竞争激化　　　　　　B. 价格下跌
C. 质量和服务水平下降　　　　　D. 产量减少

三、判断题

1. 炼油厂是加工装配型生产。（　）
2. 建筑工程可以看作是单件生产。（　）
3. 对于任何企业来说,生产率都是一个稳定的指标。（　）
4. 福特生产方式是大量生产的最典型代表。（　）
5. 服务业的兴起是社会生产力发展的必然结果。（　）
6. 服务业不仅制造产品,而且往往还要消耗产品,因此服务业不创造价值。（　）
7. 有什么样的原材料就制造什么样的产品,是输入决定了输出。（　）
8. 生产运作管理包括生产运作系统的设计、运作和改进三大部分。（　）
9. 订货型生产没有库存的概念。（　）
10. 纯服务业不能通过库存调节。（　）

课外小组实践活动

1. 以小组为单位(4～6人),到学生食堂去了解食堂的运作情况,分析哪些食品是大量制作的,哪些食品是批量制作的,哪些食品是要按订单来组织制作的。采访食堂管理者,了解该食堂是如何进行管理和控制的。完成一份调查分析报告。

2. 在老师的带领下参观某一工业企业,了解该企业的生产情况,完成一份报告,内容包括看到的企业生产现场和与企业管理者交流获得的感性认识,企业的生产类型认识,企业生产过程的主要工序及特点等。

第二章 生产运作战略

【本章学习要点】
- 了解企业战略的含义与层次
- 掌握生产运作战略的含义与内容
- 掌握生产运作系统的竞争要素及竞争战略
- 熟悉生产运作战略的制定
- 了解服务运作战略的内容和实施

【引导案例】

格兰仕的成本领先战略

格兰仕,素有"价格屠夫"之称,它在微波炉市场上频频以"价格武器"清理门户,令不少竞争者望而却步,从而牢牢占据了国内近70%的市场份额、全球35%的市场。2002年,即中国加入WTO的第一年,格兰仕又率先在国内发起空调价格战,其近20款主打机型全面降价,欲将空调生产发展成为继微波炉之后的第二个世界级生产制造中心。格兰仕通过自身努力,用自己的比较优势整合了全球制造资源,在全球大生产、大流通、大配套的产业链中,将自己定位于大生产制造环节之中,使其成为微波炉、空调的世界工厂。众多世界名牌微波炉、空调等家电产品均产自格兰仕。惊人的发展轨迹被经济专家称为"格兰仕现象"或"格兰仕模式"。

一、公司背景

广东格兰仕企业(集团)公司是一家以微波炉、空调为主导产业,以小家电为辅助产业的全球化家电生产企业,其前身是广东顺德桂洲羽绒厂,创始人是梁庆德。在经历了20多年的发展后,格兰仕在全球家电市场取得了辉煌业绩。

1991年,格兰仕最高决策层认为,羽绒服装及其他制品的出口前景不佳,从而达成共识:从现行业转到一个成长性更好的行业。经过市场调查,他们最后确定微波炉为进入小家电行业的主导产品。当时,国内微波炉市场刚开始发育,生产企业只有4家,其市场几乎被外国产品垄断。

1992年9月,中外合资的格兰仕电器有限公司开始试产,第一台以"格兰仕"为品牌的微波炉正式诞生。到1995年格兰仕以销量20万台,一跃成为市场的龙头企业。格兰仕并不满足于国内市场的成功,其在国际市场上也是频频告捷。1999年1～9月,出口创汇突破7 000万美元;10月进入出口高峰期,出口微波炉日发货突破5万台。同年格兰仕出口创汇超1亿美元,列家电行业第二。在短短几年内就迅速覆盖到欧洲、美洲、亚洲、非洲、大洋洲的100多个国家和地区,在全球范围内的声誉日高。日前,格兰仕微波炉已占欧洲市场的40%、南美市场的60%、非洲市场的70%、东南亚市场的60%,全球市场占有率已突破35%。1999年格兰仕启动年产能达1 200万台的超大规模生产基地,为其获得规模经济奠定了基础。2000年9月,格兰仕投资20亿元大规模进入空调、冰箱制冷行业,意欲创建继微波炉之后的第二个世界级制造中心,开创企业发展的新纪元。

格兰仕先后获得了ISO9001国际质量体系认证及美国、德国、挪威、南非、欧共体等多国质量认证。可以说格兰仕在海外大放异彩,实现了产销规模"全球第一",专业化水平已处世界领先地位。

二、格兰仕的战略定位

在现有经济形势下,只有找到一条能充分发挥比较竞争优势的道路,企业才能在竞争中立于不败之地。丰富而廉价的劳动力是中国的优势资源,这也就决定了中国在生产制造方面具有很大的空间。格兰仕的比较优势在于成本领先,其中最主要的是劳动力成本优势和规模优势(见图2—1)。格兰仕是低成本渗透的较好范例。低成本就是将企业的各种资源,集中投入于某一产品的开发、生产和销售,以期取得较低的成本和价格优势,以较低的价格向目标市场逐步渗透,迫使竞争对手逐渐退出市场,扩大自己的市场份额。

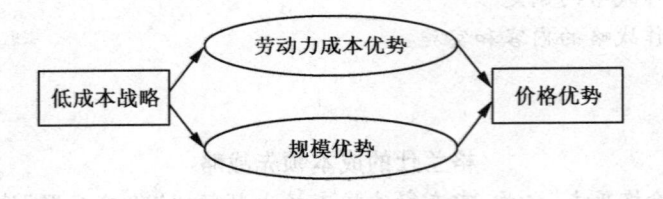

图2—1 格兰仕的比较优势

格兰仕是在世界大企业的产业升级中寻找自己的位置,依靠成本领先战略(劳动力生产成本低),通过协作分工、专业化生产,将自己变成专业化的全球加工制造中心。但格兰仕并不是单纯地依赖规模经济,而是综合利用规模经济和管理上的高效率。

格兰仕通过引入竞争机制、增强与其他企业的合作、减少管理层次、塑造企业文化等措施来降低内部的交易成本,提高劳动效率。平均来说,其管理费用只有同类企业的一半左右,而其工人的劳动生产率要比同类企业高50%以上。因此,即使企业规模一样,格兰仕通过严格的内部管理措施,也使其产品成本比同类企业低5%～10%。格兰仕通过与相关企业建立长期的合作关系,降低了相互间的交易成本。

(资料来源:百度文库)

企业战略是企业为了求得生存与发展,对在较长时期内生产经营活动的发展方向和关系全局问题的谋划。这种谋划包括企业的宗旨、目标、总体战略、经营战略和职能战略。生产运作过程决定了企业的产品和服务的成本、质量、多样性、交付时间和对环境的影响,这将对企业竞争力产生直接的影响。因此,生产运作战略是企业战略的重要组成部分,其基本任务与作用就是使企业在其生产(制造或服务)领域内为企业取得竞争优势,如多品种、高质量、低成本等诸方面或一方面的优势,保证企业战略目标的实现。

第一节 企业战略和生产运作战略

"战略"一词源于古代兵法,属军事术语,意译于希腊一词"strategos",词义是指挥军队的艺术和科学,也指基于对战争全局的分析而做出的谋划。在军事上,"战"通常是指战争、战役,"略"通常指筹划、谋略,"战略"联合取意,则是对战争、战役的总体筹划与部署。古人曾说:"不谋万世者,不足谋一时;不谋全局者,不足谋一域。"在战争中,"战略"很多时候决定了战争全局的成败。

一、企业战略

(一)企业战略的概念

战略在经营中泛指"重大的、带全局性的或决定全局的谋划"。企业战略是企业为求得生存和发展,对在较长时期内生产经营活动的发展方向和关系全局问题的重大谋划。从广义上讲,企业战略包括了企业的使命、目标、战略和策略。从狭义上讲,企业战略则是指企业为了实现使命和长期目标而制定的一种具有总体性的和长远性特征的谋划。

理解企业战略的概念应把握以下几点:

第一,企业战略不是对企业内部和外部环境中短期或非根本性变化的消极反应,而是针对中长期根本性变化的积极反应。

第二,企业战略的制定不仅要借助理性思维和逻辑推理,而且也要借助想象和直觉等非理性的思维。

第三,企业战略并不是少数高层领导者的美好愿望,而是企业的共同目标。

(二)企业战略的特征

企业战略是设立远景目标并对实现目标的轨迹进行的总体性、指导性谋划,属宏观管理的范畴,具有指导性、全局性、长远性、竞争性、系统性和风险性几大主要特征。

(1)指导性。企业战略界定了企业的经营方向、远景目标,明确了企业的经营方向和行动指南,并筹划了实现目标的发展轨迹及指导性的措施、对策,在企业经营管理活动中起着导向的作用。

(2)全局性。企业战略立足于未来,通过对国际、国内的政治、经济、文化及行业等经营环境的深入分析,结合自身资源,站在系统管理的高度,对企业的远景发展轨迹进行了全面的规划。

(3)长远性。企业战略着眼于长期生存和长远发展的思考,确立远景目标。围绕远景目标,企业战略必须经历一个持续、长远的奋斗过程,除根据市场和环境变化进行必要的调整外,制定的战略通常应具有长效的稳定性。

(4)竞争性。竞争是市场经济不可回避的现实,也正是因为有了竞争才确立"战略"在经营管理中的主导地位。面对竞争,企业需要进行内外环境分析,明确自身的资源优势,通过设计适宜的经营模式,形成经营特色,增强企业的对抗性和战斗力,推动企业长远、健康地发展。

(5)系统性。立足长远发展,企业战略确立了远景目标,并需围绕远景目标设立阶段性目标和各阶段目标实现的经营策略,以构成一个环环相扣的战略目标体系。

(6)风险性。企业作出任何一项决策都存在风险,战略决策也不例外。市场研究深入,行业发展趋势预测准确,设立的远景目标客观,各战略阶段人、财、物等资源调配得当,制定的战略就能引导企业健康、快速发展。反之,仅凭个人主观判断市场和环境,设立目标过于理想或对行业的发展趋势预测偏差,制定的战略就会产生管理误导,甚至给企业带来破产的风险。

(三)企业战略的层次

企业战略可分为三个层次:公司层战略、事业部层战略和职能层战略。如图 2—2 所示。

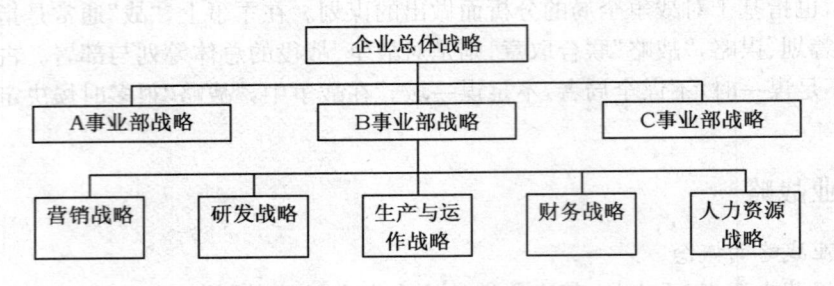

图 2—2 企业战略层次体系

1. 公司层战略

公司层战略又称公司总体战略,是企业最高层次的战略。公司层战略的任务是决定企业组织的使命,不断关注动态变化的外界环境,并据此调整自己的长期计划和经营目标,根据企业的使命、目标,选择企业可以进入的经营领域,合理配置企业经营所必需的资源,使各项经营业务相互支持、相互协调。公司层战略既可以选择专注于单一事业(专业化战略),也可以选择多种不同的事业领域(多元化战略);既可以采取垂直一体化,也可以采取水平一体化。

2. 事业部层战略

事业部层战略也称"竞争战略"或"分公司战略",是企业独立核算经营单位或相对独立的经营单位,遵照决策层的战略指导思想,通过竞争环境分析,侧重市场与产品,对自身生存和发展轨迹进行的长远谋划。对于只经营一种事业的小企业,或是不从事多元化经营的大型组织,事业部战略与公司层战略是一回事。对于拥有多种事业的组织,每一个经营部门会有自己的战略,这种战略规定该经营单位提供的产品或服务,以及向哪些顾客提供产品或服务等。事业部战略主要研究的是产品或服务在市场上的竞争问题,其目的是获得一定的竞争优势。企业竞争战略主要有:成本领先战略、差异化战略和集中化战略。

3. 职能层战略

职能层战略是企业各职能部门遵照决策层的战略指导思想,结合事业单位战略,侧重分工协作,对本部门的长远目标、资源配置等战略支持保障体系进行的谋划。职能战略一般可分为营销战略、研发战略、生产与运作战略、财务战略和人力资源战略。

职能层战略是为贯彻、实施和支持公司总体战略和事业部战略而在企业特定的职能管理领域制定的战略。它要回答的问题是:为支持和配合事业部战略,本部门应该采取什么行动?如果说公司总体战略和事业部战略强调"做正确的事",那么职能层战略则强调"正确地做事"。与前两者相比,职能层战略更为详细、具体和具有可操作性。

公司总体战略、事业部战略和职能层战略必须协调一致,向下逐层落实,向上逐层保证。三个战略层次之间的相互作用,构成了企业战略的完整体系。

二、生产运作战略的含义

生产运作活动是企业最基本的活动之一。生产运作活动为了达到企业的经营目的,必须将其所拥有的资源要素合理地组织起来,并且保证有一个合理、高效的运作系统来进行一系列的变换,以便在投入一定资源的条件下,使产出能达到最大或尽量大。再具体地说,运作活动应该保证能在需要的时候,以适宜的价格向顾客提供满足他们质量要求的产品。为了达到这样的目标,作为一个生产运作管理人员,首先需要考虑选择哪些产品、为了生产这样的产品需要如何组织资源、竞争重点应该放在何处等。在思考这样的基本问题时,必须根据企业的整体经营目标与经营战略制定一个基本的指导思想或者说指导性的原则。例如,企业的经营战略侧重于收益率的提高,那么生产运作战略的指导思想可能应该是尽量增加生产收益,从而在进行产品选择决策时,应该注重选择高附加值产品。又如,企业根据自己所处的经营环境认为应该把企业的经营战略重点放在扩大市场占有率上,相应地,生产运作战略的重点应该是保持生产系统的高效性及灵活性,从而能最大限度地满足市场的各种需求。这样的指导思想以及决策原则,就构成了生产运作战略的内容。由此可见,制定生产运作战略的目的是为了使企业的生产运作活动能够符合企业经营的整体目标和整体战略,以保证企业经营目标的实现。

由此我们可以认为,生产运作战略是指企业在其经营战略的总体规划下,决定选择什么样的生产系统、确定什么样的管理方式来达到企业的整体经营目标,对生产运作系统所做的整体谋划。具体地说,生产运作战略就是要决定企业在产品或服务、生产过程、生产方法、制造资源、质量、成本、生产周期、生产计划、企业物流模式等方面的行动方案的选择。

三、生产运作战略的主要内容

生产运作战略在企业战略体系中属于职能层战略,是总体战略在生产运作职能范围的落实和具体化,受企业总体战略制约,为支持和完成总体战略服务。它制定实现企业战略的产品或服务方案,确定构造符合企业战略的生产运作系统以及实现企业战略的一系列决策规划内容和程序。具体来说,生产运作战略主要包括三个方面的内容:生产运作的总体战略、产品或服务的开发与设计和生产运作系统的设计。

(一)生产运作的总体战略

生产运作的总体战略包括:产品或服务的选择决策、自制或购买决策、生产运作方式决策和质量战略决策。

1. 产品或服务的选择决策

企业进行生产运作,首先要确定的就是企业将以何种产品或服务来满足市场需求,实现企业目标。这就是产品或服务的选择决策问题。

提供何种产品或服务,最初来自各种设想。在对各种设想进行论证的基础上,确定本企业要提供的产品或服务,这是一个十分重要而又困难的决策。因此,企业向市场提供什么产品或服务,需要对各种设想进行充分论证和科学决策。产品选择需要考虑以下因素:

(1)市场需求的不确定性。各种产品在满足人们需求程度上的差异是巨大的,而人们对需求满足程度的追求又是无止境的,因而对产品功能的追求无止境。随着科技进步越来越快,竞争日趋激化,人们"喜新厌旧"的程度也日益加强,这就造成市场需求的不确定性增加。例如,由于一夜之间某企业推出一款新产品,使得原来畅销的产品一落千丈。所以,企业在进行产品选择时,要考虑需求的不确定性,考虑今后几年内产品的销路问题。

(2) 外部需求与内部能力之间的关系。在外部需求与内部能力之间的关系上，首先要看外部需求。市场上不需要的产品，企业即使有再强的能力也不应该生产。同时，也并非市场上需求量大的产品就应该生产，要考虑产品在结构和工艺上的差别，如果差异较大，也不应该生产。企业在进行产品决策时，也要考虑企业自身的技术能力和生产能力。一般来说，在有足够需求的前提下，确定生产一个新产品取决于两个方面：一是企业的主要任务，与企业的主要任务差别大的产品不应生产。例如，汽车制造厂的主要任务是生产汽车，绝不能因为彩色电视机走俏就去生产彩电。当然，主要任务并非一成不变，也会随着环境的变化而改变。如果石油枯竭，现在生产的燃油汽车都将被淘汰，汽车制造厂可能就要生产电动汽车或太阳能汽车。二是企业的优势和特长。与同类企业相比，本企业的特长决定了生产什么样的产品，如果选择没有优势的产品，是不明智的。

(3) 原材料和外购件的供应。一家企业选择了某种产品，要制造该产品必然涉及原材料和外购件的供应。若没有合适的供应商，或供应商的生产能力或技术能力不足，则不能选择该产品。例如，美国洛克希德"三星"飞机用的发动机是英国罗尔斯—罗伊斯公司供应的，后来后者破产，使得洛克希德公司也濒于破产，最后不得不由美国政府担保。

(4) 企业内部各部门目标上的协调。通常，企业内部划分为多个职能部门，各个职能部门由于工作目标上的差异，往往造成产品决策的困难。例如销售部门追求市场占有率、对市场需求的响应速度和按用户要求提供产品，希望创新、保持广而全的多品种生产线；财务部门追求最大的利润，要求加快资金流动，减少费用和风险，故往往希望守住目前成功的产品，以扩大销售；生产部门由于追求低成本和简化的管理而要求尽可能生产少的品种。职能部门矛盾的解决，只有通过最高管理层协调。

2. 自制或购买决策

企业进行新产品开发、建立或改进生产运作系统，都要首先作出自制或购买的决策。如果决定制造某种产品或由本企业提供某服务，则要建造相应的设施，采购所需要的设备，配备相应的工人、技术人员和管理人员。自制或购买决策也有不同的层次。如果产品完全自制，则要建一个制造厂；如果只在产品装配阶段自制，则只要建造一个总装厂，然后寻找零部件供应厂家。

自制或购买实际上涉及两个问题。首先是自制或外购的问题。一般而言，对于产品工艺复杂、零部件繁多的生产企业，那些非关键、不涉及核心技术的零部件，如果外购价格合理，市场供应稳定，企业可考虑外购或外包的方式来实现供应。另一个问题则是订购还是分包的问题。订购是指不同时期向不同的企业订货，或同时向几个企业发出订货询问、招标、货比三家，最后选择质量好、价格低的企业购买。分包是指与某些零部件生产厂家建立固定关系，本企业的生产计划同时也是这些零部件供应商生产计划的一部分，由这些零部件生产商固定送货，其目的是保证零部件质量的稳定性以及严格遵守交货期，必要时甚至帮助他们提高技术、筹措资金、培训人员等。订购和分包各有利弊，主要看企业在其生产运作战略中更重视什么。在实践中，两种方法也可以并用。

自制或购买决策考虑的因素主要有企业的制造能力和优势、对自主经营的影响程度、企业的长远发展规划等。

3. 生产运作方式决策

企业在作出自制或购买决策之后，就要从战略的高度对企业生产运作方式作出选择。可供选择的生产运作方式很多，主要有以下几种典型的方式：

(1)低成本和大批量。采用这种策略要选择标准化的产品或服务,而非顾客化的产品或服务。这种策略往往需要高的投资来购买专用高效设备。早期福特公司就是采用这种策略。要注意的是,这种策略应该用于需求量大的产品或服务。

(2)多品种和小批量。对于顾客化的产品,只能采取多品种和小批量的生产策略。在消费者需求多样化、个性化的今天,这种策略更能帮助企业立于不败之地。但是对多品种、小批量的生产效率难以提高,对大众化的产品不应该采取这种策略,否则,遇到采用低成本和大批量策略的企业就无法去竞争。

(3)混合策略。将多种策略综合运用,实现多品种、低成本、高质量生产,可以取得竞争优势。目前企业采用的大规模定制就是顾客化大量生产的混合策略,既可以满足用户多样化需求,又具有大量生产的高效率和低成本。

4. 质量战略决策

无论是采取低成本、大批量策略还是多品种、小批量策略,都必须保证质量。质量战略中有两点可以考虑:高设计质量和恒定质量。前者的含义包括卓越的使用性能、操作性能和耐久性能等,后者指质量的稳定性和一贯性。实施质量战略的主要措施有开展全面质量管理活动、采用精益生产方式等。

(二)产品或服务的开发与设计

产品或服务确定之后,就要对产品或服务进行设计,确定其功能、型号、规格和结构,接着,要对如何制造产品或提供服务的工艺进行选择,对工艺过程进行设计。

按照产品或服务开发与设计的发展方向,要对以下几个问题作出决策:

(1)做跟随者还是领导者。企业在设计产品或服务时是做新技术的领导者还是跟随者,这是两种不同的策略。做领导者就需要不断创新,需要在研究与开发方面做出大量投入,因而风险大,但做领导者可以使企业领导新潮流,拥有独到的技术,在竞争中始终处于领先地位。做跟随者只需要仿制别人的新产品,花费少,风险小,但得到的不一定是先进的技术。

(2)自己设计还是外包设计。同自制或购买决策一样,对产品开发和设计也可以自己做或外包。一般来说,涉及独到技术必须自己做。

(3)是否购买技术或专利。为了节约开发和设计时间,减小风险,企业可以通过购买大学或研究所的生产许可证、专利权和设计来实现。

(4)做基础研究还是应用研究。基础研究是对某个领域或某种现象进行研究,但不能保证新的知识一定可以得到应用。基础研究成果转化为产品的时间较长,而且能否转化为产品的风险很大。但是,一旦基础研究的成果可以得到应用,对企业的发展将起到很大的推动作用。应用研究是根据用户需求选择一个潜在的应用领域,有针对性地开展的研究活动。应用研究实用性强,容易转化为现实的生产力。但应用研究一般都需要基础理论的指导。

(三)生产运作系统的设计

生产运作系统的设计对生产运作系统的运行有先天性的影响,它是企业战略决策的一个重要内容,也是实施企业战略的重要步骤。生产运作系统的设计有四方面的决策,即选址、设施布置、岗位设计、工作考核和报酬,如表2-1所示。关于生产运作系统设计的具体内容我们在后面的章节再具体讨论。

表 2—1　　　　　　　　　　　　生产运作系统的设计内容

决策领域	内　容
选址	按长期预测确定所需能力； 评估市场因素，有形和无形成本因素； 确定是建造或购买新设施，还是扩充现有设施； 选择具体的地区和地点。
设施布置	选择物料传送办法和配套服务； 选择布置方案； 评估费用。
岗位设计	按照技术、经济和社会的可行性确定岗位； 确定何时使用机器或人力； 处理人机交互； 激励员工； 开发、改进工作方法。
工作考核和报酬	工作考核； 设置标准； 选择和实施报酬方案。

第二节　生产运作竞争要素及竞争战略

一、生产运作系统的竞争要素

产品战略决定企业应生产什么产品或提供什么服务，与这一问题具有同样重要意义的是生产运作战略。它是研究企业以什么方式参与市场竞争，即以什么样的方式组织生产或提供服务。而这些都取决于市场对生产运作系统竞争要素的要求。

（一）生产运作系统的基本竞争要素

哈佛商学院的维克汉姆·斯金纳和伦敦商学院的泰瑞·黑尔的研究确定了生产运作系统的基本竞争重点，包括成本、质量、时间、柔性、交货速度、交货可靠性、对需求的应变能力和新产品的引入速度以及其他与特定产品有关的标准。根据企业所处的环境、生产运作组织方式和所提供产品等特点，可将这些竞争重点分为四个主要要素，如表 2—2 所示。

表 2—2　　　　　　　　　　　　竞争重点要素分类

成　本	质　量	时　间	柔　性
低成本	高产品质量 高工作质量	快速开发新产品 按时交货 快速交货	产量柔性 顾客化产品与服务

1. 成本

成本领先是波特提出的企业三大竞争战略中的一个。各个行业、各个企业,为了在市场上取得竞争优势,最常见的做法是遵循低成本原则,以低成本进行生产,以低价格形成产品的竞争优势。产品与服务的成本由提供产品与服务各过程的支出组成。要降低企业经营成本,降低运作成本是最有效的途径。因为对于大多数企业而言,运作成本占经营总成本的大部分。市场竞争的激烈化,即使有高质量的产品与服务,如果成本过高,也会因为利润微薄而失去竞争力。

2. 质量

企业质量的内涵是丰富的,但生产过程的质量是企业整体质量的最重要组成部分。现代质量管理的概念是始于顾客的需求,终于顾客的满意,以顾客为核心是现代质量管理的突出特点。对于制造业而言,高质量的生产过程可以生产出顾客满意的产品。为了达到满足顾客的质量要求,全面质量管理、零缺陷质量管理等先进的管理方法在生产运作中得到广泛的应用。

服务是企业综合竞争力的另一个要素,完善的运作质量可以为服务竞争力提供支持。对制造业来说,质量过硬的产品,可以减少维修与索赔等售后服务工作;对于服务业来说,服务的过程即产品的消费过程,高质量的运作就是高质量的服务。

3. 时间

当今企业间的竞争早已从传统的成本、质量方面的竞争转向时间上的竞争,因为单靠前两者的竞争已经不足以使企业之间拉开距离。时间上的竞争包括三方面:

(1) 快速开发新产品。快速开发新产品是指新产品从构思形成到最终生产出来所需要的全部时间要短。当今,由于各种产品的寿命周期越来越短,所以新产品开发速度就变得至关重要,谁的产品能最先投放市场,谁就能在市场上争取主动。这一点无论对于制造企业还是服务企业都是一样的。需要注意的是,如果产品开发的成本很高,所需技术难度较大,顾客喜好的不确定性也很大时,就需要慎重考虑是否以此为竞争重点。

(2) 准时交货。准时交货是指只在顾客需要的时候交货。对于某些服务业来说这个问题可能至关重要,如送餐服务。对于准时交货率,制造业通常按订单交货的百分比来衡量,超级市场则可能以在交款处等待时间少于某个时段的顾客的百分比来衡量。

(3) 快速交货。快速交货是指从收到订单到交货的时间要短。在某些类型的市场上,企业交货的速度是竞争的首要条件。对于不同的企业,这一时间长度可能有不同的含义。一个制造大型机器的制造企业,其生产周期可能需要几个月;而医院的一个外科手术,从患者提出要求至实施手术,一般不超过几周;而一个城市的急救系统,则必须在几分钟到十几分钟内作出响应。对于制造企业来说,可以采用库存或留有余地的生产能力来缩短交货时间;但在一家医院或百货商店,则必须以完全不同的方式来快速响应顾客的需求。

关于时间竞争,日本企业给了我们很好的启示。以日本汽车工业为例,从 20 世纪 80 年代后半期开始,日本汽车风靡全球,除了质量好、价格便宜等方面外,其中一个很重要的原因就是日本企业在时间竞争上的优势。以交货速度为例,在丰田公司,一份来自国内的订单四五天之后就能交货,一份来自国外的订单两周以后就能交货。再以产品开发速度为例,日本开发新车所需的时间只是美国的一半,是欧洲的三分之一。这是日本汽车的竞争能力越来越强的一个重要原因。

4. 柔性

所谓柔性,是指企业响应外界变化的能力,即应变能力。柔性包括两个方面:一是品种柔性,指生产系统从生产某种产品快速转变到生产另一种产品或品种的能力。如果要求产品符合多种客户的需求而每种产品数量又不多,或者要求迅速引入新产品,则需要品种柔性。例如,高级时装公司,专门用于银行、邮政、航天等方面的特殊用途的大型计算机制造公司,咨询公司等,都必须非常重视这方面的竞争能力。二是产量柔性,指快速增加或减少生产数量的能力,当市场需求达到高峰或低谷时,或者依靠储备已难以满足客户需求的情况下则要求产量柔性。例如,空调制造企业、邮局等更加重视这方面的竞争能力。

除了上述重点竞争要素之外,还有一些与特定产品或服务有关的其他竞争要素越来越受企业所关注,这就是提供"增值"服务。由于产品生命周期的缩短,企业更倾向于仿制而不是自主研发新产品,结果造成产品的误差性,这时价格就成为决定客户消费决策的首要因素。在这样的竞争环境下,企业为获取竞争优势,开始为客户提供"增值"服务。这不论是对提供产品还是提供服务的企业都是很重要的。原因很简单,正如桑德拉·范德墨菲(Sandra Vandermerwe)所言:"市场力来源于服务,因为服务可以增加客户的价值"。

在当今市场环境下,又出现了两种可能为企业提供竞争优势要素的新趋势:一是环保工艺和环保产品的运用。主要原因在于当今的消费者对于环境越来越敏感,他们更倾向于购买对环境无害的产品或服务,并且对企业在提供产品或服务过程中所带来的对环境的影响加以关注。二是信息的运用。随着信息技术的推广、计算机的普及、互联网技术的普遍应用,越来越多的企业通过信息的管理和运用来提高运作效率、管理柔性,从而获得竞争的优势地位。如沃尔玛高度信息化的物流管理系统,不仅为企业节约了巨额物流成本,也使得沃尔玛得以超越对手而连续几年位列世界财富500强之首。

(二)企业重点竞争要素的确定

重点竞争要素的选择直接影响着企业生产运作系统的竞争能力。选择竞争重点,首先需要对不同竞争要素之间的相悖与折中关系进行分析。有时一个企业可以同时改进其成本、质量及柔性。例如,减少下脚料和返修品可以降低成本,同时可以提高生产率和缩短生产周期;改进产品质量有助于促进销售,从而使生产批量达到最佳规模,而批量生产反过来可以降低单位成本。在这种情况下,不同竞争要素之间没有矛盾,相反相互之间还有促进作用。但是,在大多数情况下,企业生产运作系统不可能同时满足所有的运作标准,在某一要素上的偏重往往会给其他方面带来相反的影响。例如,对质量的精益求精会导致生产成本的增加,追求顾客化产品和服务也会增加成本,而力图通过批量生产降低成本的努力又会降低生产运作系统的柔性等。

基于以上,管理者必须认识到不同竞争要素之间存在的这种相悖关系,运用权衡的观点,对所有影响因素进行综合分析,确定哪些要素是企业生产运作系统成功的关键参数,然后集中企业资源去实现。例如,如果一个企业希望提高交货速度,那么,提供不同种类产品的能力就会受到影响。同样,低成本与交货速度或柔性不相容,放弃高质量也可看作是选择低成本的一种代价。因此,需要经常地、周期性地审视外界环境的变化,确定竞争重点的优先顺序。

(三)生产运作重点竞争要素的改变

当然,随着市场环境的变化,竞争重点也在发生变化,并且逐渐呈现出多样化的特点。不同的企业由于所处行业的不同,竞争驱动力不同,其运作的重点也不同。管理者始终在寻找能使企业在竞争中别具一格的方法,但面对高度变化的环境,没有永久昌盛的企业,也没有永久能为企业带来竞争优势的运作重点。随着企业经营环境的不断变化,企业必须首先转换运作理念,将"变化"纳入到企业运作战略的设计中。即使企业目前非常成功地拥有某种竞争优势,也有可能遇到新问题而失去其优势。因为外界环境是动态变化的,进而竞争中取胜的关键因素也在变化。例如,在产品生产的初始阶段,可能拥有新技术是制胜的关键;渐渐地,花色品种可能成为产品吸引人的地方;再往后,当该产品渐渐成熟变得普通时,价格又成为至关重要的因素。随着市场的不断变化,生产周期、质量可能会成为企业是否具有竞争能力的主要影响因素。另外,企业本身也有可能改变其目标市场,如为了扩大规模。

由此,企业必须时刻注意外界环境的变化,了解顾客不断出现的新需求,及时调整竞争战略,培育生产运作系统的核心竞争能力。

二、生产运作竞争战略

美国著名的管理咨询公司麦肯锡公司曾从27家杰出的成功企业中找出了一些共同特点,其中最关键的有两条:一是抓住一个竞争优势。例如,一家企业的优势可能在于产品开发,对于另外一家企业来说,其优势在于产品质量,而对于其他企业来说,优势可能是廉价、对顾客提供的服务、不断改进生产效率等。二是坚持其强项。它的优势一旦确立,便不为其他吸引轻易改变方向。例如,在同行中拥有低价格,在交货期、技术或质量等方面有远远超出其同行之处。一家企业如能建立这样的优势,则是其宝贵财富,绝不能轻易放弃。

所谓生产运作竞争战略,实际上也就是企业的生产系统如何运用生产资源获取企业的竞争优势的战略。生产运作战略强调生产运作系统是企业的竞争之本,只有具备了生产运作系统的竞争优势才能赢得产品的优势,才会有企业的优势。因此,生产运作战略理论是以竞争及其优势的获取为基础的。企业根据自己所处的环境和所提供产品、生产运作组织方式等自身条件的特点,可将竞争重点放在不同方面。根据前面所分析的企业生产系统的重点竞争要素,生产运作系统的竞争战略主要有以下几种:

(一)基于成本竞争的生产运作战略

基于成本竞争的生产运作战略,是指企业为赢得竞争优势,以降低成本为目标,通过发挥生产运作系统的规模经济与范围经济优势,以及实行设计和生产的标准化,使得产品(服务)的成本大大低于竞争对手的同类产品(服务),从而获得价格竞争优势的一系列决策规划、程序与方法。

降低成本的途径有多种,其中最主要的措施是采用大量生产方式或者采用自动化程度更高的设备,这两种方法需要较昂贵的投资。在多数情况下,企业可以通过工作方式的改变、排除各种浪费来实现成本的降低,例如,成组生产技术、进行库存控制等。迈克尔·波特提出,基于成本领先的竞争战略包含规模经济性、生产能力利用模式、学习曲线利用、价值链关系利用、控制整合、时机的选择、地理位置的选择和机构结构等几个方面的考虑。还应指出的是,尽量降低成本以维持或增加市场占有率,经常用在正处于寿命周期的成熟期的产品。在这个时期,因产出最大,效率也可达到最高。

(二)基于质量竞争的生产运作战略

基于质量竞争的生产运作战略,是指企业以提高顾客满意度为目标,以质量为中心,将质量管理贯穿于企业的各个阶段,不仅最终向顾客提供产品或劳务,还要抓相关的过程,如设计、生产及售后服务,通过制定质量方针目标与质量计划、建立健全质量管理体系、实施质量控制等活动,提高其产品和服务质量,从而获取持续的质量竞争优势的一系列决策规划、程序与方法。

基于质量竞争的生产运作战略中有两点可以考虑:高设计质量和恒定的质量。前者的含义包括卓越的使用性能、操作性能、耐久性能等,有时还包括良好的售后服务支持,甚至财务性支持。例如,IBM 的个人计算机以其卓越的使用性能、操作性能著称,同时公司也提供三年免费保修等良好的售后服务,还对其产品实行分期付款、信用付款、租赁等财务性支持方式。后者指质量的稳定性和一贯性。例如,铸件产品的质量稳定性用符合设计要求(如尺寸、光洁度等)的产品的百分比来表示,而一家银行可能以记录顾客账号的出错率来表示。主要实施措施有开展全面质量管理活动、采用精细生产方式等。

(三)基于时间竞争的生产运作战略

自 1989 年斯托克教授首先提出基于时间竞争的概念后,人们认为 20 世纪 90 年代以后是基于时间竞争的时代。90 年代初,美国提出敏捷制造的概念,此后又出现了敏捷供应链的概念。于是,追求敏捷性的战略成为企业新的竞争制高点。

基于时间竞争的生产运作战略,是指企业以高质量、低成本快速响应顾客需求为目标,运用敏捷制造、供应链管理和并行工程等现代管理方法,通过缩短产品研制、开发、制造、营销和运输时间,从而获取时间竞争优势的一系列决策规划、程序与方法。基于时间的战略将重点放在减少完成各项活动的时间上,把时间转化为一种关键的竞争优势来源,通过缩短产品开发周期和制造周期来提高对市场需求的反应速度。其理论依据是:通过减少花在各项活动上的时间,而使成本下降、生产率增大、质量趋于提高、产品创新加快和对顾客的服务得到改进。

(四)基于柔性竞争的生产运作战略

前面我们讲到柔性是对变化的响应性。因为客户对产品需求的日益多样化,企业必须开发、生产客户需要的产品。因此市场的变化是企业运作柔性能力形成的驱动力。基于柔性的生产运作战略,是指企业面对复杂多变的内外环境,以满足顾客多品种中小批量需求为目标,综合运用现代信息技术与生产技术,通过企业资源的系统整合,来增强企业生产运作系统柔性和提高企业适应市场变化能力的一系列决策规划、程序与方法。

改善生产运作系统的柔性能力可以从工艺、人、设备、物资供应、生产组织方面进行改善。柔性制造系统、成组生产、大规模定制生产模式等有助于企业的生产运作系统柔性竞争战略的实现。

(五)基于服务竞争的生产运作战略

正如在第一章中所讲,服务业的发展以及蕴含的巨大空间,使得很多制造企业开始向服务性制造转型,这些企业在生产产品的同时也提供服务,通过服务提高产品的竞争力,以此来获取市场竞争优势。但我国企业在提供服务方面与国外先进企业还有很大差距。例如,没有良好的客户服务提供的信息反馈,生产部门无法知道到底产品的质量与特性是否能满足客户的要求;或者客户的反馈比较滞后,导致客户产生抱怨,从而失去客户的信赖。世界一流的公司,如丰田公司,非常注重客户信息的反馈,通过售后服务的信息反馈来改善产品质量、改进产品设计等。随着市场的发展,企业间的竞争单纯从成本、质量、时间等方面的努力空间越来越小,难以使企业间拉开竞争的差距,而以服务为重点竞争要素,通过提供优质服务获取竞争优势,这将成为今后越来越多企业所能利用的关键。而这一点对于服务性企业则更为重要。

三、新时期企业生产运作战略趋势

处于不同的竞争环境中,企业的生产运作战略也有所不同。一是以欧、美、日为代表的竞争活跃国家和地区的企业,其生产运作战略的发展体现如下趋势:(1)由高质量、高功能转变为强调交货及时。高质量、高功能正在弱化,快速交货能力成为重要因素。(2)由强调硬件构成要素转变为强调软性要素。技术的作用日益下降,开始重点强调管理的软技术(基于人力资源导向的管理),跨部门合作以及跨业务、跨部门的信息集成与信息支持。(3)生产运作管理由强调内向转变为强调外向。生产运作管理的职能与范围发生了深刻的变化,开始强调顾客创造价值为导向,并将供应商与顾客纳入生产运作管理的范畴。二是以韩国、澳大利亚、中国台湾为代表的竞争欠活跃的国家与地区的企业仍将质量作为企业形成竞争优势的第一要素,而交货能力作为第二要素。其特点主要表现在以下几个方面:(1)优先强调质量,其次强调交货。(2)生产运作管理强调内向。(3)开始注意以人为导向,关注外向与软性要素。

第三节 生产运作战略的制定

一、生产运作战略的影响因素

制定生产运作战略同制定企业总体战略和竞争战略一样也需要进行环境分析。企业战略的环境分析主要包括企业外部环境分析和企业内部条件分析,企业在制定生产运作战略前,同样也要进行这两方面的分析。

(一)外部环境分析

外部环境包括宏观环境和行业环境。

1. 宏观环境

宏观环境主要包括政治法律环境、经济环境、技术环境、社会文化环境和市场条件。

(1)政治法律环境。政治法律环境主要包括国际形势、国家政治的稳定性、政治制度、方针政策、政治气氛、法令、关税政策、国家预算、就业政策、环境政策、国家经济政策、国家法律规范和企业法律意识等要素,是企业实现生产运作战略的前提。20世纪70年代、80年代和90年代发生的多次石油危机都与国际形势有关。20世纪70年代阿拉伯国家的石油禁运,1991年伊拉克入侵科威特,都影响了跨国公司的战略制定。

(2)经济环境。经济环境指影响企业生存与发展的社会经济状况及国家经济政策,它对产品决策和生产组织方式的选择有直接影响。经济环境包括国民消费水平、收入分配、投资水平、国民生产总值、国内生产总值、家庭数量和结构、经济周期、就业水平、储蓄率、利率等。经济环境影响一国或某地区的需求的规模、结构,从而影响企业资源的投向,进而影响企业的发展方向。任何一个企业在制定其经营战略时都不可能不考虑这样一个因素,但这个因素与生产运作战略的直接关系主要在于,它将影响生产运作战略中的产品决策和生产组织方式的选择。

(3)技术环境。技术环境指企业所处的社会环境中的科技要素及与该类要素直接相关的各种社会现象的集合对企业的产品与服务、生产运作的方法、生产工艺、业务组织方式本身的影响。随着技术进步的发展,企业的战略乃至生产运作战略必须作相应的调整。企业在制定战略时必须充分考虑技术进步的因素。

(4)社会文化环境。社会文化环境是指一个国家或地区的文化传统、价值观念、民族状况、宗教信仰和教育水平等相关要素构成的环境。社会文化环境包括人们的生活方式和生活习惯、人口数和年龄结构、妇女和少数民族的地位、家庭结构(家庭人口数量、子女数量、消费模式)等。社会文化环境在一定程度上影响消费者购买产品和服务的模式、数量、结构,从而影响企业产品和服务的决策。

(5)市场条件。市场条件包括顾客和潜在顾客的需求和期望,供应市场,销售渠道,当前的竞争对手和潜在竞争对手的数量、优势和不足,竞争对手的战略,进入市场的障碍,产品的价格结构,市场对价格的敏感性,产品生命周期,潜在销售量和盈利性等因素。供应市场主要是指所投入资源要素的供应,例如,原材料市场、劳动力市场、外购件供应市场等。这个因素对企业产品的竞争力有极大的影响。

2. 行业环境

所谓行业或产业,是居于微观经济细胞(企业)与宏观经济单位(国民经济)之间的一个集合概念,是具有某种同一属性的企业的集合。处于该集合的企业生产类似的产品,以满足用户的同类需求。行业中同类企业的竞争能力和生产能力将直接影响本企业生产运作战略的制定。

对行业环境的分析要从战略的角度分析行业的主要经济特征(如市场规模、行业盈利水平、资源条件等)、行业吸引力、行业变革驱动因素、行业竞争结构、行业成功的关键因素等方面。关于行业竞争结构的分析,可以采用迈克尔·波特(M. E. Porter)教授的五力分析法来进行。五力分析法指行业中存在五种基本竞争力量:新进入者的威胁、行业中现有企业间的竞争、替代品或服务的威胁、供应者讨价还价的能力、用户讨价还价的能力。这五种基本竞争力量的现状、发展趋势及其综合强度,决定了行业竞争的激烈程度和行业的获利能力。

(二)企业内部条件分析

1. 企业整体经营目标与各部门职能战略

企业总体战略、竞争战略及其他职能战略确定了企业的经营目标。根据经营目标,不同的职能部门分别建立了自己的职能部门战略及要实现的目标。因此,包括生产运作战略在内的各个职能级战略的制定,都受企业整体目标的制约和影响。同时,各职能战略目标所强调的重点各不相同,它们往往都会对生产运作战略的制定产生影响,而且影响的作用和方向是不一致的。例如,营销部门往往希望多品种小批量生产,以适应市场需求的多样化特点;而生产部门希望生产尽量稳定、少变化,提高系列化、标准化、通用化(简称"三化")的水平,以提高劳动生产率,降低生产成本。又如,生产部门为了保持生产的稳定性和连续性,希望保持一定数量的原材料及在制品库存,但财务部门为了保持资金周转,可能希望尽量减少库存,等等。因此,在同一个整体经营目标下,生产运作战略既受企业经营战略的影响,也受其他职能战略的影响。在制定生产运作战略时,要认真研究企业总体战略、竞争战略的具体要求以及其他职能战略的制定情况,权衡这些相互作用、相互制约的战略目标,使生产运作战略决策能最大限度地保障企业经营目标的实现。

2. 企业能力

企业能力对制定生产运作战略的影响是指企业在运作进度、稳定的或可靠的生产速度、可靠性与维护、按需修理或预防性维修等方面与竞争对手相比所体现的优势和劣势。企业能力对制定生产运作战略的影响主要是指,企业在运作能力、技术条件以及人力资源等方面与其他竞争企业相比所占有的优势和劣势,在制定生产运作战略时应尽量扬长避短。例如,当市场对某种产品的需求增大,而且经预测这种需求将会维持一段较长的时间时,那么是否应该选择这种产品进行生产,除了考虑到市场的这种需求优势以外,还必须考虑到本企业的生产能力以及技术能力。此外,根据企业所具有的能力特点,制定生产运作战略时可将重点放在不同之处。例如,若企业的技术力量强大、设备精度高、人员素质好,那么进行产品选择决策时可能应该以

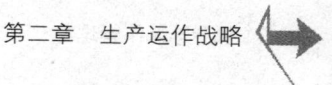

高、精、尖产品取胜。

另外,还有其他一些影响因素,如过剩生产能力的利用、专利保护问题等。总而言之,生产运作战略决策是一个复杂的问题,它虽然不等同于企业的经营战略,但也要考虑到整个社会环境、市场环境、技术进步等因素,同时还要考虑到企业条件的约束以及不同部门之间的相互平衡等,否则将会影响到企业的生存和发展。生产运作管理人员在制定生产运作战略时,必须全面细致地对各方面因素加以权衡和分析。一般来说,在进行生产运作战略决策时是有一些基本的思路和方法可循的。

(三)战略制定的 SWOT 分析

SWOT 分析是指分析企业优势(strength)、劣势(weakness)、机会(opportunity)和威胁(threats),是对企业内外部条件各方面内容进行综合和概括进而分析企业的优劣势、面临的机会和威胁的一种方法。其中,优劣势分析主要是着眼于企业自身的实力及其与竞争对手的比较,而机会和威胁分析则将注意力放在外部环境的变化及对企业的可能影响上。

通过 SWOT 分析,在明确了企业的优劣势及机会与威胁的条件下,就可确定企业的发展战略,进而确定各业务单位或事业部的战略,然后制定生产运作战略等职能战略。业务单位或事业部级战略是企业某一独立核算单位或具有相对独立的经济利益的经营单位对自己的生存和发展做出的谋划,它要把公司经营战略中规定的方向和意图具体化,成为针对各项经营事业更加明确的目标和战略。例如,某企业生产个人电脑、冰箱和空调三种产品,每一产品作为一个独立的业务或事业部,具有自身的战略。

二、生产运作战略的制定

由于生产运作战略是职能战略之一,所以它必须在企业总体战略、竞争战略制定之后才能制定。在制定企业的生产运作战略时,先要进行环境分析,认清环境中存在的各种威胁和机会,结合企业自身的优劣势确定本企业的使命,形成一种战略;然后再根据这个主导战略形成企业的生产运作战略。当然,与此同时,也形成了企业的其他两个重要的职能战略:市场营销战略和财务战略。最后实施生产运作战略并根据环境的变化适时地调整。

(一)识别和鉴定企业现行战略

在企业运作过程中,随着外部环境的变化和自身条件的限制,应不断地调整和转换运作战略。因此,企业在制定新的运作战略前,首先必须识别现行的战略是否与当前的形势相适应。

(二)环境分析

调查、分析和预测企业的内外部环境是制定企业运作战略的基础。环境分析是指对组织面临的各种威胁、机会、优势和劣势进行分析,了解环境、顾客、行业及竞争对手,同时企业还必须考虑与其自身实力强弱密切相关的内在因素。

(三)明确生产运作宗旨,识别生产运作的竞争优势要素

生产运作宗旨是指与企业战略相关的生产运作职能的目的,它应说明生产运作目标(成本、质量、时间、柔性等)的优先顺序。生产运作宗旨经常是公司层战略在生产运作层次上的翻版,它直接来源于公司层战略。生产运作的竞争优势要素是一个组织在生产运作领域所拥有的,使其具有竞争优势的特性或能力,这种特性或能力应支持生产运作宗旨。

(四)确定生产运作目标

生产运作目标是企业生产运作预期要达到的结果。生产运作目标是对生产运作宗旨的提炼,通常由多个方面组成,最经常使用的是成本、质量、时间和柔性这四个目标。

(五)形成生产运作战略

生产运作战略的最后形成是根据企业生产运作目标的要求,结合企业所面临的机遇和威胁,提出可能达到运作目标的多个可行方案,并列出各个方案的优缺点和适用条件。

(六)评价和比较战略方案

根据股东、员工以及相关利益组织的价值观和期望目标,确定战略方案的评价标准,并依照标准对各个备选方案加以评价和比较。

(七)确定战略方案

在评价和比较方案的基础上,企业会选择一个最满意的方案作为正式的运作战略方案,同时为了增强运作战略的适应性,企业往往还会选择一个或多个方案作为备用的战略方案。

(八)组织实施

战略方案确定后,企业应付诸实施,并在实施过程中,对生产运作过程加以控制,并有效地衡量生产业绩和成效,进行信息反馈,修改或调整生产运作战略内容。

三、生产运作战略的实施

生产运作战略的实施是生产运作战略管理的关键环节。它是指企业生产运作系统的全体员工充分利用并协调企业内外一切可利用的资源,沿着生产运作战略的方向和所选择的途径,自觉而努力地贯彻战略,以期更好地实现企业生产运作战略目标的过程。

(一)生产运作战略实施与战略制定的关系

制定科学合理的生产运作战略并有效地实施,企业才有可能顺利地实现战略目标,取得战略的成功。如果企业制定的生产运作战略不够科学合理,那么非常严格地执行这一战略时,会出现两种情况:第一种是企业在执行战略的过程中及时发现了战略的缺陷并采取补救措施弥补缺陷,结果企业也能取得一定的业绩;第二种是企业僵化地实施战略而不进行动态的调整,结果失败。如果制定了科学合理的生产运作战略却不能有效地实施,企业也将陷入困境。如果企业的生产运作战略本身不够科学合理,又没有很好地组织战略实施和控制,企业最终会遭受重大损失而失败。

(二)生产运作战略实施的步骤

企业制定出生产运作战略后,生产运作战略要与企业的资源分配、技术能力、工作程序和计划方案等相适应。企业生产运作战略的实施步骤如下。

(1)细化战略目标。生产运作战略是根据企业经营战略来制定的,在企业战略中已经明确了生产运作的粗略的基本目标。在生产运作战略实施时,还要把该目标进一步明确,使之成为可执行的具体化的目标。生产运作战略的目标主要包括产能目标、品种目标、质量目标、产量目标、成本目标、制造柔性目标和交货期目标等。

(2)制定实施计划。生产计划具体包括产能发展计划、原材料及外购件供应计划、质量计划、成本计划和系统维护计划等。

(3)确定实施方案。实施方案明确了生产运作的方向,保证生产计划的实现。

(4)编制生产预算。生产预算为计划实施过程中的管理和控制提供依据。

(5)确定工作程序。工作程序规定了完成某项工作所必须经过的阶段或步骤的活动细节,具有技术性和可操作性的特点。

本章小结

生产运作战略是在企业经营战略的总体框架下，决定如何通过生产运作活动达到企业的整体经营目标。本章主要探讨了生产运作战略的相关问题。首先介绍了企业战略体系和生产运作战略的概念和内容；其次分析了生产运作系统帮助企业获取竞争优势的重点要素（成本、质量、时间、柔性、服务）及对应的生产运作战略；最后探讨了生产运作战略的制定和实施的相关问题。

延伸阅读

[1] 叶广宇,等.制造业企业生产运作战略的视角与内容[J].企业经济,2001(3).
[2] 何志勇.影响企业生产战略转移的因素分析[J].经营与管理,2003(8).
[3] 杨翠兰.企业生产战略的影响因素及其控制模型[J].商业时代,2007(1).
[4] 吕兰兰.基于生产运作理论下的企业外包决策研究[J].黑龙江对外经贸(现对外经贸),2008(2).
[5] 徐飞.不确定性视阈下的战略管理[J].上海交通大学学报(哲学社会科学版),2008(5).
[6] 卢颖,等.利用延迟策略提高我国汽车企业的生产柔性[J].现代管理科学,2009(2).
[7] 刘平.企业战略管理：流程与方法[M].大连：东北财经大学出版社,2010.

案例讨论

战略决策：联邦快递将IT"投"得更准

浙江大学的小陈最近正在申请去美国留学，要向美国的十几所大学寄出申请材料。

小陈叫上出租车前往位于杭州机场路的联邦快递公司（Federal Express）的杭州操作站，到了之后他才发现"犯了个愚蠢的错误"。原来，联邦快递公司对于个人客户也是可以上门收件的。虽然花了一些冤枉钱，而且195元的价格也让他觉得有些贵，但小陈还是有点意外惊喜。"听他们说，包裹下午2点发出，第二天就可以到美国，而且我可以根据收条上的12位包裹号码去联邦快递公司的网站随时追踪包裹的状态。"小陈说。

一个看似简单的在线查询业务使得小陈觉得更放心，但每天投递600万个包裹的联邦快递公司为此付出的却是上亿美元的IT投入，综合了无线手持设备、通用无线分组业务（general packer radio service,GPRS）、蓝牙等创新技术。联邦快递公司在IT上的持续投入源于创始人兼首席执行官（CEO）弗雷德里克·W.史密斯（Frederick W.Smith）一贯坚持的理念：一个包裹的信息和这个包裹的运输同样重要。

客户对服务的期望越来越高，但他们同时也要求投递成本越来越低。这对联邦快递公司的IT系统提出了很大的挑战。在这种背景下，2003年，联邦快递公司首席信息官（CIO）罗布·卡特（Rob Carter）提出了一项名为"6×6"的IT计划。在保持每年投入10亿美元、不增加额外IT预算的情况下，在3年的时间内，完成6个跨业务与IT的项目。2006年是6×6计划的结束之年，在计划实施2年后的2005年，联邦快递公司的快递业务增长了18%，达到195亿美元。就像自己的老本行一样，联邦快递公司正试图将自己庞大的IT预算更准确地"投递",以求用最少的钱办更多的事。

1. 产品最优先

"我们坚持从产品角度来制定IT策略,"领导着中国区50多名IT人员的联邦快递公司亚太区副总裁兼首席资讯总监莲达·C.柏勤(Linda C.Brigance)说:"我们并不是单纯地从IT角度来考虑而进行IT建设。"产品在联邦快递公司的IT战略中占据最优先的地位。

将需要进行的项目列出来进行重要排序,是联邦快递公司化繁为简的方法,这对于避免IT力量的盲目无序投入十分有用。柏勤举了一个例子:人力资源部可能仅仅有一个项目,它需要5种资源并花费8个月的时间完成,而另一个改善的项目可能需要更长时间,但是它为客户提供更多的利益。6×6计划的目标之一就是使IT的花费能够提高客户满意度。

这样分析的前提是IT人员对业务要熟悉。联邦快递公司CIO卡特在董事会中占据一席,6×6计划要求IT人员到公司不同的岗位去工作6~12个月,实现IT与业务的交叉。

从产品角度制定IT策略,也使得联邦快递公司的IT投入与客户的利益更紧密地结合起来。柏勤说:"我们从客户那里学到了很多东西,我们可以看到哪些服务非常受欢迎,然后利用IT这个重要工具进行改进。"通用汽车公司副总裁兼CIO拉尔夫·斯金达(Ralph Szygenda)说:"我也希望联邦快递公司的6×6计划能够成功,因为这对通用汽车公司有好处。"联邦快递公司已经成为通用汽车公司零部件供应链上的一个关键环节。"汽车工业有着世界上最精巧的供应链,"斯金达说,"我们采用了即时生产(Just In Time,JIT)的生产方式,如果文件和零部件不能及时投递,会产生巨大的影响,我们花了上亿美元与联邦快递公司合作,如果没有一个好的IT保证,我们不会这么做。"

2. 系统求标准

在中国上海,联邦快递公司的IT部门与在美国孟菲斯(Memphis)的总部执行全球统一系统标准。这些标准不仅包括了统一的系统开发流程、应用软件标准,甚至连PC都是统一的。

因为核心业务一致,建立一个全球统一的高度标准化的IT系统对于联邦快递公司来说不仅节约了成本,而且效率更高。柏勤说:"同一种解决方案用在某一台电脑上很好,但是到另一台电脑、另一个操作系统上,结果可能就会不一样。联邦快递公司全球标准化的部署保证了不论在哪个地区,我们在使用或是测试某种软件时,环境是一致的,因此能得到同样的结果。"虽然灵活的本地化采购可能价格更低,但后续系统的成本却会更大。作为一个员工众多而且业务规模相当大的区域,柏勤认为联邦快递公司中国区"在标准化上给予了公司很大的支持"。

标准化的另一个好处是保证客户和内部用户能够拥有统一的来源。比如运货应用系统(Shipment Application)使用毕益辉系统公司(BEA)的WebLogic Server 8.1中间件,运行在Linux服务器上,把联邦快递公司每个业务部门的运货系统都联系在一起。而2005年10月新部署的一个客户端的应用系统,也使用了同样的组件,使它们能够保持一致,在财务上,它们都使用统一的平台。"这使得资源的分配很明确,"J.P.摩根大通公司前CIO丹尼斯·欧莱瑞(Denis O'Leary)说,"虽然不同的部门有不同的需求,但他们能使用共同的组件。"

3. 技术审慎用

2005年,联邦快递公司在中国推出了基于GPRS技术的"掌上宝"——无线掌上快件处理系统,通过它来追踪包裹递送状态,缩短取件时间,中国成为联邦快递公司内部首个运用此项先进技术的国家。不仅如此,联邦快递公司的中国快递员们还与全球其他数万名快递员一样,使用着叫做"FedEx PowerPad"的手持设备,在取件过程中,他们可以通过蓝牙扫描器获得包裹信息,这比他们原来采用的手持机与数据槽相连的方式每件减少了约10分钟。

物流作为无线等新技术应用的热门行业,如何不失时机地应用新兴技术提高服务水平已经成为竞争的关键,这也是卡特和柏勤不得不面对的问题。虽然卡特以新技术的拥趸而著称,1999年,无线网络技术刚面世不久,联邦快递公司就进行了应用部署;但是对于哪些技术可以大规模引入,联邦快递公司仍然相当审慎。

"我们希望引入那些已经成熟而且商品化的新技术,"柏勤说,"例如刚刚在中国内地和香港成功实施的GPRS技术。"在有了这两地成功实施的经验,今年,GPRS技术将被联邦快递公司推广到新加坡、澳大利亚等地方。而对于一些尚有风险的项目,如无线射频识别(RFID)技术,即使在竞争对手TNT集团已经建成了全球第一条投入实际使用的RFID运输线路的情况下,联邦快递公司仍然持谨慎态度。虽然联邦快递公司在美国已经对一些集装箱的跟踪进行了小规模的RFID部署,但大规模部署尚未展开。

联邦快递公司目前重点推出的还是网上查询、电子邮件通知等看上去不那么新鲜刺激的服务。柏勤解释说:"我们一直试图从客户的角度去考虑他们希望以何种形式得到服务,而不是追求最新的技术。"

(资料来源:李全喜. 生产运作管理[M]. 北京:北京大学出版社,中国林业出版社,2007.)

思考讨论问题:
1. 分析IT系统在联邦快递公司的营运中的重要作用。
2. 联邦快递公司发展对新技术的应用有何要求?为什么?
3. 联邦快递公司的运营策略突出了该公司的哪些竞争优势?

课后同步测试

一、思考问答题

1. 什么是企业战略?如何理解企业战略的层次和构成?
2. 简述生产运作战略与公司战略的关系。
3. 生产运作战略的竞争重点是什么?
4. 生产运作总体战略包含哪些内容?
5. 生产运作系统设计有哪些重要决策?
6. 制定生产运作战略的影响因素有哪些?
7. 服务业运作战略的决策内容有哪些?

二、单项选择题

1. 事业单位战略主要研究的是( )。
   A. 产品和服务在市场上的竞争问题
   B. 企业存在的基本逻辑关系
   C. 企业不同的战略事业单位之间如何分配资源
   D. 采取何种成长方向
2. 生产运作战略是企业的( )。
   A. 公司层战略　　B. 经营层战略　　C. 职能层战略　　D. 竞争战略
3. 以不断追求生产系统的规模经济性为实质的战略是( )。

A. 基于成本的战略　　B. 基于时间的战略　　C. 基于质量的战略　　D. 基于柔性的战略
4. 下列属于公司层战略的是（　　）。
A. 成本领先　　　　B. 差异化　　　　　C. 集中化　　　　　D. 多元化

三、多项选择题

1. 企业战略由（　　）三个层次构成。
A. 低成本战略　　　B. 公司层战略　　　C. 业务单位战略　　D. 职能战略
2. 企业的外部环境包括（　　）。
A. 竞争　　　　　　　　　　　　　　　B. 劳动力的技能和能力
C. 客户　　　　　　　　　　　　　　　D. 经济
3. 以时间为基础的竞争战略包括（　　）。
A. 弹性制造　　　　B. 快速反应　　　　C. 按时交货　　　　D. 丰富品种
4. 企业竞争重点有（　　）。
A. 质量　　　　　　B. 成本　　　　　　C. 时间　　　　　　D. 市场适应性

四、判断题

1. 当价格是影响需求的主要因素时，就出现了基于成本的竞争。（　　）
2. 当质量成为影响需求的主要因素时，降低成本就没有意义了。（　　）
3. 成本可以无限降低。（　　）
4. 事业部战略又称为经营战略。（　　）
5. 公司自行处理其产出是后向一体化的例子。（　　）
6. 生产运作策略是一种职能策略。（　　）
7. 基于时间竞争策略的焦点在缩短对顾客需求的响应时间上。（　　）
8. 高质量可能导致低成本和差异化。（　　）
9. 高效率不能导致产品差异化。（　　）
10. 良好的顾客响应导致成本领先。（　　）
11. 自制还是外购，不是生产运作策略要考虑的。（　　）
12. 在产品或服务的开发方面，只有做领导者才是正确的策略。（　　）

课外小组实践活动

以小组为单位（4～6人），选择一个比较有代表性的或者自己身边的小企业进行调查，了解这些企业生产运作系统的特点及其优势，分析这些优势来源于生产运作系统的哪些方面。在此基础上，归纳出具有普适性的企业生产运作系统运行的一些做法。以小组为单位完成实践报告。

第三章 生产运作设施的选址与布置

【本章学习要点】
- 了解设施选址的主要影响因素与决策方法
- 了解设施布置的原则及基本类型
- 熟悉几种常见的设置布置的方法

【引导案例】

东风汽车的变迁

东风汽车公司是中国四大汽车集团之一,中国品牌500强,总部位于华中地区最大城市武汉,其前身是1969年始建于湖北十堰的"第二汽车制造厂",经过四十多年的建设,已陆续建成了十堰(主要以中/重型商用车、零部件、汽车装备事业为主)、襄阳(以轻型商用车、乘用车为主)、武汉(以乘用车为主)、广州(以乘用车为主)四大基地。除此之外,还在上海、广西柳州、江苏盐城、四川南充、河南郑州、新疆乌鲁木齐、辽宁朝阳、浙江杭州、云南昆明等地设有分支企业。

第二汽车制造厂选址始末

建设第二汽车厂早在1950年就提出来了,1953年开始筹备并选址,后来由于种种原因几上几下,厂址也几经变迁,直至1966年厂址确定在湖北郧县十堰地区,共历时14年。

二汽是一个大型企业,按中央要求,必须建在三线地区,并在铁路沿线。据了解,川汉铁路线从四川经湖南到湖北,在湖南有澧水方案,于是选厂址工作组在长沙搜集了一些资料后就出发,踏勘了澧水沿岸的澧县、津市、石门、慈利、大庸等地,按五万分之一的军用地形图对照现场,广泛地察看大的地块。在湘西有"三溪"方案(经过踏勘,认为把厂址建在湘西的辰溪、泸溪、沅陵三个县境内比较可行,因沅陵附近有个地方叫松溪,故把这个方案称为"三溪"方案),"三溪"方案在北京向一机部段君毅部长汇报时,段君毅告知中央有意把川汉铁路原先设计从湖南过而改从湖北过,要他们马上到湖北去看看。也正因为川汉铁路线方案的变化,二汽厂址最终改选在湖北郧县十堰地区。

从1964年10月中旬到1966年1月中旬的15个月中,先后有13人参加选厂址工作组,共8次从北京出发,踏勘了57个市县的地区,记录数据12 000多个,终于完成了二汽厂址前期准备工作。

在厂址区域位置选择和做厂址方案过程中,都是遵循"靠山、分散、隐蔽"的六字方针。当时国务院对国家建委党组《关于在三线建设中,进一步贯彻执行"靠山、分散、隐蔽"方针,加强对空隐蔽问题的报告》的批复中这样指出:"在三线建设中既要坚决贯彻执行'靠山、分散、隐蔽'的方针,又要从实际出发区别对待,对不同建设项目提出不同的要求。对于国防尖端重要民用骨干项目,必须采取切实可靠的防空隐蔽措施,要害部分和关键设备要尽可能地进洞下地,并且要千方百计力争不影响或少影响建设进度,不增加或少增加投资。"

根据所掌握的80多条山沟和地块的条件,按照汽车生产工艺路线的特点,把23个专业厂划分成发动机、底盘、总装冲压、技术后方四大片,最终确定的建厂范围是:东迄白浪,西抵堵河,北至刘家沟,南到枧堰沟,东西长20余公里,南北长10余公里,总装冲压各专业厂布置在狗培、镜潭沟等处,底盘、锻工、可锻铸铁各专业厂布置在大岭沟、赵家沟、东沟、后槽等处,发动机、传动箱、灰铸铁各专业厂布置在花园沟、安沟、枧堰沟、头堰等处,技术后方各专业厂布置在吕家沟、周家沟、袁家沟和大小炉子沟等处。

二汽的后续发展

由于没有考虑汽车制造这种大物流量生产所必须遵循的"移动距离最小原则",在生产系统规划与设计中没有进行正确的物流分析,在厂际建设了70多公里的铁路专用线及与之配套的仓库等设施。最后,不得不用汽车运输取代了原定的厂际铁路运输。

由于零件工艺线路长,专业厂相互之间复杂的协作关系,加上厂房车间地域上的分散,东风公司的生产组织极其复杂,物流始终是压在企业肩上的一个重担。十堰基地群山环绕,在当前经济的快速发展中单纯的铁路交通无法突破,航道运输也难以发展,同时,与东部发达地区的经济交流难以融合,想实现国际化的接轨更是充满困难,这些都给东风汽车公司的后续发展带来了障碍。

另择新址

2003年9月,东风汽车公司总部由湖北十堰搬迁至武汉。东风"迁都"也象征着公司战略的转移。据了解,该公司之前在十堰的总部办公地点多为临时过渡性质,较为分散,不利于各部门之间合作与沟通,严重影响工作效率。总部搬迁武汉实行集中办公后,这些问题便迎刃而解。武汉"九省通衢",交通优势自不必言,同时,武汉作为中国知识资源最密集的城市之一,拥有一批具有全国影响的知名大学和科研机构,总部搬迁武汉有利于公司吸引人才、留住人才和稳定人才。这些都是东风选址武汉的重要原因。

重迎发展新机遇

2003年3月,东风汽车公司回购东风汽车有限公司其他股东所持有的股权后,将东风汽车有限公司变更为东风汽车工业投资有限公司,后变更为东风汽车集团股份有限公司。2005年12月,东风汽车集团股份有限公司在香港发行H股。2007年7月,东风汽车公司成立乘用车事业部(2008年8月改称东风乘用车公司),开始发展自主品牌乘用车。2009年3月,东风乘用车公司正式发布自主乘用车品牌——东风风神。

2008年销售汽车132.1万辆,实现销售收入1 969亿元,综合市场占有率达到14.08%。在国内汽车细分市场,中重卡、SUV、中客排名第一位,轻卡、轻客排名第二位,轿车排名第三位。2008年公司位居中国企业500强第20位,中国制造企业500强第5位。2010年公司销售汽车261.5万辆,位居中国企业500强第13位,中国制造业500强第2位,世界500强第182位。"东风"品牌,2015年入围中国品牌价值研究院主办的"中国品牌500强"榜单,位列第

50位。

瞻望前程,东风公司已经确立了"建设一个永续发展的百年东风,一个面向世界的国际化东风,一个在开放中自主发展的东风"的发展定位,企业综合实力稳居行业领先,东风品牌跻身国际。

思考:第二汽车制造厂选址的主要考虑因素有哪些?东风汽车总部迁移,为什么选择武汉作为新址而非北上广?

(资料来源:根据百度百科等相关资料整理)

任何企业的生产经营,都要首先建设好生产设施,然后才能从事正常的生产运作活动。生产设施建设是企业的一次性投资,将影响企业长远的经营发展,因此,设施的选址与布置是企业的战略性问题,必须经过反复细致的考察与论证才能做出正确的决策。本章将讨论设施的选址与布置的决策问题。

第一节　设施选址

设施选址是企业运作启动的第一步。对于制造企业来说,选址是其控制成本的主要决定因素;对于服务性企业来说,选址是获取收益的主要决定因素;对于跨国企业来说,公司各部分的选址是其全球价值链的重要组成部分。

一、设施选址的含义与基本内容

想要理解设施选址问题,首先必须界定清楚本书中所指的设施。所谓设施,是指生产运作过程得以进行的硬件手段,通常由工厂、办公楼、车间、设备、仓库等物质实体所构成。所谓设施选址,是指运用科学的方法决定设施的地理位置,使之与企业的整体经营系统有机结合,以便有效、经济地达到企业的经营目的。简言之,即确定在何处建厂或建立服务设施。

设施选址包括两个层面的问题:(1)选位,即选择什么地区(区域)建立设施,是沿海还是内地,北方还是南方,国内还是国外。(2)定址。地区选定之后,具体选择在该地区的什么位置,即在一个选定的地区内选定一片土地作为设施的具体位置。

设施选址问题在很大程度上决定了所提供的产品和服务的成本,如原材料和产品的运输成本、劳动力成本及其他辅助设施的成本。对于服务业企业来说,选址直接影响着供需关系(如客流量)　选址不当会使企业走向失败的命运,一旦选择失误,它所带来的不良后果不是通过建成后的加强、完善管理等其他措施可以补救的,继续下去,越错越远,重新迁址,损失重大。同时,选址正确与否还影响着企业运作的机会成本。

二、设施选址的影响因素

影响设施选址的因素很多,考虑的角度不同,影响因素也不同。总体来说,可分为两大类:选位影响因素和定址影响因素。

(一)选位影响因素

选位因素又可以分为国家和地区(城市)两部分。考虑国家的因素主要包括一个国家的政局是否稳定、政府的相关政策和鼓励措施、经济文化与宗教等,有时国家的汇率也会影响企业在他国的选址。这里主要讲解选择地区或城市的影响因素。

1. 地区政策

在某些地区投资建厂,会得到一些政策或法规上的优惠。在其他条件相差不大的情况下,地区政策就会成为选址决策的主要考虑因素。如奔驰汽车1993年决定在美国建立第一个海外工厂时,先后用一年的时间对美国30个州的170个候选地址进行分析研究,最后决定选在亚拉巴马州的旺斯,原因是该州给予奔驰公司3亿美元的免税优惠。

2. 目标市场

产品销售市场容量的大小决定了企业经营的规模。接近产品销售市场,一方面可以降低产品运输成本,另一方面可以快速捕捉市场需求信息。对于制造业,基础工业(冶金、煤炭、石油、电力、化学、机械等)以靠近原料产地为主,消费品以接近销售市场为主。服务业一般位于其服务地区的中心位置附近,如饭店、商店、超市、干洗店、医院、银行等,因为服务性企业提供的产品和服务与竞争对手相似,主要依靠便利性吸引顾客。

3. 原材料供应地

设施选择位于或邻近原材料产地的原因主要有三个方面:其一是必要性,如采矿业、农场、林场和渔业等,这是由资源位置决定的;其二是易损坏性,如从事新鲜水果或蔬菜的制冷保险或罐头、奶产品的加工等,必须考虑原料的易腐烂性;其三是运输成本,对于那些原材料在加工过程中体积会缩小进而使产品运输成本减少的行业,靠近原材料供应地也是很有必要的,如炼钢、炼铝、造纸等。

4. 运输条件

根据产品、零件及原材料的运输特点,设施选址应选择邻近铁路、港口或公路等运输条件较好的地区。在水陆空多种运输中,各种运输方式都有其优点,也有其劣势,如空运速度快,但费用高;水运费用低,但速度慢;公路运输可以实现点对点。引导案例中提到的东风汽车迁出大山,二次选址武汉,考虑的因素之一就是运输条件。

5. 与协作厂家的相对位置

由于产业链的关系,许多企业与其上下游的企业关系密切。如汽车行业的主机厂与零部件生产厂就有着紧密的联系,这些配套厂大多建在主机厂的附近,形成以主机厂为核心的汽车城,如美国的底特律市、日本的丰田市、中国的长春市等。需要说明的是,这种产业的布局是一种强势企业(主机厂)对弱势企业(配套厂)之间不平等的合作结果所致。主机厂采用零部件的准时采购以降低采购成本,变相地将配套厂变成主机厂的"免费仓库"。

[企业实践]　　　　　英利公司迁往长春朝阳区的经济开发区

英利公司是我国台湾独资公司,于1991年在黑龙江哈尔滨市注册建厂,当时主要的产品是汽车安全带等汽车零部件,供应当地及国内的一些汽车厂家。从1994年开始主要为一汽大众、一汽轿车等主机厂配套。随着这些主机厂商逐步实施准时采购,要求配套厂家每天按装车数小批量发货,甚至送至工位,该企业原来的位置越来越难以适应这样的要求。但与此同时,外资企业的国产化进程迅速,配套厂家也面临扩大再生产的发展机遇。于是,英利公司于2001年迁址长春朝阳区的经济开发区,满足了主机厂对准时采购在地域上的要求,自身也得到了长足的发展,实现了同时给一汽大众的奥迪、宝来、捷达等和一汽轿车的马自达等轿车配套,品种达到两百多种以上。

(资料来源:李全喜. 生产运作管理[M]. 北京:北京大学出版社,2007.)

6. 劳动力资源

劳动力资源需要考虑的因素主要有劳动力的成本和可得性、地区的薪资水平等。劳动力成本对于劳动密集型产业非常重要,外资企业进入中国、印度等国家和地区主要考虑的就是其廉价的劳动力。当然,企业的不同对劳动力资源的需求也不一样,如高新技术企业对员工的受教育水平和知识结构有特殊的要求,只有在教育和科技发达的城市才易获得这样的劳动力资源。

7. 气候条件

根据产品的特点,有时需要考虑温度、湿度、气压等气候因素对生产的影响。如德国大众在大连投资的发动机厂临海而建,但由于当地气候过于潮湿,许多发动机零件在生产或存放过程中极易锈蚀,无奈只好再投资 1 000 多万元将主要车间封闭并安装中央空调。有的产业对气候条件要求较高,如纺织厂和乐器厂。英国的曼彻斯特是世界著名的纺织业区,温度和湿度合适是一个主要原因;电影制片厂之所以集中在好莱坞,是因为该地区终年温和而干燥,适于室外拍片活动。

8. 基础设施条件

基础设施主要指企业生产运作所需的外部条件,通常指"七通一平",即邮通、上下水通、路通、电信通、煤气通、电通、热力通和场地平整。基础设施建设给投资者提供建厂开店的便利条件,是吸引投资的基本前提。企业选择在一个远离城市的地方建厂,公共设施缺乏,一切都需自理,所需费用往往很大。

(二)定址影响因素

1. 场所的大小和成本

一般来说,在一定的区域,场所的大小与建设成本呈正比关系。但地域不同,哪怕是在同一个地区,用地价格差异较大,建设成本也就不同。服务业要求接近客户群体,一般把交通流量和便利性作为最先考虑的因素,通常会选址在城市的繁华或交通便利的地段、居民区附近,且店面有限。制造业一般不会选在繁华的闹市,因为地价昂贵,还有环保等问题,所以常定址在城市的郊区或农村。

2. 周边环境

周边环境主要考虑的是所选位置能否为职工提供衣食住行、子女教育等良好的条件。

3. 地质条件

建厂地方的地势、地质条件也会影响设施选址问题。如在平地上建厂比丘陵或山区施工要容易且费用更低。在地震区建厂,则所建设施都要达到抗震要求,在有滑坡、流沙或下沉的地面建厂,也会导致投资增加。另外,选择在荒地上还是良田上建厂,也会影响投资大小。

4. 可扩展的条件

在当今市场需求多变、科技发展迅速、竞争激烈的环境下,企业未来的发展存在很大的不确定性。因此,在建厂初始就应当考虑企业较长远的发展规划,在空间上留有一定的余地。另外,有的企业受资金的限制,不能一次建设到位,需要分期建设,在确定具体位置和空间时,一定要做好总体规划。

三、设施选址决策的一般程序

企业设施选址决策通常包括以下几个步骤:

(一)明确企业设施选址的目标

一般来说,制造企业设施选址的目标是追求成本最小化,而服务企业设施选址的目标是追求收益最大化。选址的第一步就是要明确企业选址的具体目标是什么,然后根据具体目标,列出评价设施选址地点优劣的标准。

(二)收集新建设施的有关资料

收集新建设施所需的有关资料,如生产规模、能力要求、所需资源(市场、原材料、交通条件、劳动力供应等)等情况。

(三)收集目标地区的相关资料

选址中所要考虑的影响因素很多,根据确定的选址地点优劣的评价标准,收集目标地区的相关资料,如运输条件、基础设施、劳动力市场等。

(四)评价各目标地区,综合分析作出选址决策

选择合适的评价方法对目标地区进行评价,最后选择满意方案。常见的选址方法有因素评分法、量本利分析法、重心法、线性规划法等。

四、设施选址的决策方法

设施选址过程中需考虑的影响因素众多,实际上不同的候选地点各有优势与劣势,很难简单地决定最佳的选址方案,且决策过程中考虑的影响因素不同,所运用的评价方法也应有所不同。因此,根据选址的实际需要,在选址的过程中需要采用相应的方法。常见的评价方法有因素评分法、量本利分析法、重心法、运输模型法等。

(一)因素评分法

因素评分法又称综合评判法,它作为一种决策技术,在现实中应用广泛。在设施选址的影响因素中,其中有些影响因素可以定量计算,如物流的运量和成本,而多数因素不能定量,如劳动力资源、气候条件等,因素分析法就是对定性的选址影响因素,采用主观打分的方法将其量化,再转为采用定量分析的方法进行处理。该方法的主要步骤为:

(1)列出相关因素(如交通条件、原材料供应、教育水平、运输条件等);

(2)根据每个因素的相对重要性赋予相应的权重,各权重之和为1;

(3)给所有因素确定一个统一的评分范围(如1~100,百分制),并在这个范围内就每个因素对每个方案进行打分;

(4)把每一因素的评分与其权重值相乘,再把每个方案各因素的乘积数相加,得到各个备选方案的总得分;

(5)比较各方案的总得分,选择总分最高的方案。

[例3-1] 一家纺织服装企业要新开一家分厂,提出了三个备选地点,相关信息如表3-1所示。

表3-1   备选地点相关信息

因素	权重	得分			加权得分		
		地点1	地点2	地点3	地点1	地点2	地点3
交通条件	0.15	100	70	80	15	10.5	12
工资水平	0.05	80	80	100	4	4	5

续表

因素	权重	得分 地点1	得分 地点2	得分 地点3	加权得分 地点1	加权得分 地点2	加权得分 地点3
原料供应	0.30	50	90	70	15	27	21
职业教育	0.05	40	80	60	2	4	3
市场	0.20	90	60	80	18	12	16
劳动力	0.15	80	90	60	12	13.5	9
公用设施	0.10	50	80	100	5	8	10
合计	1.00				71	79	76

以上例题根据因素评分法,最后应选择的最佳地点为地点2。

因素评分法可以为评价提供合理的基础,但在决策过程中,会或多或少地融入决策者的主观因素而使得作出的评价和决策可能不够客观。

(二)量本利分析法

量本利分析法,即产量—成本—利润分析法,也称盈亏平衡分析法,是一种定量的分析方法。其基本步骤如下:

(1)确定每种备选方案的固定成本与可变成本;

(2)在同一张图表上作出不同方案的成本收入曲线;

(3)确定在某一预定的产量或销售量的情况下,根据成本最低或利润最高的原则选择一种最佳方案。

该方法的假设条件:

(1)产出在一定范围内,固定成本不变;

(2)销售收入可以预测;

(3)可变成本在一定范围内与产量成正比。

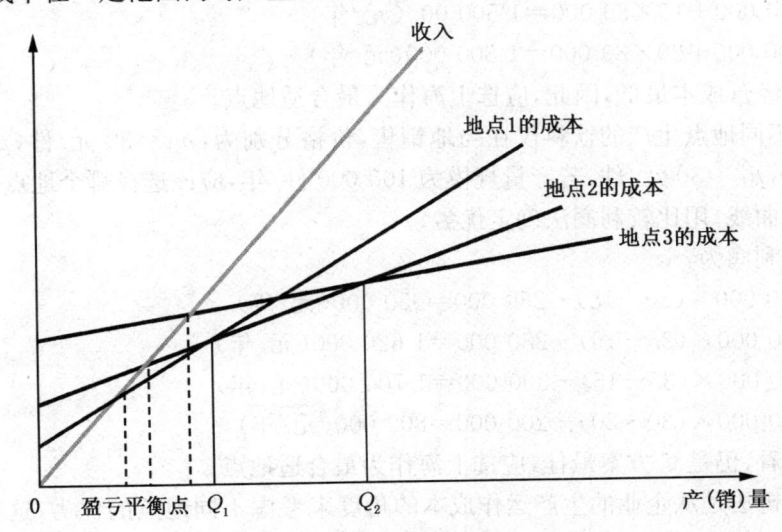

图3—1 量本利分析法

从图 3—1 可以看出，当销售收入相同的情况下，以成本作为评判标准，当产量低于 Q_1 时，选择地点 1 是合适的；当产量在 Q_1 和 Q_2 之间时，选择地点 2 是合适的；当产量大于 Q_2 时，选择地点 3 是合适的。

以上分析是假设销售收入与地点无关的条件，但当不同的地点实行的售价不同，带来的销售收入也不同时，就不能采用这种单纯比较成本的方法，而应该从利润的角度进行比较，即比较一定产量的前提下，选择利润最高者。

$$利润(TR)=Q(p-VC)-FC$$

式中：p——销售单价；VC——单位可变成本；FC——经营固定成本。

一般来说，制造业更多采用成本比较法，服务业则最好采用利润比较法。

[例 3—2] 某饮料生产企业为了扩大产能满足未来需求，考虑新建一个工厂，为此考察了四个备选地点，四个地点的固定费用与单位生产成本如表 3—2 所示。利用量本利分析法选择一个最佳地点。

表 3—2　　　　　　　　备选地点的固定费用与单位生产成本

地 点	固定费用（元）	单位生产成本（元/件）
A（武汉）	250 000	18
B（广州）	280 000	16
C（上海）	300 000	15
D（成都）	200 000	20

(1) 假设产品销售价格不受生产地点影响，计划年产量规模为 80 000 件，选择哪个地点合适？

当收入曲线相同时，用比较成本法确定优劣。各地点的总成本为：

$TC_A = 250\,000 + 18 \times 80\,000 = 1\,690\,000$（元/年）

$TC_B = 280\,000 + 16 \times 80\,000 = 1\,560\,000$（元/年）

$TC_C = 300\,000 + 15 \times 80\,000 = 1\,500\,000$（元/年）

$TC_D = 200\,000 + 20 \times 80\,000 = 1\,800\,000$（元/年）

C 方案年经营成本最低，因此，应选上海作为最合适地点。

(2) 假如不同地点生产的饮料仅在当地销售，价格分别为：$p_A = 30$ 元/件，$p_B = 35$ 元/件，$p_C = 35$ 元/件，$p_D = 30$ 元/件，若产量规模为 100 000 件/年，应该选择哪个地点合适？

考虑收入曲线，用比较利润法确定优劣。

各地点的利润为：

$TR_A = 100\,000 \times (30-18) - 250\,000 = 950\,000$（元/年）

$TC_B = 100\,000 \times (35-16) - 280\,000 = 1\,620\,000$（元/年）

$TC_C = 100\,000 \times (35-15) - 300\,000 = 1\,700\,000$（元/年）

$TC_D = 100\,000 \times (30-20) - 200\,000 = 800\,000$（元/年）

从利润上看，仍是 C 方案最佳，应选上海作为最合适地点。

量本利分析法是从企业的生产运作成本的角度来考虑不同地点的优劣，这种方法仅适合在不需要考虑其他成本或非成本因素的情况，如果某些企业的设施选址决策中生产运作成本不是主要因素，而是其他成本，如运输成本等，则需要使用其他方法。

(三)重心法

重心法作为一种设置单个厂房或仓库的方法,主要用于选择配送中心或中转仓库的情形,主要考虑的因素是设施之间的运输成本。为了把物流运输成本降到最低,它把运输成本看作运输距离和运输重量的线性函数,求得使运输成本最小的位置作为目的地。商品运输量是影响商品运输费用的主要因素,仓库尽可能接近运量较大的网点,从而使较大的商品运量走相对较短的路程,就是求出本地区实际商品运量的重心所在的位置。

重心法是一种模拟方法,它将物流系统中的需求点和资源点看成是分布在某一平面范围内的物流系统,各点的需求量和资源量分别看作物体的重量,物体系统的重心作为物流网点的最佳设置点,利用求物体系统重心的方法来确定物流网点的位置。

重心法假设在同一种运输方式下,运输数量不变,运输单价相同。

重心法的步骤如下:

(1)建立坐标系,确定各地点在坐标系中的相对位置。在国际选址中,经常采用经度和纬度建立坐标。

(2)运用计算公式,计算出重心的横、纵坐标值,并在坐标系中找到其相应的位置。

重心法的计算公式为:

$$x^* = \frac{\sum W_i x_i}{\sum W_i}$$

$$y^* = \frac{\sum W_i y_i}{\sum W_i}$$

式中,W_i——第i个供应点的运输量;d_i——第i个供应点与选择的配送中心的距离;(x_i, y_i)——第i个供应点的地理坐标;(x^*, y^*)——待确定的配送中心的地理坐标。

[例3—3] 某制造公司要在A、B、C、D四个分厂之间设立一个仓库M,各分厂的分布及其物流量如表3—3所示,问仓库M应设在何处?

表3—3 分厂的位置及与仓库间的物流量

位置(x、y轴的坐标值)	各分厂到仓库的物流量(吨)
$A(200, 40)$	1 000
$B(450, 60)$	500
$C(500, 70)$	1 500
$D(600, 50)$	2 000

解:用重心法求M的坐标值x^*、y^*:

$$x^* = \frac{200 \times 1\,000 + 450 \times 500 + 500 \times 1\,500 + 600 \times 2\,000}{1\,000 + 500 + 1\,500 + 2\,000} = 475$$

$$y^* = \frac{40 \times 1\,000 + 60 \times 500 + 70 \times 1\,500 + 50 \times 2\,000}{1\,000 + 500 + 1\,500 + 2\,000} = 55$$

可见,重心的位置M为(475, 55),中间仓库的分布如图3—2所示。

图3-2 仓库 M 的位置

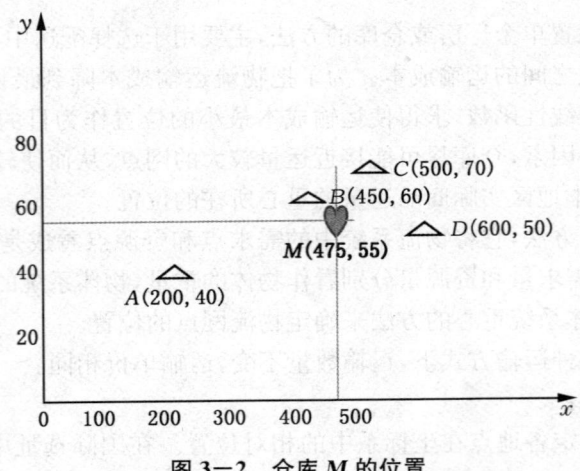

（四）线性规划法——运输模型

运输模型是一种用来在 m 个"供应源（产地）"和 n 个"目的地（销售地）"之间决定一个物资分配方案，使得运输成本最小的方法。这是一种用来进行设施网络选址的优化方法，这种方法有助于解决设施网络中的物料运输问题，其目的是要决定一个最佳运输模式，以便将货物从几个供应地发送到几个需求地，且实现整个生产、运输成本的最小化。

运输模型基本表格见表3-4。

表3-4 运输模型基本格式

物资运量		至销售地				产 量
		B_1	B_2	…	B_m	
从产地	A_1	C_{11}	C_{12}	…	C_{1n}	a_1
	A_2	C_{21}	C_{22}	…	C_{2n}	a_2
	…	…	…	…	…	…
	A_m	C_{m1}	C_{m2}	…	C_{mn}	a_m
需求量		b_1	b_2	…	b_n	$\sum_{i=1}^{m} a_i = \sum_{j=1}^{n} b_j$

这里介绍的是一个平衡运输的问题，即产地的总产量恰好与销售地的总需求量相等。根据给定的条件，我们已经知道产地的产量、销售地的需求量和物资从产地运到销售地的单位运价，需要求解的是，在不超过产地生产能力、保证销售需求的前提下，各个产地应该分别运送多少物资到各个销售地去使得总成本最低。

解决这样的问题，一般采用表上作业法或计算机进行。

第二节 设施布置

设施布置是指在一个给定的设施范围内,对多个经济活动单元进行位置安排,以确保系统中工作流与信息流的通畅。企业设施布置得合理与否,将会影响企业生产运作的成本和效率以及运作战略的实施。

一、设施布置的基本问题

设施布置是生产运作组织中的空间组织问题,目的是使企业的物质设施有效组合,取得最大的经济效益。设施布置就是要合理安排组织内部各功能单元及其相关的辅助设施的相对位置和面积,前者指不同设施之间的位置关系,后者指各设施的规模。具体来说,设施布置要考虑以下四个主要问题。

(1)设施应包括哪些经济活动单元?这个问题取决于企业的产品、工艺设计、企业规模和企业的生产专业化水平及协作化水平等多种因素。

(2)各个经济活动单元需要多大空间?空间太小会影响工作效率,空间太大则是一种浪费,且使工作人员之间的距离拉长,同样会影响生产效率。

(3)各个经济活动单元空间形状如何?每个经济活动单元的空间大小、形状及结构,这几个问题是紧密相关的。如一个加工单元应包含几台机器,这几台机器如何排列,占多大空间等,需要综合考虑,而机器如何排列则需要根据设施空间的形状而定,即根据设施空间的不同形状,机器可以呈"一"字形排列,也可以呈"U"形排列。

(4)各个经济活动单元在设施范围内的位置。设施布置要合理地确定每个经济活动单元的绝对位置和相对位置。相对位置的重要意义在于它关系到物料流动路线是否合理,是否节约运费和时间以及通信联络是否便利等。同时,还要考虑内部经济活动单元与外部的联系。

二、设施布置的目标和原则

(一)设施布置的目标

(1)使业务过程的成本最低。这一目标要求设施布置保证物流、人流、信息流能够尽量在最短的路径上流动或传递,减少迂回与转折。

(2)经济利用空间,节约场地。设施布置如能经济利用空间,可以大大减少基础设施的建设投资。

(3)提供安全舒适的工作环境。为提高工作效率,设施布置必须为工作者提供一个安全舒适的工作环境,以促进人力资源的利用。

(4)适应市场需求的变化,具有灵活性。市场需求的变化需要设施布置能适应生产能力不断变化的需要,有调整的余地。

(二)设施布置的原则

根据设施布置的目标,设施布置应遵循如下几个原则。

(1)最短路径原则。要使设施之间的物流或人流距离最短,必须尽可能按照生产工艺流程来布置设施,并且尽可能紧凑。

(2)关联原则。关联原则要求把紧密关联的设施紧靠一起,而关系不紧密的单位可以适当

(3)分工原则。设施之间要合理分工,如生活区、生产区、办公区等,合理分工有利于管理、创造舒适的工作环境,同时有利于环保和安全。

(4)专业化原则。设施布置应在分工的基础上符合专业化原则,提高生产率与管理效率。

(5)协调原则。分工必须协调,用系统、整体的观念合理规划各设施之间的关系。协调包括内部协调和外部协调。内部协调保证企业内部设施的整体性,外部协调需要考虑企业设施对环境的影响。

(6)弹性原则。设施布置要考虑未来发展的需要,要留有余地,为企业今后的发展留有可扩展的空间。

三、设施布置的形式

设备或生产单元的布局一般取决于生产运作过程的组织形式,主要有四种布置。

(一)工艺专业化布置

工艺专业化布置是按照工艺专业化的流程形式来划分生产单位,将完成相同工艺的设备和工人布置在一个区域内。例如齿轮车间就是按照锯床、车床、磨床、滚齿等不同工艺阶段组成生产单元的,如图3—3所示。该布置形式的优点在于:系统能满足多样的工艺要求;个别设备出故障对系统影响不大;工艺和设备管理起来较方便。而缺点在于:物料运输路线长,效率低;在制造系统中有加工间歇,因而在制品多,生产周期长;协作关系复杂,协调任务重。

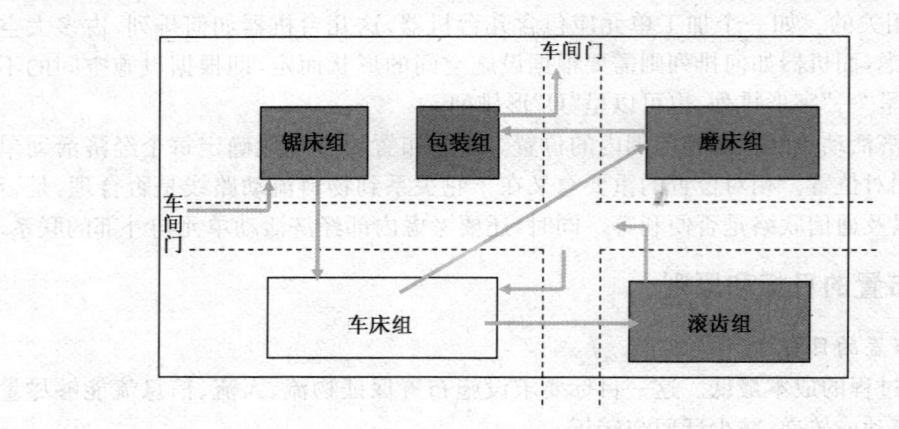

图3—3 按照工艺专业化布置的齿轮车间布置形式

(二)对象专业化布置

对象专业化布置是按照加工产品的不同,把完成相同产品的设备和人员布置在一起组成生产单位。上述齿轮车间也可以改成按照对象专业化进行布置,如图3—4所示。该布置形式的优点在于能够提高工作效率,缩短生产周期,生产管理协调简单,培训成本低,但其缺点在于对需求变化的适应性差,比较适合大批量生产。

(三)固定位置布置

在固定位置布置中,加工对象保持不变,工人、材料和设备按需要四处移动。在一些大型工程项目的设施布置中,由于产品体积与重量大,不易移动,常采用固定位置的布置方式,设备和人员根据需要移动到需要加工的位置上。如造船厂、飞机制造厂等。

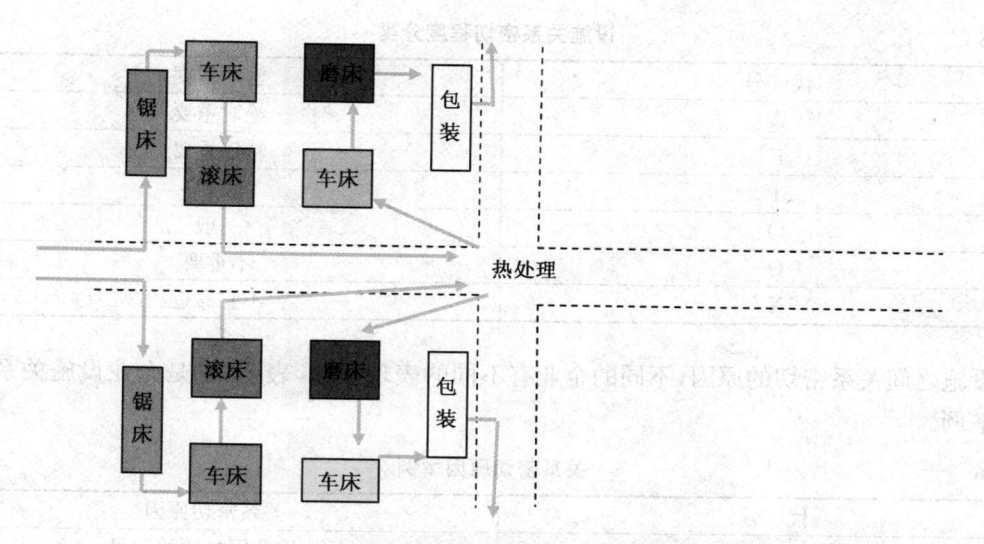

图 3—4 按照对象专业化布置的齿轮车间设施布置形式

(四)成组布置

成组布置是根据零件的结构与工艺相似性原理来组织生产的一种方法,它利用了工艺专业化和对象专业化的特点,适应多品种中小批量的生产。该布置形式中,首先根据一定的标准将结构和工艺相似的零件组成一个零件组,确定出零件组的典型工艺流程,再根据典型工艺流程的加工内容选择设备和工人,由这些设备和工人组成一个生产单元。

成组布置有三种形式:(1)成组加工中心,在一个工作地进行成组生产。(2)成组生产单元,按照一组或几组工艺相似零件共同的工艺路线布置设备组织生产。(3)成组流水线,按照一组产品进行流水生产。

实际上,企业设施的布置很少是单一的一种形式,更多的是综合运用上述几种形式。

四、设施布置的方法

(一)作业相关分析法

作业相关分析法由穆德提出的,它是根据企业各个部门之间的活动关系密切程度布置其相互位置。

作业相关分析法的步骤是:
(1)划分设施关联的等级与原因;
(2)用图或表来表示设施之间的关联程度;
(3)根据关系紧密程度高的相邻布置的原则进行初始布置;
(4)根据面积和其他因素进行调整。

关系紧密程度一般分为 6 种:绝对重要 A(absolutely important),特别重要 E(especially important),重要 I(important),一般 O(ordinary),不重要 U(unimportant),不宜靠近 X,如表 3—5 所示。

表 3—5　设施关系密切程度分类

代　号	密切程度
A	绝对重要
E	特别重要
I	重要
O	一般
U	不重要
X	不宜靠近

设施之间关系密切的原因，不同的企业有不同的表现形式，表 3—6 是企业设施关系密切原因举例。

表 3—6　关系密切原因举例

代　号	关系密切原因
1	使用共同的原始记录
2	共用人员
3	共用场地
4	人员接触频繁
5	文件交换频繁
6	工作流程连续
7	做类似的工作
8	共用设备
9	其他

分析设施之间的关系密切程度时，一般采用如下处理方法：
(1) 把出现 A 次数最多的优先安排在中心位置；
(2) 其他设施按照其与已安排的设施的密切程度布置在已安排设施的周围；
(3) 利用 X 关系和其他相关关系进行调整。

[例 3—4]　一个快餐店欲布置其生产与服务设施。该快餐店共分成 6 个部门，计划布置在一个 2×3 的区域内。已知这 6 个部门间的作业关系密切程度如图 3—5 所示，请根据该图作出合理布置。

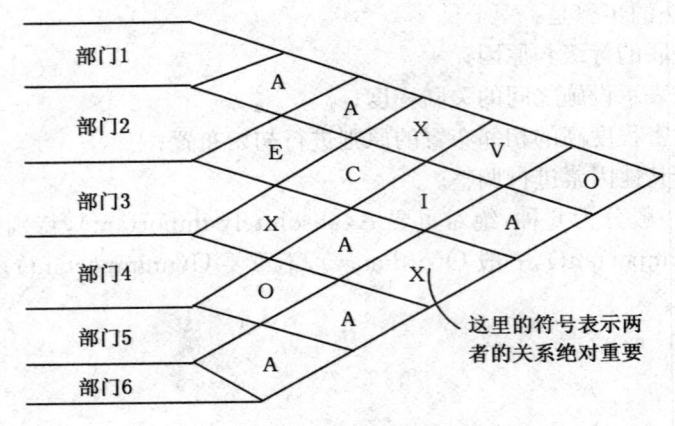

图 3—5　快餐店设施关系图

解:第一步,列出关系密切程度分类表(只考虑 A 和 X)

A	X
1—2	1—4
1—3	3—6
2—6	3—4
3—5	
4—6	
5—6	

第二步,根据列表编制主联系簇。原则是,从关系"A"出现最多的部门开始,如本例的部门 6 出现 3 次,首先确定部门 6,然后将与部门 6 的关系密切程度为 A 的——联系在一起。

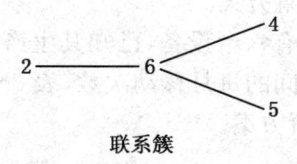

联系簇

第三步,考虑其他"A"关系部门,如能加在主联系簇上就尽量加上去,否则画出了分离的子联系簇。本例中,所有的部门都能加到主联系簇上。

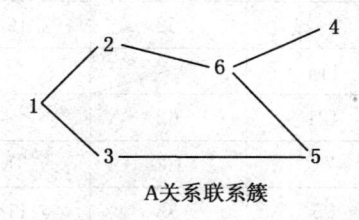

A关系联系簇

第四步,画出"X"关系联系图。

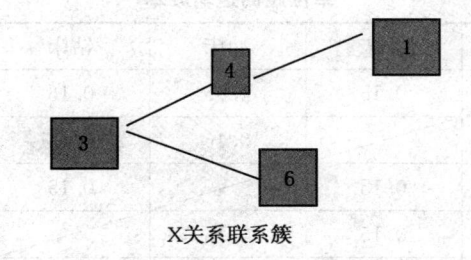

X关系联系簇

第五步,根据联系簇图和可供使用的区域,用实验法安置所有部门。

1	2	6
3	5	4

(二)从—至表法

所谓"从—至表",是指零件从一个工作地到另一个工作地搬运次数(或搬运量、搬运距离、搬运时间)的汇总表。表的"列"为发出工作地,"行"为到达工作地,对角线右上方数字表示工作地之间顺向的物流流量之和或距离,对角线左下方数字表示工作地之间逆向的物流流量之和或距离。

该方法的基本思想是用从一至表列出不同部门、机器或设施之间的相对位置,以对角线元素为基准计算各工作点之间的相对距离,从而找出整个单位或生产单元物料总运量最小的布置方案。

从一至表法的基本步骤是:
(1)选择典型零件,制定工艺路线;
(2)制定设备布置的初始方案,统计出设备之间的移动距离;
(3)确定出零件在设备之间的移动次数和单位运量成本,计算零件之间的总运输成本;
(4)根据运输成本最大的放在相邻位置的原则布置初始方案;
(5)用实验法确定最满意的布置方案。

[例3-5] 某金属加工车间有六台设备,已知其生产的零件品种及加工路线,并据此给出如表3-7所示的零件在设备之间的每月移动次数,表3-8给出了单位距离运输成本。请用这些数据确定该车间的最佳布置方案。

表3-7　　　　　　　　　　设备间月平均移动次数矩阵

	锯床	磨床	冲床	钻床	车床	插床
锯床		217	418	61	42	180
磨床	216		52	190	61	10
冲床	400	114			95	16	68
钻床	16	421	62		41	68
车床	126	71	100	315		50
插床	42	95	83	114	390	

表3-8　　　　　　　　　　单位距离运输成本　　　　　　　　　　单位:元

	锯床	磨床	冲床	钻床	车床	插床
锯床		0.15	0.15	0.16	0.15	0.16
磨床	0.18		0.16	0.15	0.15	0.15
冲床	0.15	0.15		0.15	0.15	0.16
钻床	0.18	0.15	0.15		0.15	0.16
车床	0.15	0.17	0.16	0.20		0.15
插床	0.15	0.15	0.16	0.15	0.15	

(1)将运输次数与单位距离运输成本矩阵的相同位置的数据相乘,得到从一台机器到另一台机器的每月运输成本,如表3-9所示。然后,再按对角线对称的成本元素相加,得到两台机器间的每月运输总成本,如表3-10所示。

表 3—9　　　　　　　　　　　　单位距离每月运输成本　　　　　　　　　　　　单位：元

	锯床	磨床	冲床	钻床	车床	插床
锯床		32.6	62.7	9.8	6.3	28.8
磨床	38.9		8.3	28.5	9.2	1.5
冲床	60.0	17.1		14.3	2.4	3.2
钻床	2.9	63.3	9.3		6.2	10.9
车床	18.9	12.1	16.0	63.0		7.5
插床	6.3	14.3	13.3	17.1	58.5	

表 3—10　　　　　　　　　　　　单位距离每月运输总成本　　　　　　　　　　　单位：元

	锯床	磨床	冲床	钻床	车床	插床
锯床		71.5	122.7	12.7	25.2	35.1
磨床			25.4	91.7	21.3	15.8
冲床				23.6	18.4	16.5
钻床					69.2	28.0
车床						66.0
插床						

(2) 确定紧密相邻的系数,确定的依据是总运输成本的大小。按总运输成本的大小,从大到小排列。

根据表 3—10 中的①②③④⑤的顺序:①锯床—冲床。②磨床—钻床。③锯床—磨床；④钻床—车床；⑤车床—插床。应将锯床和冲床、磨床和钻床、锯床和磨床、钻床和车床、车床和插床相邻布置。最后结果如下图所示。

锯床	冲床	插床
磨床	钻床	车床

五、服务设施布置

(一)仓库布置

仓库布置是指对承担仓储作业流程的各个部分在仓库空间中的相对位置、物品存放方式及各种设备所作的设计和安排。仓库布置的目的是在物料处置成本和仓库空间利用之间寻找最优平衡。物料处置成本包括物料运输入库、验收、分拣、组装、存储、运输出库的费用,即包括设备、人员、物料、监控、保险和折旧等费用。有效的仓库布置还应减少仓库中物品的损坏和腐烂,应使保全物料所需费用和物料本身的损耗之和达到最小。

仓库布置中必须遵守以下几条被广泛接受的准则。

(1)尽可能采用单层,因为这样不仅造价低,资产的平均利用率也高。

(2)使货物在出入库时直线或直接流动,避免逆向操作和低效运作。

(3)在物料搬运设备大小、类型、转弯半径的限制下,尽量减少过道占用的空间。

(4)尽量利用仓库的高度,即有效利用仓库的容积。

(5)将吞吐量大的货物存放在最容易存取的地方,即靠近运输区域或高低合适的地方,如存放在仓库过道两旁或靠近仓库门口的位置。

(6)将体积大的货物安置在距离运输区域较近的位置以减少搬运时间。

(7)如获取的装载体积超过其有序存储的体积,则将这些货物安置在靠近运输区域的地方。

(二)零售商店(超市)布置

零售商店布置的关键是展示商品,方便购物。有研究表明,零售商店的商品展示率越高,销售和投资回报率就越高,销售量随着展示给顾客的商品的量的变化而不断变化。因此,零售店布置设计中需要着重考虑的主要在于两个方面:一是购物中顾客的行走路线,包括购物通道的数量和宽度,吸引人的标识的摆放等;二是商品的陈列,即相关物品的摆放。

零售店主要有三种布置形式:网格式(grid layout)、自由式(freestyle layout)、精品店式(boutique layout)。

(1)网格式布置。网格式以矩阵网格方式安排柜台,通道都是平行的。网格式布置能有效利用销售空间,创造整洁的环境,并能简化购物活动。大多数超市和相当数量的折扣店都采用网格型布置,因为它适合自选购物方式,容易控制客流量。如图3—6所示。

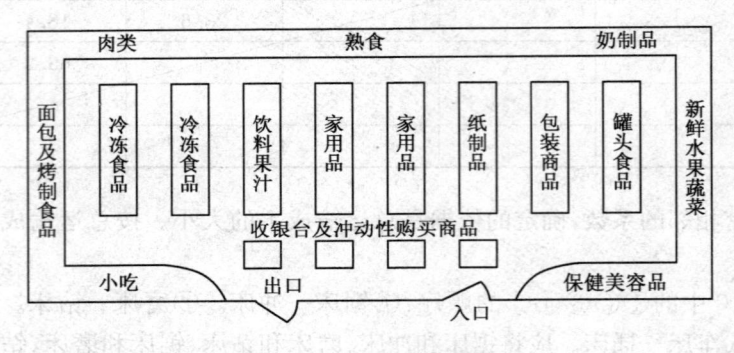

图3—6 网格式布置图

(2)自由式布置。自由式与网格式有很大的不同,它采用不同形状和大小的柜台(货架)展示。自由式的主要优点是有一个轻松、友好的购物气氛,能够鼓励顾客更长时间的逗留和购买,并增加顾客冲动性购买的机会。但是自由式布置的空间利用率不高,而且规划不好还可能会产生安全问题。如图3—7所示。

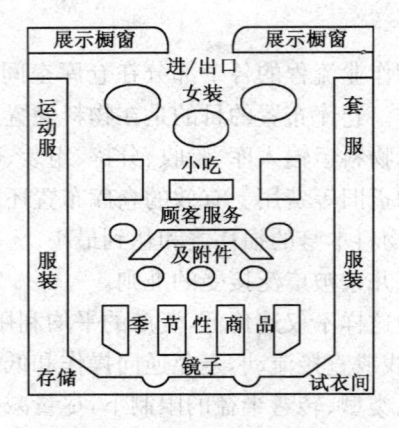

图3—7 自由式布置图

(3)精品店式布置。精品店式布置将商店划分为一系列相对独立的购物区,每一区域都有自己的主题,就像在一个大商场里布置一系列专卖店一样。精品店式能为顾客提供一个独特的购物环境,有些小的百货商店就采用这种布置,可以展现其独特的形象。如图3-8所示。

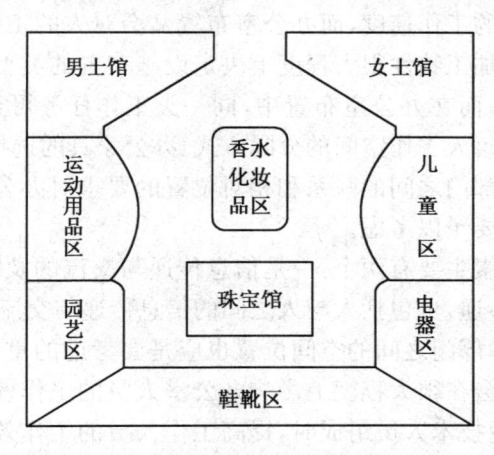

图3-8 精品店式布置图

在超市布置中,一般普通的商品按网格式布置,食品中间区域采用自由式布置,而奶类、面包、蔬菜和水果则采用精品店式布置。如图3-9所示。

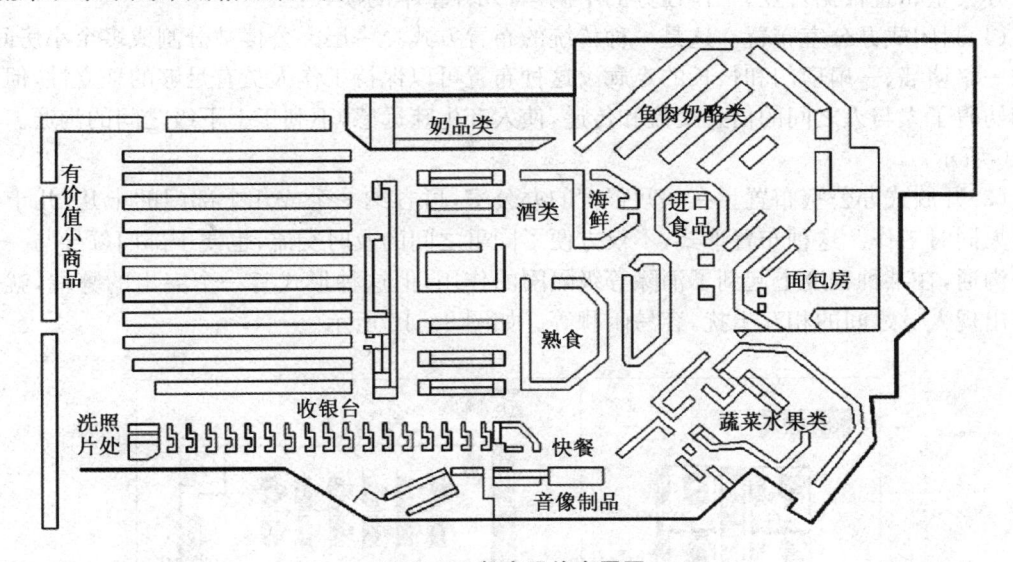

图3-9 超市设施布置图

(三)办公室布置

不论是在制造业布局中,还是在服务业布局中,都会涉及办公室布置的问题。因此,怎样通过科学合理的布局,让工作人员在舒适、和谐的环境中工作,也是一个值得研究的课题。美国的一项针对1 400名员工进行的调查显示,75%的人认为通过改善人们的工作环境可以提高劳动生产率。如今,办公室工作人员所占比重越来越大,由此办公室布置问题也显得越来越重要。

办公室系统与生产系统相比,有许多不同的特点。首先,生产制造系统加工处理的对象主要是有形产品，因此物流是进行设施布置的一个主要考虑因素；而办公室工作的处理对象主要是信息及组织内外的来访者，因此，信息的传递和交流方便与否，来访者办事方便、快捷与否，是其主要考虑因素。其次，在制造系统中，产出的速度更多地取决于设备的速度，而在办公室，工作效率更多地取决于人的工作速度，而办公室布置又会对人的工作速度产生极大影响。再次，在制造系统中，产品的加工特性很大程度上决定设施布置的类型，生产管理人员一般只在基本类型选择上布置设施；而在办公室布置中，同一类工作任务可选用的布置形式可以有多种，包括房间的间隔方式、每人工作空间的分隔方式、办公家具的选择和布置形式等。此外，组织结构、部门的配置方式、部门之间的联系和相对位置的要求对办公室布置也有重要影响，在进行办公室布置工作时也要予以考虑。

办公室布置的考虑因素主要有两个：一是信息传递与交流的及时性。信息交流既包括各种书面文件、电子信息的传递，也包括人与人之间的信息传递与交流。对于需要流经多个部门才能完成的信息交流工作，部门之间的空间位置也应是要考虑的重要因素。二是办公室人员的工作效率。办公室布置会在很大程度上影响办公室人员的工作效率，特别是办公室人员主要由高智力、高工资的专业技术人员组成时，提高工作人员的工作效率就具有更重要的意义。同时也必须根据工作性质、目标的不同来考虑什么样的布置更有利于工作效率的提高，如在银行营业部、贸易公司，开放式的大办公室使人们感到交流方便，促进工作效率的提高；而在出版社、学校，这种开放式的办公室可能会使工作人员感到无端的干扰，无法专心致志地工作。

办公室布置根据行业、工作任务的不同，有几种基本的模式：

（1）封闭式办公室布置。这是一种传统的布置方式。一层办公楼被分割成多个小房间，伴之以一堵堵墙、一扇扇门和长长的走廊。这种布置可以保持工作人员有足够的独立性，但无形中却妨碍了人与人之间的信息交流和传递，使人产生疏远感，不利于上下级之间的沟通。如图3－10所示。

（2）开放式办公室布置。在一间很大的办公室，可容纳一个或几个部门的十几、几十甚至上百人同时工作。这种布置形式，不仅方便了同事之间的及时交流，也便于部门领导与一般员工的沟通，在某种程度上起到了消除等级隔阂的作用，但这种形式有一个突出的弊端，就是可能会出现人员之间的相互干扰，容易闲聊等。如图3－10所示。

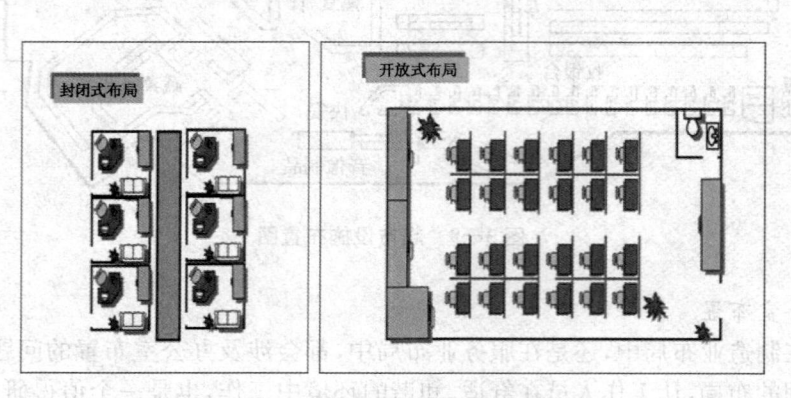

图3－10　封闭式和开放式办公室布置图

（3）带半截屏风的组合办公室布置。这种布置形式既利用了开放式办公室布置的优点，又在某种程度上避免了开放式布置情况下出现的相互干扰等弊病，而且这种布置有很大的柔性，可随时根据情况的变化重新调整和布置。据统计,采用这种形式,建筑费用比传统的封闭式办公建筑能节省成本 40%,改变布局的成本也较低。

(4)"活动中心"的新型办公室布置。这是 20 世纪 80 年代开始出现的一种布置形式,在每一个活动中心,有会议室、讨论间、电视电话、接待处、打字复印、资料室等进行一项完整工作所需的各种设备。楼内有若干个这样的活动中心,每一项相对独立的工作集中在这样一个活动中心进行,人员根据工作任务的不同在不同的活动中心之间流动。显然,这是一种比较适合于项目工作的布置形式。

(5)"远程"办公。所谓"远程"办公,是指利用信息网络技术,将处于不同地点的人们联系在一起,共同完成工作。这是自 20 世纪 90 年代以来随着信息技术的迅猛发展而出现的一种新型办公模式。可以想象,随着信息技术的进一步发展,办公方式和办公室布置均将发生很大的变化。

本章小结

本章主要介绍了设施选址和设施布置的相关问题。在设施选址方面,界定了设施及设施选址的含义,分析了设施选址的影响因素,介绍了设施选址决策的程序和方法。在设施布置方面,分析了设施布置的基本问题及需遵循的原则,讨论了设施布置的几种基本类型和设施布置的一般方法,介绍了仓库、零售商店、办公室等不同类型服务设施的布置。

延伸阅读

[1]王非,等. 离散设施选址问题研究综述[J]. 运筹与管理,2006(5).

[2]宋钰. "原料指向"型企业设施选址决策研究[J]. 产业与科技论坛,2008(10).

[3]孟尚雄. 服务设施选址的博弈分析[J]. 中国流通经济,2010(9).

[4]陈雪菱. Excel 规划求解在设施选址中的应用[J]. 工业工程,2010(2).

[5]王国利,等. 需求和供应不确定下的选址研究[J]. 工业工程与管理,2011(1).

[6]陈呈频,等. 车间设施优化布置方案[J]. 工业工程与管理,2007(1).

[7]陈晓慧,等. 基于模糊神经网络模型的企业设施布置评价方法[J]. 价值工程,2008(6).

[8]孙军华. 基于 SLP 的大型超市布局的研究[J]. 商场现代化,2008(8).

案例讨论

ZARA、H&M、UNIQLO 三大品牌北京店铺选址

西班牙服装品牌 ZARA、瑞典服装品牌 H&M、日本服装品牌 UNIQLO(优衣库)三大品牌对于服装业具有的研究价值,在于它们共有的品牌属性:时尚快销类全球性服装品牌。基于它们的商业模式,业内创造了一个专属概念:SPA。所谓 SPA,是 speciality retailer of private label apparel 的简称,即服装自有品牌的专业零售商。SPA 不是某种特定的业务模式,而是一个宏观的概念,是指通过消费者与商品供给最有效的结合,最大限度地创造出顾客所追求的价值的业务体系,其本质有四点:直接销售给顾客,直接运营店铺或者媒体,直接对信息系统进行

统筹管理及坚持商品企划与供给的领导力。

ZARA、H&M、UNIQLO 作为 SPA 品牌中的佼佼者，从 2005 年开始，陆续进入北京市场，它们陆续开张的店铺如影随形、相映成趣。事实证明，它们"扎堆"的店铺选址现象不但有利于它们的品牌运营，还拉动了所在商圈的时尚氛围，因此三大品牌的店铺集聚现象成为继其商业模式之后又一值得关注的崭新论题。

三大品牌店铺的空间地理性集聚

北京市场上，2007 年以前，ZARA 曾一枝独秀，到现今三大品牌共荣，前后经过了近 4 年的调适与平衡。它们之间的关系与其说是三足鼎立，倒不如说是铁三角般互相依托、共生共荣更为合适。根据 ZARA、H&M、UNIQLO 三大品牌店铺的选址，不难看出北京市场三大品牌区域分布特征：(1)除了商业最不繁荣的南城，三大品牌的直营店铺已经进驻北京东、西、北面共 16 个中高档商圈。目前，在京 ZARA 总共 9 家店铺，UNIQLO 总共 12 家店铺，H&M 总共 8 家店铺。(2)三大品牌近年在京扩张速度迅猛，其中以 UNIQLO 扩张最快，其余两大品牌紧随。它们的扩张轨迹主要集聚于三大区域：以西单、前门、王府井为轴，紧密围绕朝阳 CBD 及泛 CBD 区域扇形展开，海淀中关村、学院路附近区域局部集中以遥相呼应。

三大品牌的集聚思路主要是：三家共享的一定是市级商圈，两大品牌集聚的大多是区级商圈（社区级和功能区），独家品牌即单体店多选在功能性区级商圈，品牌单体店中又以 ZARA 最重视形象。不过在它们的商业集聚版图中，也有较突兀的现象。王府井这样的市级商圈，却没有 H&M 的身影。这有些违背 H&M 的性格，因为当年 H&M 进入上海市场时曾不惜重金，花了 3 倍价格拿下上海淮海路这个黄金地段。

北京市场 H&M 的反常需要回顾其进军中国市场的历史（表 3—11）。

表 3—11   H&M 进驻中国市场的重要事件

时 间	事 件
2007 年 4 月 12 日	进入中国市场，在上海淮海中路开设第一家店铺，也是中国首家旗舰店
2008 年 8 月 29 日	在江苏南京水游城开设国内第 4 家分店（前 3 家已在上海开设）
2008 年 9 月 5 日	在江苏南京金轮大厦开设当地第 2 家门店，也是其在中国大陆开设的第 5 店
2008 年 9 月 25 日	进驻江苏无锡的保利广场
2008 年 10 月 23 日	进入江苏常州市场
2009 年	进入北京市场

由表 3—11 不难看出 H&M 的"进军"路线：主战中国一二线城市市场，当 UNIQLO、ZARA 在进入上海之后马上抢滩北京之时，H&M 却把目光转向了紧邻上海的富庶的长三角地区。2009 年，H&M 通过北京前门进入北京市场，由于进入时间偏晚，H&M 当时想进入王府井却已经丧失了最佳的商机。因为在此之前，在新东安商场已有 C&A、GAP 两大 SPA 服装品牌提前进驻，由于已经形成一定的集聚效应，UNIQLO、ZARA 后也选择新东安商城进驻，按照集聚气候的约束，要进入王府井，新东安商场也只能成为 H&M 唯一选择。考虑到此地四大既有品牌的竞争密度以及整体投资回报率，H&M 最终选择了放弃这一商区。

集聚频率中的博弈与竞合

品牌聚集过程中，三大品牌彼此之间的集聚频率表现出了一定的差异性：三大品牌集聚，仅限于市级商圈；UNIQLO 与其余两大品牌的集聚频率最高，囊括 6 个商区。H&M 与

ZARA 二者集聚频率最低,仅 1 个商区。

日本流通学者石原武政教授曾对商业集聚的运作机理作过详尽的论述。他有如下观点:(1)表面来看同业种店铺相邻选址,似会因竞争激烈而减少各店铺的客源,但实际上,同业种集聚内客流的增加量,要超过竞争激化引起的顾客减少量。在这种情况下,同业种店铺集中选址,可大大降低消费者的搜寻费用,也可减少去店铺的移动费用以及购物所需的时间费用。由于消费者费用降低,在商业集聚内选址,便有可能促使顾客数量不断增多,并超过竞争激烈引起的顾客减少的数量。(2)解决消费者所需要的相关购买商品的种类要超过供给方的矛盾,其最佳办法就是零售业形成商业集聚,商业集聚地内的商业则形成一种互补关系。

UNIQLO、ZARA、H&M 三家都是国际服装品牌,平价、时尚、快速是三者共有特征,作为同一业态,彼此的竞争关系是显然的。其中 ZARA、H&M 之间品牌属性更近,它们都是欧美品牌,时尚元素含量很高,产品规划上走的都是款多量少之路,两大品牌都有大牌设计师、明星捧场。而 UNIQLO 在日本本土有 700 多家店铺,海外仅二三十家店铺,其国际化程度不如前两大品牌,但由于 UNIQLO 是日本品牌,地缘优势加上 UNIQLO 的产品多产自中国,出于成本考虑,UNIQLO 最终选择中国市场为它的海外扩张重点区域。

在产品设计上,UNIQLO 更注重常规款,强调家庭消费,产品规划上强调家居样式,走的是款少码全的产品路线。所以 UNIQLO 和前两者的产品区隔相当明显,因此商业选择的结果表现出了这样的现象:集聚过程中,UNIQLO 和其余两大品牌的集聚频率最高,而 H&M 和 ZARA 二者集聚频率较低。

(资料来源:陈英. ZARA、H&M、UNIQLO 三大品牌北京店铺选址现状调研和分析[J]. 纺织导报,2011(9).)

思考讨论问题:
1. ZARA、H&M、UNIQLO 三者在北京市场的店铺选址的集聚现象对其发展将会带来怎样的影响?这种现象能否持续?
2. 在中国市场上,还有其他这样选址上的集聚现象吗?请举例说明。

课后同步测试

一、思考问答题

1. 请分析设施选址的影响因素。
2. 如果你可以在本市任何地方建立一个大饭店,你将会选择在哪里?为什么?
3. 设施布置要考虑哪些基本问题?
4. 简述工艺专业化布置和产品专业化布置的优缺点。

二、单项选择题

1. 以追求收益最大化为目的的选址决策一般是(   )。
   A. 工业企业选址   B. 服务企业选址   C. 仓库选址   D. 重工业企业选址
2. 设施选址时应远离居民稠密区的是(   )。
   A. 重工业企业   B. 轻工业企业   C. 储运企业   D. 服务企业
3. 零售业选址应考虑的首要问题是(   )。
   A. 建设成本   B. 运输成本   C. 环保问题   D. 接近消费者

4. 服务设施选址首要考虑的因素是（　　）。
   A. 原材料供应　　　B. 加工要求　　　C. 方便顾客　　　D. 基础设施
5. 吨千米费用最便宜的运输方式是（　　）。
   A. 水运　　　B. 公路运输　　　C. 铁路运输　　　D. 航空运输
6. 有研究表明，（　　）越高，销售和投资回报率越高。
   A. 灯光照明度　　　B. 商品质量　　　C. 商品展示率　　　D. 商品价格
7. 寻找一个位置作为最佳地点，使得该地点到各物料相关方的运输成本最低，这种方法是（　　）。
   A. 量本利分析法　　　B. 因素评分法　　　C. 重心法　　　D. 直接推断法
8. 产品专业化布置的特征之一是（　　）。
   A. 设备连续安排　　　B. 需求不稳定　　　C. 过道宽大　　　D. 储存场地大
9. 大型建设项目的设施布置类型通常是（　　）。
   A. 工艺专业化布置　　　B. 产品专业化布置　　　C. 固定位置布置　　　D. 成组布置

三、多项选择题

1. 设施选址的基本问题是（　　）。
   A. 选位　　　B. 选时　　　C. 选人　　　D. 定址
2. 选址决策中，可供企业选择的方案大致有（　　）。
   A. 在原有设施基础上扩建
   B. 放弃原有设施迁移到一个新地方
   C. 保留原有设施，到一个新的地方增加一个新设施
   D. 在原有设施基础上不变
3. 设施布置的基本问题是（　　）。
   A. 设施应包括哪些工作中心　　　B. 每个工作中心占用多大空间
   C. 每个工作中心的形状　　　D. 每个工作中心在设施范围内的位置
   E. 每个工作中心需要多少员工
4. 办公室布置主要考虑（　　）。
   A. 信息交流是否便捷　　　B. 劳动生产率
   C. 员工满意度　　　D. 员工的职业发展

四、计算题

1. 某汽车制造公司决定再建一新厂，先在南方三个省初步确定了三个备选厂址A、B和C，经过专家调查和判断，对这三个厂址按6个因素进行评分，结果如表3-12所示。哪个厂址较可取？

表3-12　　　　　　　　　　备选方案的权重及评分

选址因素	权重	备选厂址得分		
		A	B	C
协作成本	0.25	70	90	80
土地费用	0.20	90	85	80

续表

选址因素	权重	备选厂址得分 A	备选厂址得分 B	备选厂址得分 C
交通运输	0.20	75	80	85
政策法规	0.15	90	85	90
人口素质	0.10	90	80	80
劳动力成本	0.10	75	80	85

2. 已知某连锁超市五个销售点的坐落位置的坐标及每年运输量如表3—13所示，现欲新建一个配送中心，请用重心法确定配送中心的选址，并画出示意图。

表3—13　　　　　　　　　销售点的位置坐标及运输量

销售点	A	B	C	D	E
坐标(x,y)	(100,200)	(230,490)	(420,580)	(550,500)	(790,150)
运输量（吨）	1 280	1 900	2 200	950	1 500

3. 根据如图3—11所示的作业活动关系图，将9个部门安排在一个3×3的区域内，要求把部门5安排在左下角的位置上。

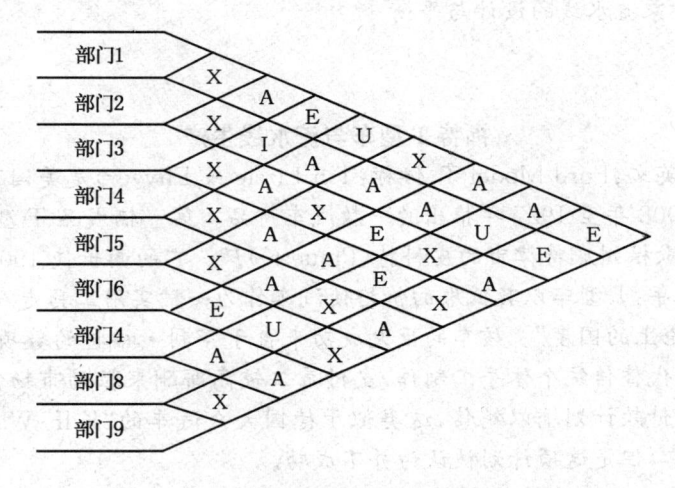

图3—11　部门设施关系图

课外小组实践活动

1. 以小组为单位（4～6人），先到图书馆或者上网查阅肯德基或麦当劳的选址战略，然后选取附近一家餐饮连锁店去了解其选址问题，调查其选址策略，分析哪些因素是其考虑的主要因素，对比麦当劳或肯德基的选址经验，分析该店在选址上存在哪些问题，需要如何改进，提出你对该店在未来发展新的连锁店的选址战略思考。根据以上问题，最后以小组为单位完成一份选址分析报告。

2. 以小组为单位，走访一家中小型制造企业或超市，绘制设施布置平面图，分析其布置是否合理并提出改进措施。

第四章 生产过程组织及流水线设计

【本章学习要点】
- 了解生产过程组织的一般要求
- 熟悉生产过程中零件移动的三种方式
- 掌握单一对象流水线的设计与平衡

【引导案例】

福特 T 型车与流水线生产

福特 T 型车(英文:Ford Model T;俗称:Tin Lizzie 或 Flivver)是美国亨利·福特创办的福特汽车公司于 1908 年至 1927 年推出的一款汽车产品。第一辆成品 T 型车诞生于 1908 年 9 月 27 日,位于密歇根州底特律市的皮科特(Piquette)厂。它的面世使 1908 年成为工业史上具有重要意义的一年;T 型车以其低廉的价格使汽车作为一种实用工具走入了寻常百姓家,美国也自此成为"车轮上的国度"。该车的巨大成功来自于亨利·福特的数项革新,包括以流水装配线大规模作业代替传统个体手工制作,支付员工较高薪酬来拉动市场需求等措施。福特公司也曾推出分期付款计划辅以销售,这类似于德国大众汽车的"KdF-Wagen"(大众甲壳虫的前身)采取的策略,但是这项计划被认为并不成功。

早在 1903 年亨利·福特创办福特汽车公司到 T 型车问世之前已有数个车型和原型车被制造。虽然起始编号是 A 型车,但是从 A 型车到 T 型车之间并没有 19 个型号。在紧列 T 型车之前的是福特 S 型车(N 型车的升级版),然而由于某些原因,T 型车的下一代产品并不是 U 型车。1927 年福特公司推出了 A 型车,公司将其解释为与过去诀别,A 寓意着新的开始,亨利·福特想让它成为一个转折点。此时,福特的竞争对手克莱斯勒公司的第一辆普利茅斯汽车(1928 年)被命名为 U 型车。

从第一辆 T 型车面世到它的停产,共计有 1 500 多万辆被销售。它的生产是当时先进工业生产技术与管理的典范,为汽车产业及制造业的发展做出了巨大贡献,在 20 世纪世界最有影响力汽车的全球性投票之中,福特 T 型车荣登榜首。

福特 T 型车的革命性创举流水装配线是由威廉·C.克莱恩在参观芝加哥的一个屠宰厂动物肢解与传送带传送的过程后将其引进福特汽车公司的,个体工人重复切片的高效率工作引起了他的注意。此后他将流水装配线的概念报告给了彼得·E.马丁,虽然马丁对此持怀疑态度,但仍然鼓励他继续。对此虽有其他人声称自己将此想法报告给了亨利·福特,但亨利·福特博物馆的档案室中很好地保存了威廉·C.克莱恩的关于参观屠宰厂启发的文件,他由此成为了现代流水装配线之父。之后由工厂主管彼得·E.马丁领衔,以及他的助手查里斯·E.索伦森,技术工人哈罗德·威尔、克拉伦斯·W.艾弗里和查里斯·刘易斯等进行了尝试与探索。当第一辆由流水装配线制造的T型车完工时,Pa.克莱恩在包括亨利·福特在内的众多旁观者和媒体的注视下骄傲地将其开下了生产线。

在亨利·福特建立他的流水线之前,当时的汽车工业完全是手工作坊型的,三两个人合伙,买一台引擎,设计个传动箱,配上轮子、刹车、座位,装配一辆,出卖一辆,每辆车都是一个不同的型号。由于起动资金要求少,生产也很简单,每年都有50多家新开张的汽车作坊进入汽车制造业,大多数的存活期不过一年。福特的流水线使得这一切都改变了。在手工生产时代,每装配一辆汽车要728个人工小时,而福特的简化设计,标准部件的T型车把这缩短为12.5个小时。进入汽车行业的第十二年,亨利·福特终于实现了他的梦想,他的流水线的生产速度已达到了每分钟一辆车的水平,五年后又进一步缩短到每十秒钟一辆车。在福特之前,轿车是富人的专利,是地位的象征,售价在4 700美元左右,伴随福特流水线的大批量生产而来的是价格的急剧下降,T型车在1910年销售价为780美元,1911年降到690美元,然后降到600美元、500美元,1914年降到每辆360美元。低廉的价格为福特赢得了大批的平民用户,小轿车第一次成为人民大众的交通工具。福特说:"汽车的价格每下降一美元,就为我们多争取来一千名顾客。"1914年福特公司的1.3万名工人生产了26.7万辆汽车;美国其余299家的66万工人仅生产了28.6万辆。福特公司的市场份额从1908年的9.4%上升到1911年的20.3%,1913年的39.6%,到1914年达到48%,月盈利600万美元,在美国汽车行业占据了绝对优势。

(资料来源:http://blog.sina.com.cn/generaltechnology)

生产过程由一系列活动构成,生产过程组织是生产组织管理的一个重要组成部分。工业产品从投入到产出的生产全过程,是在一定的时空范围内进行的,如同人们生活在思维空间之中,生产活动也是在这个思维世界里进行的。怎样配置一定的空间场所,建立相应的生产单元并分派相应的人力物力,采取一定专业化形式等问题,归根结底即是生产过程的时空组织问题。生产过程中车间的布置问题涉及的即是生产过程的空间组织问题,这些我们在上一章已加以讨论,本章我们将进一步探讨生产过程的时间组织形式及流水生产线的设计与平衡问题。

第一节 生产过程组织概述

一、生产过程的定义及构成

物质资料的生产是人类社会最基本的实践活动,是人类社会赖以生存和发展的基础。人们要生存,就必须有吃、穿、住、行等各方面的物质生活资料,而要获得这些生活资料,就要进行生产。任何社会,如果不从事生产活动,人类就无法生活下去,更谈不上进行政治、文化、教育、科学、艺术和其他社会活动。

企业的生产过程是社会物质财富生产过程的重要组成部分，也是企业最基本的活动过程。生产过程是指围绕完成产品生产的一系列有组织的生产活动的运行过程，其概念有广义和狭义之分。广义的生产过程是指从生产技术准备开始，直到把产品制造出来为止的全部过程。狭义的生产过程是指从投料开始，经过一系列的加工，直至成品生产出来的全部过程。

从总体分析，物质资料的生产过程包括必需的原材料的储备阶段，劳动者使用生产工具作用于劳动对象的劳动过程，以及自然力对劳动对象独立发挥作用的自然过程等。劳动过程是生产过程的主体，是劳动力、劳动对象和劳动手段结合的过程，也就是劳动者利用劳动手段（设备和工具）作用于劳动对象（产品、零件、部件、半成品、毛坯和原料等），使之成为产品的过程。自然过程是指劳动对象借助于自然界的力量，产生某种性质变化的过程，它是技术上的要求，是不可避免的。如铸锻件的自然冷却、油漆的自然干燥、酿酒的发酵等。

企业的生产根据各部分在生产过程中的作用不同，可划分为以下几部分：

（1）生产技术准备过程。生产技术准备过程是指产品正式投入批量生产之前所进行的各种生产技术准备工作。如产品设计、工艺安排、工艺设计、标准化工作、制定定额、组织生产线和调整、组建劳动组织及新产品的试制和鉴定等。

（2）基本生产过程。基本生产过程是指构成产品实体的劳动对象直接进行工艺加工的过程。如机械企业中的铸造、锻造、机械加工和装配等过程；纺织企业中的纺纱、织布和印染等过程。基本生产过程是企业的主要生产活动。

（3）辅助生产过程。辅助生产过程是指为保证基本生产过程的正常进行而从事的各种辅助性生产活动的过程。如为基本生产提供动力、工具和维修工作等。

（4）生产服务过程。生产服务过程是指为保证生产活动顺利进行而提供的各种服务性工作。如供应工作、运输工作、技术检验工作等。

上述几部分彼此结合在一起，构成企业的整个生产过程。其中，基本生产过程是主导部分，其余各部分都是围绕着基本生产过程进行的，可根据具体情况（如生产规模大小、管理机制、专业化程度等）或包括在企业生产过程之中，或由独立的专门单位来完成。例如，生产技术准备过程可由公司、总厂的研究所、设计单位来完成；动力生产、工具制造、设备修理、备件制造等可由专门的协作工厂来完成；分析化验、仓储、运输等工作可由专门的生产服务单位（如化验站、物流公司）来完成。随着社会专业化水平的提高，企业的生产过程将趋向简化，企业间的协作关系将日益密切。

二、组织生产过程的基本要求

生产过程是资源消耗的过程，它既要消耗劳动和物化劳动，也要占用资金，消耗时间。因此，生产过程的主要目标是缩短生产周期，降低生产成本，提高对客户的响应能力。为此，生产系统设计与生产过程组织必须考虑两个方面：一是合理组织生产过程中物料的流动（如合理化作业排序与零件移动方式），减少生产过程中的停顿与等待时间，以使劳动对象在生产过程中行程最短、时间最省；二是设施布置与生产线设计必须合理，以使劳动消耗尽量减少，工作效率尽可能高。

现代企业的生产越来越复杂，对生产过程组织的要求也越来越高。总体来说，生产过程组织的基本要求包括以下几个方面：

（一）生产过程的连续性

生产过程的连续性是指物料处于不停的运动之中，生产的各阶段和各工序在时间上没有中断,且流程尽可能短。它包括空间上的连续性和时间上的连续性。空间上的连续性要求生产过程各环节在空间布置上合理紧凑,使物料流程尽可能短,没有迂回往返现象。时间上的连续性是指物料在生产过程各个环节的运动始终处于流动状态,没有或很少有不必要的停顿与等待现象。

提高生产过程的连续性,可以缩短产品的生产周期,降低在制品库存,加快资金的流转,提高资金利用率。为了保证生产过程的连续性,首先需要合理布置企业的各个生产单位,使物料合理流动;其次,要组织好生产的各个环节,包括投料、运输、检验、工具准备、机器维修等,使物料不发生停歇。

（二）生产过程的均衡性

生产过程的均衡性是指产品从投料到完工能按计划均衡地进行,能够在相等的时间间隔内完成大体相等的工作量。生产不均衡会造成忙闲不均,既浪费资源,又不能保证质量,还容易引起设备、人身事故。均衡生产有利于搞好生产组织工作,提高生产效率,提高设备与资源的利用率,还可以避免忙闲不均造成的浪费,提高资金的周转速度与利用率,降低成本。保持生产过程的均衡性,主要靠加强组织管理。

（三）生产过程的比例性

生产过程的比例性是指生产过程各环节在生产能力上要保持合理的比例关系。生产过程中如果比例性遭到破坏,则生产过程必将出现"瓶颈"。瓶颈制约了整个生产系统的产出,易造成非瓶颈资源的能力浪费和物料阻塞,也破坏生产过程的连续性。

生产过程的比例性首先要求在工厂设计与建设过程中,要正确规划各个环节的机器和人员的数量比例关系。此外,日常的生产管理要做好综合平衡,采取有效措施克服薄弱环节。

（四）生产过程的适应性

生产过程的适应性,也即生产过程的柔性,是指生产过程对市场需求及企业产品方向变化的适应能力。生产系统的适应性包括两方面的含义：一是能适应不同的产品或零件的加工要求,从这个意义上来讲,能加工的产品或零件种类数越多,则适应性越好；二是指不同产品生产过程的转换时间,加工不同产品或零件之间的转换时间越短,则说明适应性越好。

适应性将企业与用户紧密联系起来,企业所做的一切都是为了让用户满意,用户需要什么样的产品,企业就生产什么样的产品；用户需要多少就生产多少；用户何时需要就何时提供。

要提高生产过程的适应性,首先要采取先进的生产组织方式,如成组技术、柔性制造系统等；其次可以在企业内部成立应急单位,专门负责处理临时的生产任务,提高生产过程的灵活性。

第二节　生产过程的时间组织

合理组织生产过程,不仅要求生产过程各生产单元在空间上布置合理,而且要求劳动对象在车间之间、工段之间、工作地之间的运动在时间上也互相配合和衔接,最大限度地提高生产过程的连续性和节奏性,缩短生产周期。这就需要采用系统分析和科学管理的方法,进行生产过程的时间组织。在上一章中,我们探讨了生产设施的空间布置问题,这里我们着重探讨生产过程的时间组织。

一、零件在加工过程中的移动方式及生产周期

当生产对象(零件或半成品,这里统一用零件表示加工对象)存在一定批量时,加工对象在工序或工作地之间的移动有三种可供选择的方式:顺序移动、平行移动和平行顺序移动。

(一)顺序移动方式

顺序移动是指一批零件在上道工序全部加工完毕后才整批地转移到下道工序继续加工。顺序移动方式的生产周期可以用如下公式计算:

$$T_s = n \sum_{i=1}^{m} t_i$$

式中:T_s——顺序移动方式的生产周期;
　　　t_i——第 i 道工序的单件生产时间;
　　　m——生产工序数;
　　　n——生产零件数。

图 4-1 为顺序移动方式示意图。

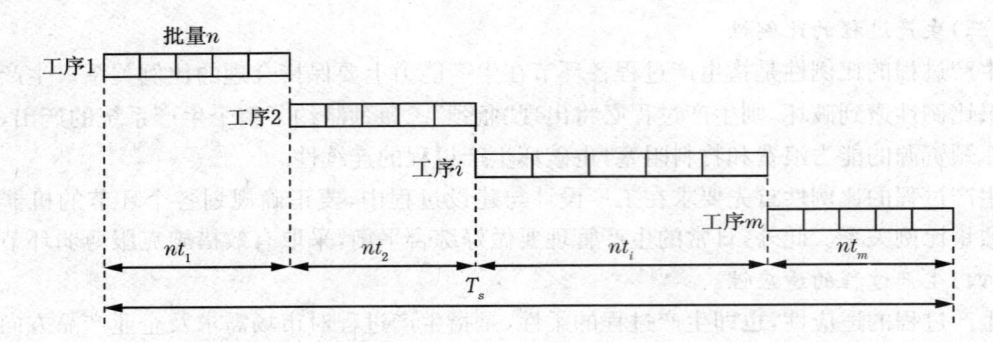

图 4-1　顺序移动方式示意图

顺序移动方式下的生产过程组织比较简单,零件的移动次数少,但是生产周期长。这种方式比较适合单件生产时间短、零件体积和重量小的情况。

[例 4-1]　已知 $n=4$ 件,$t_1=10$min,$t_2=5$min,$t_3=12$min,$t_4=7$min,求 T_s。

解:根据顺序移动的生产周期计算公式可得:

$T_s = 4 \times (10+5+12+7) = 136$(min)

(二)平行移动方式

平行移动方式是指一批零件中的每个零件在前道工序加工完毕后,立即转移到后道工序继续加工,前后工序形成交叉作业状态。平行移动方式的生产周期计算公式为:

$$T_p = \sum_{i=1}^{m} t_i + (n-1)t_{\max}$$

式中:T_p——平行移动方式的生产周期;
　　　$t_{\max}$——各工序单件加工时间中最大者,$T_{\max} = \max\{t_i\}$。

将例 4-1 中的有关数据代入平行移动方式生产周期的计算公式,可求得:

$T_p = (10+5+12+7) + (4-1) \times 12 = 70$(min)

图 4-2 为平行移动方式示意图。

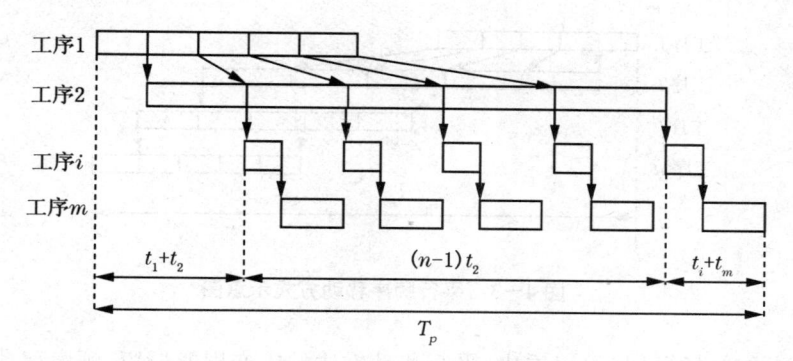

图 4—2 平行移动方式示意图

从图 4—2 中可以看出，平行移动方式的生产周期比顺序移动方式的短，但运输次数增加。此外，平行移动方式会出现设备忙闲不均的现象，设备利用率比顺序移动方式低。如果前一道工序的单件加工时间大于后一道工序的单件加工时间，则后一道工序设备将会出现空闲状态；反之，当前一道工序的单件加工时间小于后一道工序单件加工时间时，零件会在后一道工序出现等待现象。

（三）平行顺序移动方式

顺序移动和平行移动是实践中常见的两种零件移动方式。前者的优点在于运输次数少，设备利用率高，但缺点是生产周期长。后者的优点在于生产周期短，但缺点是设备利用率低。平行顺序移动方式是顺序移动和平行移动方式的结合，其特点是，它既考虑了相邻工序之间零件加工时间的尽量重合，以缩短生产周期，又保持了该批零件在各道工序上的连续加工，以提高设备的利用率。其具体做法是：

当前一道工序的单件加工时间小于后一道工序的单件加工时间，即 $t_i < t_{i+1}$ 时，该批零件按平行移动方式转移。

当前一道工序的单件加工时间大于或等于后一道工序的单件加工时间，即 $t_i \geqslant t_{i+1}$ 时，以 i 工序上最后一个零件的完工时间为基准，按时间进程倒推 $(n-1)t_{i+1}$ 个时间单位，作为零件在 $(i+1)$ 工序上开始加工的时间。也就是说，累积零件的数量到保证后道工序的生产能够连续进行时，才把累积的零件送到下道工序开始加工（顺序移动），其后的零件就可以采用平行移动的方式进行。

平行顺序移动方式的生产周期计算公式为：

$$T_{ps} = n\sum_{i=1}^{m} t_i - (n-1)\sum_{i=2}^{m} \min(t_{i-1}, t_i)$$

式中：T_{ps}——平行顺序移动方式下的生产周期。

将例 4—1 中的有关数据代入平行顺序移动方式的生产周期计算公式中，可求得：

$T_{ps} = 4 \times (10+5+12+7) - (4-1) \times (5+5+7) = 85(\min)$

图 4—3 为平行顺序移动方式示意图。

工序1　工序2　工序i　工序m

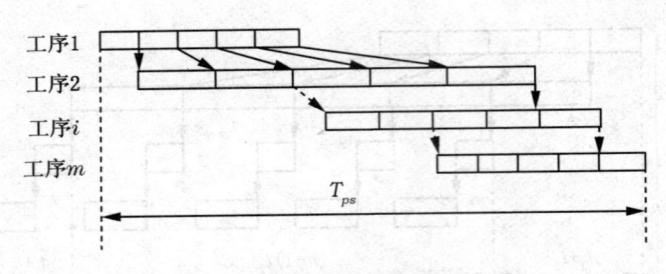

T_{ps}

图4—3　平行顺序移动方式示意图

从以上例题的计算结果可以看出，平行移动方式的生产周期最短，顺序移动方式的生产周期最长，平行顺序移动方式的生产周期介于两者之间。

二、三种移动方式的选择

根据三种零件移动方式的特点，在企业生产实践中，选择一批零件的移动方式时需要考虑零件的价值、体积、重量、加工时间、批量大小及生产单位专业化形式等因素。具体可参考表4—1。

表4—1　　　　　　　　零件三种移动方式的比较

		顺序移动	平行移动	平行顺序移动
特点	生产周期	长	短	中
	运输次数	少	多	中
	设备利用	好	差	好
	组织管理	简单	中	复杂
适用条件	零件价值	小	大	大
	零件尺寸与重量	小	大	大
	单件加工时间	短	长，呈整倍数	长
	批量大小	小	大	大
	专业化形式	工艺	对象	对象

对于复杂的生产过程来说，多种零件同时处于平行生产的状态，除了考虑选择零件的移动方式外，还需要考虑不同零件间的配合关系，也即要研究组成产品的各个零件在移动过程中，应保持次序与时间上的协调衔接与搭配。在保证零部件装配和产品总装配需要的前提下，考虑其他零件的平行生产和顺序生产。

第三节　流水生产线的设计与平衡

流水线，顾名思义，就是生产线像流水一样按照一定的工艺顺序、统一的生产节奏连续地完成生产任务。从生产的角度，流水生产线是指把高度的对象专业化布置和零件的平行移动方式有机结合起来的先进生产组织形式。

一、流水线的特征、类型与组织条件

(一)流水线的特征

(1)工作地专业化程度高。一般流水线只固定生产一种或者少数几种产品或零件。

(2)连续性强。流水线按照工艺顺序安排加工对象在生产线做单向流动,形成高度的连续性。

(3)生产过程具有节奏性。流水线按照规定的节拍进行生产,具有较强的节奏性。

(4)生产过程具有较高的比例性。生产过程各工序工作地的数量与各工序的生产周期比例一致,即 $t_i/s_i=r$。r 是流水线的节拍。

由流水线的特征我们可以看出,流水线充分利用了人力、场地和设备,具有生产率高、自动化程度高、生产周期短、生产成本低等优点,成为适合大规模生产的一种高效的生产组织形式。

(二)流水线的类型

根据不同的分类标准,流水线可以分为不同的类型。

1. 按照流水线上加工对象品种的数目,可分为单一品种流水线与多品种流水线

单一品种流水线又称为不变流水线,是指流水线上只固定生产一种制品。要求制品的数量足够大,以保证流水线上的设备有足够的负荷。多品种流水线是将结构、工艺相似的两种以上制品,统一组织到一条流水线上生产。多品种流水线根据加工产品的轮换方式,又分为可变流水线、混合流水线和成组流水线。可变流水线是集中轮番地生产固定在流水线上的几个对象,当某一制品的批制造任务完成后,相应地调整设备和工艺装备,然后再开始另一种制品的生产。混合流水线是在流水线上同时生产多个品种,各品种均匀混合流送,组织相间性的投产。一般多用于装配阶段生产。成组流水线也是生产多种产品,但不是成批轮番地生产不同产品,而是几种产品形成一组,按照一组相同工艺以零件簇为单位成组地生产不同的产品,因此更换产品时基本不需要调整设备与工艺装备,大大减少了生产准备时间。

2. 按生产对象的移动方式不同,可分为固定流水线和移动流水线

固定流水线是指生产对象位置固定,生产工人携带工具沿着顺序排列的生产对象移动。主要用于不便运输的大型制品的生产,如重型机械、飞机、船舶等的装配。移动流水线是指生产对象移动,工人和设备及工具位置固定的流水线。这是常用的流水线的组织方式。

3. 按照流水线的连续性程度,可分为连续流水线和间断流水线

连续流水线是指产品从投入到产出在工序间是连续进行的,没有等待和间断时间。由于各道工序的劳动量不等或不成整数倍关系,生产对象在工序间会出现等待停歇现象,生产过程是不完全连续的,这种流水线称为间断流水线。

4. 按照生产节奏性,可分为强节拍流水线与自由节拍流水线

强节拍流水线就是各生产过程的节拍基本保持一致,生产连续性程度高。强节拍流水线要求准确地按照节拍生产操作,对工艺、操作人员都有严格的要求。自由节拍流水线的各个生产工艺阶段的节拍不一致,连续性较差,不严格要求按照节拍生产,节拍靠操作人员根据其熟练程度掌握。

5. 按照流水线的机械化程度,可分为手工流水线、机械化流水线和自动流水线

机械化流水线使用最广泛,自动流水线是流水线的高级形式,但投资较大。

(三)流水线的组织条件

流水线的组织并非适用于所有企业和所有产品,其实施需要一定的条件,主要表现为:

(1)产品结构和工艺相对稳定。流水线的设备与工艺是为专业化设计的,因此加工对象必

须具有相对稳定的结构与工艺。

(2) 产品要有足够高的产量。流水线使用的是投资较大的高效生产设备,如果产量不够高,则难以保证生产线上工作地的负荷,同时也不能形成规模经济效应。

(3) 工艺过程既可划分为简单工序,又可进行工序的相互合并。

除了上述三个主要条件外,企业组织流水线生产还需要原材料和协作件的标准化、规格化,且按时供应;机器设备始终处于完好状态,严格执行计划预修制度;工作符合质量标准;厂房和生产面积适合安装流水线。

二、流水线的设计与平衡

流水线的平衡是对象专业化设施布置的一个重要内容,本章所研究的流水线的设计与平衡只针对单一对象流水线的组织设计而言。流水线的中心问题是平衡生产线上每个工作地,使其按一定的节拍进行生产,保持均衡的、一致的、连续的生产状态,减少各工作地的浪费,提高生产设备与人员的利用率。因此,流水线平衡的目的是:

(1) 提高资源的利用率;
(2) 提高生产过程的连续性与节奏性;
(3) 减少时间的损失。

(一) 流水线设计与平衡的方法

1. 确定流水线节拍

节拍是指流水线上连续出产两个相同制品之间的时间间隔。节拍是一种重要的期量标准,它决定了流水线的生产能力、生产速度和效率。确定节拍的依据是计划期的产量和有效工作时间。即:

$$r = \frac{\text{计划期有效工作时间}}{\text{计划期的产出}} = \frac{T_\text{效}}{Q}$$

计划期有效工作时间 = 计划期制度工作时间 × 时间利用系数

计划期制度工作时间 = 全年制度工作日数 × 班次 × 每班工作时间

$$T_\text{效} = T_\text{制} \cdot k$$

$$k = 0.9 \sim 0.96$$

[例 4—2] 一汽车装配线的设计日产量是 1 000 辆,每日两个班工作,每班 8h,每班中间休息 30min,则流水线节拍为:

$$r = \frac{2 \times 8 \times 60 - 2 \times 30}{1\,000} = 0.9 (\text{min/辆}) = 54 (\text{s/辆})$$

除计划中规定的任务外,还包括不可避免的废品。如果考虑废品率,则计划期实际产量为:

$$Q^* = \frac{\text{计划期计划产量} Q}{1 - \text{废品率}}$$

[例 4—3] 某厂一条电子生产线,计划出产 800 只电子管,每日工作两班,每班 8h,每班休息 15min,计划废品率是 5%。计算流水线节拍。

$$r = \frac{2 \times 8 \times 60 - 2 \times 15}{800/(1 - 5\%)} = 1.1 (\text{min})$$

2. 确定最小工作地数目

(1) 最小工作地数。流水线上工作地数等于工序时间与节拍的比,为:

某工序需要工作地数＝该工序单件时间定额/流水线节拍

即
$$S_i = \frac{t_i}{r}$$

式中：S_i——第 i 道工序所需设备数；

t_i——第 i 道工序单件时间定额。

整条流水线上需要的最小工作地数的计算公式为:

$$S_{\min} = \left[\frac{\sum t_i}{r}\right]$$

当计算所得的工作地数不是整数时,实际采用的工作地数应取大于或等于计算值的最小整数。

(2) 设备负荷率。计算所得工作地数与实际采用的工作地数的比值称为工作地负荷率,表明该工作地的负荷程度。

用公式表示为

某工序设备平均负荷率＝计算所得工作地数/实际采用工作地数

$$K_i = S_i / S_{\min}$$

工序数为 m 的流水线的总的设备负荷率为:

$$K = \frac{\sum_{i=1}^{m} S_i}{\sum_{i=1}^{m} S_{\min}}$$

一般而言,流水线设备负荷率不应低于 0.75,若负荷率在 0.75～0.85 之间,宜组织间断流水线。

3. 组织工作地,进行工序同期化

工序同期化是指通过各种可能的技术、组织措施来调整各工作地的单件作业时间,使它们等于流水线的节拍或者与流水线节拍成倍比关系,保证生产线按节拍生产。工序同期化可分为粗同期化和精同期化。粗同期化是将原工序细分为更小的工步,然后将相邻的工序与工步重新组合为新的工序,从而使调整后的工序时间接近节拍或节拍的倍数。在手工生产的流水线,工序同期化比较好实现。经过粗同期化后,如还有一些工序的时间大于节拍或不成节拍的整倍数,可以进一步采用机械化的方法和改善劳动组织,从而达到同期化的效果,这称为精同期化。在机械化流水线中,工序同期化需要采用完善的设备与工具,改进工艺方法,改变零件结构以及劳动组织等方法达到。

表 4-2 是一个工序同期化的实例。同期化前原来的流水线共 6 个工序、13 个工步、11 个工作地。经过同期化后的新工序为 7 个,9 个工作地(见表 4-3)。具体处理如下:原来 1 号工序的工步 1、2 与原来 2 号工序的工步 3 合并为 1 号新工序,其工作时间为 9(2+1.4+5.6),节拍是 4.5,需要 2 个工作地。原来的 2 号工序的工步 4 和 5 组合为新工序 2,时间为 4.3(3.2+1.1),需要 1 个工作地。原来的 3 号工序的工步 6 单独作为新工序 3,时间为 4.2,需要 1 个工作地。原来的 3 号工序的工步 7 和 4 号工序的工步 8 组合为新工序 4,时间为 4.5(3+1.5),需要 1 个工作地。原来的 4 号工序的工步 9 形成新工序 5,时间为 4,需要 1 个工作地。原来的 4 号工序的工步 10 和 5 号工序的工步 11 组成新工序 6,时间为 4.4(1+3.4),需要 1 个工作地。

原来的 6 号工序的工序 12 和 13 组成新工序 7,时间为 8.6(6+2.6),需要 2 个工作地。

表 4—2 工序同期化前(原工序)

工序号	1	2	3	4	5	6
工序时间(min/件)	3.4	9.9	7.2	6.5	3.4	8.6
工步号	1	2	3	4	5	6	7	8	9	10	11	12	13
工步时间(min/件)	2	1.4	5.6	3.2	1.1	4.2	3	1.5	4	1	3.4	6	2.6
工作地数量(个)	1	3	2	2	1	2
流水线节拍(min)	4.5
同期化程度	0.76	0.73	0.8	0.72	0.76	0.96

表 4—3 工序同期化后(新工序)

工序号	1	2	3	4	5	6	7
工序时间(min/件)	9	4.3	4.2	4.5	4	4.4	8.6
工步号	1	2	3	4	5	6	7	8	9	10	11	12	13
工步时间(min/件)	2	1.4	5.6	3.2	1.1	4.2	3	1.5	4	1	3.4	6	2.6
工作地数量(个)	2	1	1	1	1	1	2
流水线节拍(min)	4.5
同期化程度	1.00	0.96	0.93	1.00	0.89	0.98	0.96
设备负荷率(%)	100	96	93	100	89	98	96

表中同期化程度公式为:$\varepsilon_i = \dfrac{t_i}{r \cdot S_{\min}}$

例如,原第 1 道工序,同期化程度为:$\dfrac{3.4}{4.5 \times 1} = 0.76$

同期化后的第 1 道工序,同期化程度为:$\dfrac{9}{4.5 \times 2} = 1.00$

从表 4—3 中可以看出,经过工序同期化后,各工序同期化程度提高,设备的负荷率也大大改善。

上例是简单问题的工序同期化方法,如果在复杂生产线上进行工序同期化,就需要采用更科学的生产线平衡技术。关于流水线的平衡技术我们将在后面单独讨论。

4. 计算工人数

流水线设备确定以后,就可确定各工序的单件时间结构和工作班次,以此配备工人。

(1)手工劳动为主的流水线工人数,计算公式为:

$$P_i = S_{ei} \cdot g \cdot W_i$$

式中:P_i——第 i 道工序的工人数;

S_{ei}——第 i 道工序的实际设备数;

g——每日工作班次;

W_i——第 i 道工序每一工作地同时工作的人数。

整条流水线的 m 个工序总共需要的工人数计算公式为:

$$P = \sum_{i=1}^{m} P_i$$

(2)以设备为主的流水线的工人数计算要考虑后备工人数与工人看管设备数定额。计算公式为：

$$P = (1+b) \sum_{i=1}^{m} \frac{S_{ei} \cdot g}{f_i}$$

式中：b——后备工人百分比；

f_i——第 i 道工序的工人看管设备数定额（台/人）。

5. 确定流水线节拍性质与实现节拍的方法

流水线节拍有强节拍、自由节拍和粗略节拍等，选择节拍的主要依据是工序同期化程度与加工对象的重量、体积、精度与工艺特性等。不同节拍需要选择不同形式的流水线运输装置。

(1)强节拍流水线。由于各工序的时间与节拍吻合度好（工序时间等于节拍或节拍的整倍数），生产线连续性高，生产节奏明显，因此强节拍流水线一般采用连续式的工作传送带、间隙式工作传送带、分配传送带。

(2)自由节拍流水线。自由节拍流水线是工序同期化程度和连续性程度较低的流水线，因此这种流水线采用连续式运输带或者滚道、平板运输车等运输装置。

(3)粗略节拍流水线。由于该种流水线各工序的时间差别较大，不能按照生产线整体节拍进行连续生产，连续性差，因此这种流水线一般采用滚道、重力滑道、手推车、叉车等。

6. 流水线的平面布置

流水线的平面布置可以按照形状分为直线形、开口形、山形、环形、蛇形等。流水线上工作地布置有两种形式：单列式与双列式，分别如图4—4和图4—5所示。

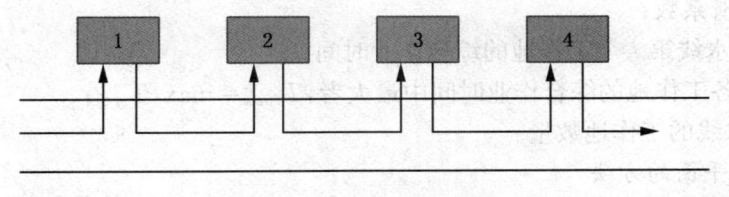

图4—4 单列式流水线

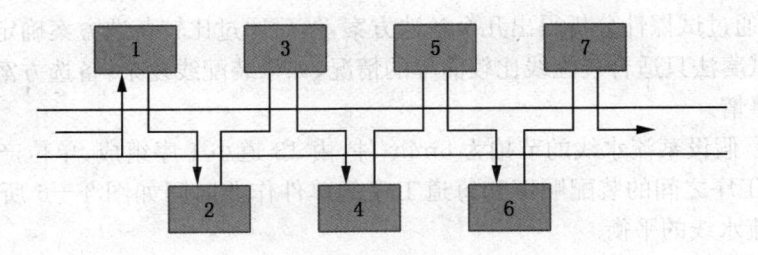

图4—5 双列式流水线

三、流水线的平衡技术

在流水线设计中，为了合理利用生产资源必须进行工序同期化。前面简单介绍了工序同期化的比较粗略的方法，但实质上，工序同期化工作作为流水线平衡技术中的核心环节，是一个比较复杂的环节,需要一定的平衡技术和方法才能达到满意的效果。

(一)流水线平衡的原则

组织工作地,向工作地分配小工序,进行工序同期化,从理论上讲,要遵循以下几条原则:

(1)保证各工序之间的先后顺序;

(2)每个工作地分配到的小工序作业时间之和,不能大于节拍;

(3)各工作地的作业时间应尽量接近或等于节拍;

(4)应使工作地数目尽量少。

(二)流水线平衡的衡量指标

1. 工作地的时间损失系数

时间损失系数用于衡量流水线上有效工作时间的利用率,计算公式为:

$$\varepsilon_L = \frac{S \cdot r - \sum_{i=1}^{s} T_{ei}}{S \cdot r} \times 100\%$$

式中:ε_L——流水线的时间损失系数;

T_{ei}——流水线第 i 个工作地的综合作业时间;

S——流水线的工作地数量;

r——流水线的节拍。

2. 工作地的平滑系数

平滑系数是用来衡量流水线负荷的均衡程度,计算公式为:

$$SI = \sqrt{\sum_{i=1}^{S} (T_{e\max} - T_{ei})^2}$$

式中:SI——平滑系数;

T_{ei}——流水线第 i 个工作地的综合作业时间;

$T_{e\max}$——各工作地的综合作业时间中最大者,$T_{e\max} = \max\{T_{ei}\}$;

S——流水线的工作地数量。

(三)流水线平衡的方法

流水线平衡是一个复杂的组合优化问题,为了在较短时间内获得满意的效果,比较常用的做法是用启发的近似方法,如试凑法。试凑法是一种简单的流水线平衡的启发方法,主要用直观判断的方法,通过试探性分析得出几个备选方案,然后通过比较备选方案确定一个较满意的平衡方案。但试凑法只适合装配线比较简单的情况,如果装配线复杂,备选方案的确定也是一件比较困难的事情。

[例4—4] 假设某流水线的节拍为8min/件,由13道小工序组成,单位产品的总装配时间为44min,各工序之间的装配顺序和每道工序的单件作业时间如图4—6所示(单位时间:min)。试进行流水线的平衡。

解:(1)计算最小工作地数。

$S_{\min} = [44/8] = [5.5] = 6$

(2)组织工作地,工序同期化。

分配和平衡方法:列举—消去法,具体见表4—4。

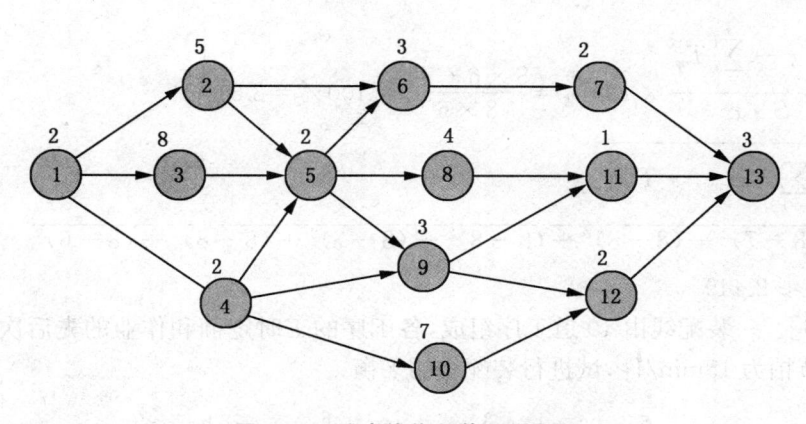

图 4—6 流水线作业装配顺序图

表 4—4 流水线工序在工作地的分配

工作地顺序号	工序号	工序单件作业时间	工作地单件作业时间	工作地空闲时间
1	1 2	2 5	7	8−7=1
2	3	8	8	8−8=0
3	4 5 8	2 2 4	8	8−8=0
4	10	7	7	8−7=1
5	6 7 9	3 2 3	8	8−8=0
6	11 12 13	1 2 3	6	8−6=2

在工序图中表示为：

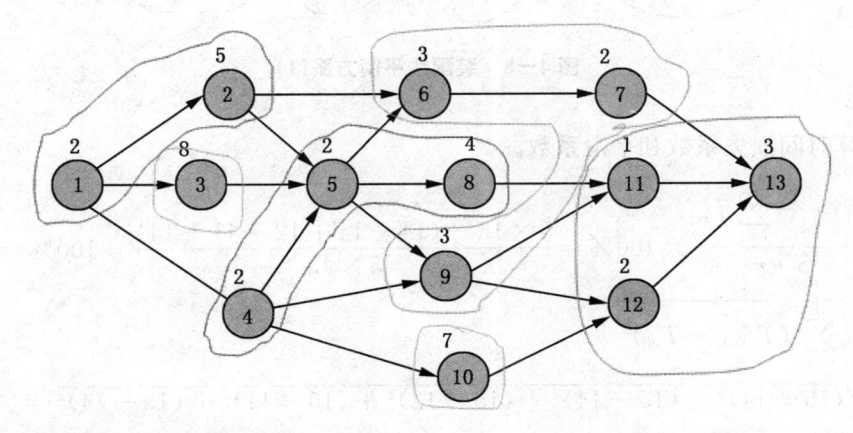

(3) 计算时间损失率和平滑系数。

$$\varepsilon_L = \frac{S \cdot r - \sum_{i=1}^{s} T_{ei}}{S \cdot r} \times 100\% = \frac{8 \times 6 - 44}{8 \times 6} \times 100\% = 8.3\%$$

$$SI = \sqrt{\sum_{i=1}^{S}(T_{e\max} - T_{ei})^2}$$
$$= \sqrt{(8-7)^2 + (8-8)^2 + (8-8)^2 + (8-7)^2 + (8-8)^2 + (8-6)^2}$$
$$= \sqrt{6} \approx 2.449$$

[例4－5] 一装配线由10道工序组成，各工序的工时定额和作业的先后次序如图4－7所示。如果节拍为15min/件，试进行装配线的平衡。

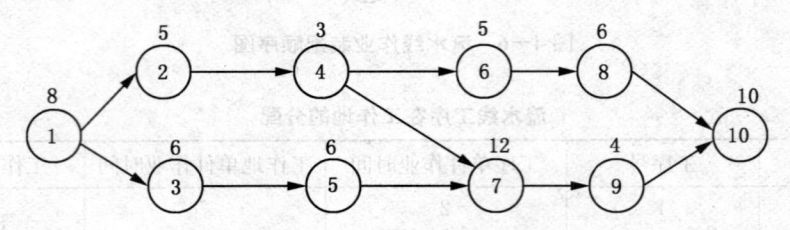

图4－7 装配线作业先后次序图

解：(1)计算最小工作地数。
$$S_{\min} = \left[\frac{8+5+6+3+6+5+12+6+4+10}{15}\right] = 5(\text{个})$$

(2)组织工作地。

通过试探与比较，把整个装配线划分为5个工作地，如图4－8所示。

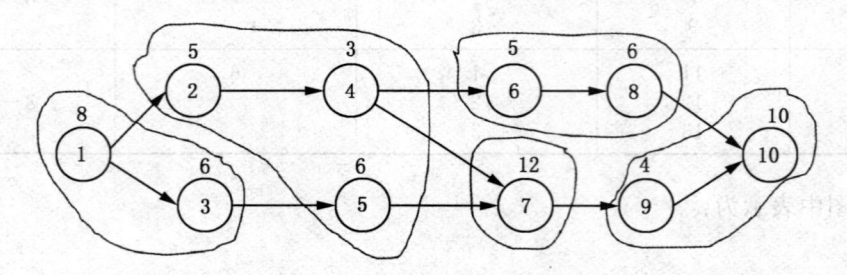

图4－8 装配线平衡方案(1)

(3)计算时间损失系数和平滑系数。

$$\varepsilon_L = \frac{S \cdot r - \sum_{i=1}^{s} T_{ei}}{S \cdot r} \times 100\% = \frac{5 \times 15 - (14+14+12+11+14)}{5 \times 15} \times 100\% = 13.33\%$$

$$SI = \sqrt{\sum_{i=1}^{S}(T_{e\max} - T_{ei})^2}$$
$$= \sqrt{(15-14)^2 + (15-14)^2 + (15-12)^2 + (15-11)^2 + (15-14)^2} = \sqrt{28} = 5.292$$

这个方案不是唯一的，还有其他可行的方案，如图4－9所示。

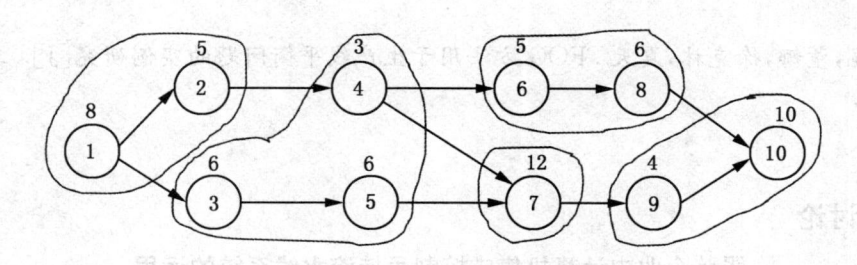

图 4-9　装配线平衡方案(2)

该方案的时间损失系数和平滑系数为：

$$\varepsilon_L = \frac{S \cdot r - \sum_{i=1}^{s} T_{ei}}{S \cdot r} \times 100\% = \frac{5 \times 15 - (13 + 15 + 11 + 12 + 14)}{5 \times 15} \times 100\% = 13.33\%$$

$$SI = \sqrt{\sum_{i=1}^{S}(T_{emax} - T_{ei})^2}$$
$$= \sqrt{(15-13)^2 + (15-15)^2 + (15-11)^2 + (15-12)^2 + (15-14)^2} = \sqrt{30} = 5.477$$

比较以上两种方案，方案(1)较方案(2)平滑系数小，说明该方案的各工作地综合作业时间的均衡程度较方案(2)高。

本章小结

生产过程组织与生产线设计是生产系统设计的核心，本章主要介绍了有关生产过程组织与生产线设计的原理与方法。首先介绍了有关生产过程的概念和组织的基本要求。其次介绍了生产过程的时间组织形式，即三种零件移动方式，及其生产周期的计算，比较了它们各自的特点，讨论了在实践中选择零件移动方式应考虑的因素。最后介绍了流水线生产组织的形式，并着重讲解了流水线设计与平衡的原理与方法。

延伸阅读

[1] 王芸凤，刘明周，于宝证. 求解装配线平衡问题的混合遗传算法[J]. 合肥工业大学学报(自然科学版)，2005，28(6).

[2] 吕惠娟，胡亚辉，滕献银. 装配线平衡问题改进算法[J]. 机床与液压，2008，36(12).

[3] 查靓，徐学军，余建军，宋莉波. 运用改进蚁群算法求解直线型和U型装配线平衡问题[J]. 工业工程，2010，13(6).

[4] 唐海波，吴斌，王正兰. 启发式算法的装配线的平衡改善应用[J]. 上海电机学院学报，2014，17(5).

[5] 陆瑶，徐克林，高阳，刘高坤. T企业生产线平衡改善分析研究[J]. 制造业自动化，2009(2).

[6] 高广章，孙建华. 动作分析法在生产线平衡中的应用[J]. 机械设计与制造，2007(7).

[7] 李峰. 空压机装配生产线平衡的研究和改善[J]. 湖北汽车工业学院学报，2012，26

(3).

[8] 刘胧,董娜,徐克林,夏天.FOG方法用于生产线平衡问题的实例研究[J]. 工业工程, 2010,13(1).

案例讨论

服装企业中计算机集成控制吊挂流水线系统的运用

服装生产流水线组织的优劣直接影响着整个企业的经济效益。在服装的大批量生产过程中,流水线由于能将专业化生产组织与产品的平行移动完美地结合,符合生产过程的连续性、比例性、均衡性要求而被广泛采用。

但同时,流水生产线由于对象专业化程度高,对产品变化的适应能力较差,而且一旦某个环节发生设备故障就有可能导致整条生产线全线停产,因此,如何因地制宜地组织高效、连续、合适的生产流水线对服装企业来说至关重要。

在组织流水线生产时,工序同期化可避免因产品工序划分、作业时间确定、工作地数量安排等作业组织不合理而造成的生产脱节或流水线停工等待,保证流水线的连续性和平衡性。企业在实际操作过程中往往采用细化工序的方法来提高生产效率。然而,工人的熟练度并不能无止境地提高,同样,工序也不能无止境的细化。为此,雅戈尔集团采用计算机集成控制服装吊挂流水线系统来提高生产效率,实现工序同期化。

计算机集成控制服装吊挂流水线系统,也称柔性生产系统或灵活生产系统(FMS),是服装工业快速反应生产技术中的一项高科技自动化设备,其基本构成是一台主电脑、一套悬空的物件传输系统和一套含有小电脑终端机的工作站。

在服装缝制过程中,直接缝制服装的时间只占一小部分,其他辅助作业时间占到整个缝制过程的80%。如果能有效减少辅助作业时间,必将大幅度提高流水线的生产效率。计算机集成控制服装吊挂流水线系统改变了服装行业传统的捆扎式生产方式,通过先进的电脑系统集成控制,对生产数据进行即时采集、分析和实时处理,有效解决了制作过程中辅助作业时间比例大、生产周期长、成衣产量和质量难以有序控制等问题。

采用服装吊挂流水线系统有助于管理人员掌握即时生产状况,进行实时控制;减除传统作业方式中车缝前后捆包等准备工作,增加纯车缝时间,大幅度提高每名工人的生产效率和产值;实现产品在流水线上的平行移动,缩短生产周期;减少成品的褶皱,提高产品质量。

例如,雅戈尔集团的计算机集成控制衬衫吊挂流水线系统涉及衬衫合肩、装袖、压袖笼、双针摆缝、上克夫、装领、卷下摆、检验8道工序。各工序的作业时间与所需要的工位数如表4—5所示。

表4—5　　　　　　　　衬衫制作的各工序的作业时间与工位数

工序名称	合肩	装袖	压袖笼	双针摆缝	上克夫	装领	卷下摆	检验	合计
工位数(工人数)	1	1.7	1.1	1.4	2.2	2.5	1.4	2.2	13.5
作业时间(min)	0.6	1	0.65	0.80	1.30	1.50	0.80	1.30	7.95

所需工位数(工人数)为13.5个,以往没有吊挂流水线的情况下,产品一般以筐为单位,上道工序生产完一筐产品再拖到下道工序,由下道工序继续加工,如此进行,直到产品出了生产

线。假设一批衬衫产品为1筐(共100件),不考虑装筐、拖拽的辅助作业时间,这批产品由13.5名工人生产。在引进计算机集成控制服装吊挂流水线生产系统的情况下,该批衬衫的生产在流水线上实现了平行移动,同样不考虑产品在流水线上的移动时间,这批产品由13.5名工人生产,但是采用平行移动方式之后加工时间可以缩短,生产效率可以提高。

同时,该吊挂系统对各工序生产过程能进行有效监测,准确记录各工序加工时间,可以有效帮助管理者找出限制流水线效率的瓶颈工序,并辅助分析形成瓶颈的原因,从这个方面来说,该系统可以作为现代生产管理的有效辅助手段。由于吊挂设施是一套架设在空中的索道,极少占用地面空间,有利于提高企业的设施单位面积利用率,也是一种清洁的流水线设备。

(资料来源:陈志祥编著.生产运作管理基础[M].电子工业出版社,2010.略有改动和删节.)

思考问题:

1. 以小组为单位讨论案例中提到的雅戈尔流水生产线组织,计算采用顺序移动与平行移动两种方式情况下,雅戈尔衬衫制作的生产周期各为多少?平行移动提高服装生产效率多少?

2. 案例企业是如何利用工序同期化的概念提高生产效率的?

课后同步测试

一、思考问答题

1. 生产过程组织有哪些基本要求?
2. 生产过程有哪三种零件移动方式?各有什么特点?
3. 什么是流水线生产?组织流水线生产应具有什么条件?
4. 什么是工序同期化?如何进行工序同期化?

二、单项选择题

1. 工序间零件平行移动方式的特征是(   )。
   A. 生产周期长   B. 生产周期短
   C. 适合加工时间短的工序   D. 适合加工时间工件小的工序
2. 生产过程中零件的顺序移动方式比较适合用(   )布置形式。
   A. 对象专业化   B. 工艺专业化
   C. 定位   D. 成组
3. 流水线可分为强节拍流水线和自由节拍流水线,这是根据(   )划分的。
   A. 流水线上产品的品种数   B. 流水线的连续性程度
   C. 流水线生产节奏性   D. 流水线的机械化程度
4. 生产过程零件的移动方式中,运输次数最少的是(   )。
   A. 顺序移动   B. 平行移动   C. 平行顺序移动   D. 交叉移动
5. 零件的移动方式中,既能充分利用设备,又能使生产周期尽可能的短,这种移动方式是(   )。
   A. 顺序移动   B. 平行移动   C. 平行顺序移动   D. 交叉移动
6. 用于高度标准化产品的加工系统是(   )。
   A. 流水线式连续的   B. 间断的   C. 项目式的   D. 批量的

三、多项选择题

1. 现代企业对生产过程的基本要求有（　　）。
   A. 连续性　　　B. 均衡性　　　C. 比例性　　　D. 柔性
2. 顺序移动的优点在于（　　）。
   A. 生产周期短　　B. 零件移动次数少　　C. 设备利用率高　　D. 组织管理简单
3. 流水线生产的组织形式是（　　）。
   A. 对象专业化和平行移动　　　　B. 对象专业化和顺序移动
   C. 工艺专业化和平行移动　　　　D. 工艺专业化和顺序移动
4. 流水线平衡中应遵循的要求有（　　）。
   A. 最小工作地数　　　　　　　　B. 工序的先后次序关系
   C. 工作地作业时间大于等于节拍　　D. 时间损失最小

四、判断题

1. 汽车生产流水线是按工艺布置的例子。（　　）
2. 生产过程中空闲时间为零，说明生产线已达到完美平衡。（　　）
3. 只要企业愿意投入资金，所有的产品都适合组织流水线生产。（　　）
4. 生产过程要求各环节能在相等的时间间隔完成大致相等的工作量，这是指生产过程的比例性。（　　）
5. 流水线的平衡系数越小，说明该流水线负荷均衡程度越好。（　　）

五、计算题

1. 某加工厂有一流水线，日产量为 1 000 件，每日两班工作，每班 8 小时，每班休息时间为 30 分钟，产品的合格率为 99%。试确定该流水线的节拍。

2. 一装配线计划每小时装配 200 件产品，每小时用于生产的时间是 50 分钟。如表 4—6 所示。(1)画出装配工序先后顺序图。(2)该装配线的节拍是多大？(3)每小时装配 200 件产品的最小工作地数。(4)进行装配线平衡，使时间损失率最小。

表 4—6　　　　　　　　装配线所需工序关系及时间表

工序	工序作业时间(min)	紧前工序	工序	工序作业时间(min)	紧前工序
A	0.20	—	G	0.12	E,F
B	0.05	—	H	0.05	G
C	0.15	—	I	0.05	G
D	0.06	—	J	0.12	G
E	0.03	A,B	K	0.15	J
F	0.08	C,D	L	0.08	K

3. 有一家玩具厂生产一种市场上很畅销的玩具——手枪式电筒，计划年产量为 27 540 只，这种产品的加工顺序和时间(分)要求如图 4—10 所示，已知每年有效工作时间为 4 590 小时。试计算这一手枪式电筒玩具生产流水线的最少工作地数目并划分新的工序。计算设备负荷率、时间损失系数和平滑系数。

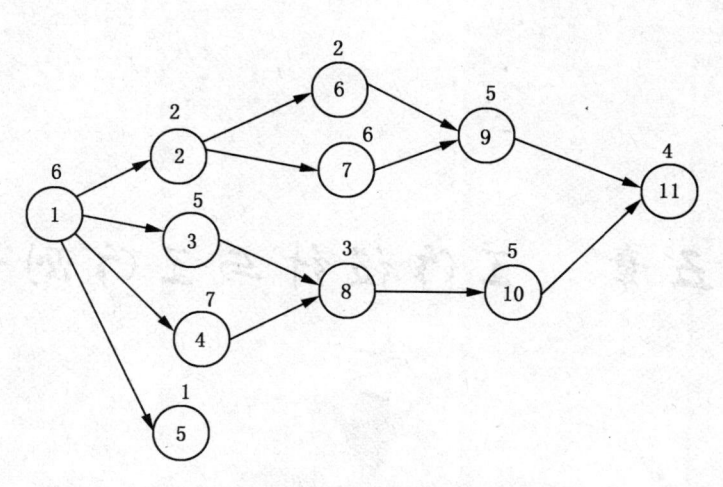

图 4—10 手枪式电筒加工顺序

课外小组实践活动

不同零件移动方式下的生产周期的生活体验。

以小组为单位(6人左右),将全班分成几组,指定一部分小组为平行移动买餐小组,一部分小组为顺序移动买餐小组。在就餐时间到学校食堂(如中餐或晚餐时间),每个小组的同学都经过三个窗口(见图 4—11):买饭、买菜与买汤。把三个窗口模拟成企业的三个加工工序。

平行移动的买餐小组:一部分小组同学采用平行移动的方式(每名同学完成一道"工序"就马上移动到下一个窗口,不等待其他同学)。记录该组从第一名同学开始买饭,到最后一名同学离开买汤窗口为止的整个过程时间。

顺序移动的买餐小组:另一部分小组同学采用顺序移动的方式(每名同学完成一道"工序"后,先不到下一个窗口,而是等小组的所有同学都完成这道"工序"后一起到下一个窗口)。记录该组从第一名同学开始买饭到最后一名同学离开买汤窗口的整个过程时间。

要求:每名同学买餐的品种和数量完全相同。另外,尽量避免在人多的时间段进行这种体验,最好是没有其他就餐者干扰的情况下完成这个活动。

讨论:完成后在课堂上一起讨论,哪个小组的买餐过程时间最长,哪组最短?在遵守规则的情况下,应如何缩短买餐的时间?

图 4—11 食堂买餐流程

第五章 工作设计与工作测量

【本章学习要点】
- 掌握工作设计的概念和内容
- 理解工作设计的理论依据
- 掌握工作方法研究的方法和技巧
- 清楚作业时间的构成
- 掌握工作测量的常用方法

【引导案例】

永和豆浆的标准化管理与成功之道

20世纪90年代末,当肯德基、麦当劳等"洋快餐"登陆中国并迅速以超过千家店面的规模赢得中国市场时,来自中国台湾的永和豆浆开始现身大陆市场,向"洋快餐"发起挑战,并致力于打造全球中式餐点连锁第一品牌。永和豆浆进驻大陆的十多年间,已成为美食的代名词,品牌足迹遍布中国大江南北,目前永和豆浆餐饮连锁全国门店数量已超过500家。永和豆浆的成功,为中式快餐的连锁经营提供了经验。

中国美食世人皆知,传统中式烹饪的一大特点就是模糊。用火称"温火"或"火候恰到好处",加料"少许"或"适量",这种模糊性为厨师发挥创造性提供了空间,使菜肴呈现不同的风格,将烹饪变成一门艺术。然而,由于缺少量化标准,厨师操作全凭经验,很难保证统一的标准质量,使菜肴质量呈现出极大的不稳定性。即使同一家餐馆的同样一道菜品,两个厨师做出来也会有所不同,有时哪怕是出自同一个厨师,也会由于时间、心情的不同使得同一道菜呈现不同的口感。其结果是,服务在执行过程中极易变形走样,且很难进行考核。

洋快餐的成功在于制作的所有环节都严格遵循统一标准以保证食品质量。为避免厨师个人因素造成的产品质量不稳定,麦当劳对所有生产工艺过程科学地定性定量,达到标准化生产。麦当劳宣称,面包的气孔直径为5毫米左右、厚度为17厘米时,放在嘴中咀嚼味道最美;牛肉饼的重量在45克时,其边际效益达到最大值。永和豆浆作为中式快餐的连锁加盟餐饮企业,要保持产品高度的一致性,遇到的难题就是如何进行标准化的操作。比如说炸油条,如果没有标准,两个店两个不同的师傅可能炸出来的口味不同、规格不同。永和豆浆的做法是对产品制作进行半成品的前处理。在油条的前处理程序中,把面粉和成面这一过程是公司集中做好的,然后再将半成品配送到公司的加盟店。每个店都有一个标准作业流程,一根油条多少重量、成型标准如何、油温是几度、要翻转多少次,从半成品变成最终的产品,都有作业标准。作业标准化策略的核心是作业岗位标准化,即在连锁系统作业流程中,各工作岗位上的业务活动尽可能简单、简化、标准、规范,便于掌握,利于操作。一般由总部制作一个简明扼要的员工操作手册,使所有员工均依操作手册的规定来完成各自的工作。为了让每个店都遵循同一流程,区域总部要进行专门的培训,每一个油条工都要在总部培训学习,最终实现标准化操作。永和豆浆正是依据这种标准化运作,依托坚实后盾——中央工厂大力落实原材料储存标准化、生产配方标准化、半成品运输标准化等,及时为消费者带来安全舒心的消费体验,获取了巨大成功。

（资料来源：①陈志祥,李丽. 生产与运作管理[M]. 北京：机械工业出版社,2009：67；②永和食品集团官网. 略有改动）

企业生产过程的组织工作的对象是包括厂房、设备、产品在内的物质实体,它必须与劳动过程结合起来才能组织起一个完整的生产系统。劳动过程的主要实现者是劳动者,是生产管理的重要组成部分。在生产系统中劳动者与劳动者之间、劳动者与劳动工具和劳动对象之间的关系,对于提高劳动者的工作热情起着重要作用,这些因素在组织生产过程中也必须考虑。前面的章节我们讲到了生产过程中硬件设施的组织,本章我们讲关于劳动者工作相关的组织与设计,包括工作设计、工作方法研究、工作时间研究,其工作目标是实现人与物质资源的最有效结合,使人力资源得到充分利用。

第一节　工作设计概述

工作设计是人力资源工作的核心内容之一,是从事生产与运作管理人员必须掌握的管理技能之一。工作设计是为了有效组织生产过程,通过确定一个组织内的个人或小组的工作内容,来实现工作的协调和确保任务的完成。其重点在于研究如何最佳利用人力资源、提高以人为核心的生产要素的效率问题。它既要满足实现系统功能的需要,又要考虑到员工的心理需求和生理上的能力,同时由于员工在文化和教育程度等方面存在很大的差异,再加上组织结构的变动,使得工作设计面临更大的挑战。

系统的工作设计包括工作方法标准化、工作时间标准化、工作环境、人员的激励与薪酬等内容。其中,工作方法标准化和工作时间标准化是生产系统工作设计中最重要的两个内容。

一、工作设计的概念和主要内容

工作设计是确定具体的任务和责任、工作环境以及完成任务以实现生产管理目标的方法。科学合理地进行工作设计,是企业进行正常生产运作的保证。工作设计要满足两个目标：一是满足生产率和质量的目标；二是保证工作安全、有激励性、能使员工有满意感。

一个经过良好设计的工作,可以使员工在工作中心情愉快,疲劳感下降,自我实现感得到满足,对企业实现整体目标很有帮助。同时,科学合理的工作设计也是合理使用劳动力,挖掘企业内部潜力的一个重要措施。它可以使分工更加合理,协作更加密切,工作设施布置更加科学,可以更充分地利用工时,避免用工浪费,达到提高生产数量和质量、降低成本、缩短生产周期的目的。

工作设计的主要内容包括：(1)明确作业过程与作业方法；(2)通过合理分工，确定各岗位的工作内容；(3)明确每个工作人员的工作职责；(4)通过采取一定的组织形式，规定分工后彼此的协作关系。与工作设计决策有关的具体内容包括由谁做(who)、做什么(what)、何处做(where)、何时做(when)、为何做(why)、如何做(how)六个方面，如表 5—1 所示。

表 5—1　　　　　　　　　　工作设计决策相关问题

问题	由谁做(who)	做什么(what)	何处做(where)	何时做(when)	为何做(why)	如何做(how)
决策内容	员工的精神和心理特征	要完成的工作任务	企业的地理位置、工作地点	工作日期、进度	组织目标、对员工的激励目标	工作方法、激励方法

二、工作设计的理论基础

(一)劳动分工理论

分工问题是管理中的首要问题。劳动分工理论最早由亚当·斯密提出，亚当·斯密在其《国富论》第一章即提出"论分工"，他认为劳动生产力的提高和国家的富有均是分工的结果。在书中，他举了一个制造大头针的例子。他认为一个劳动者如果对这种职业没有受过相当的训练，也不知如何使用相应的机械，那么即使再努力，一天恐怕也难制造出 1 枚大头针，要做 20 枚当然更不可能了。但如果把大头针的工作分解开来：抽铁线、锤直、切割、削尖、磨光铁丝的另一端以便装上圆头、装圆头、涂白色、包装，然后由工人分别完成其中的一种或几种操作，这样他们人均每日就可制造出 4 800 枚大头针。

劳动分工理论是统治企业管理的主要模式，但过细的分工又不可避免地会带来负面影响。长期重复一项简单的工作，会使劳动者感到枯燥、乏味、厌倦，造成人们在心理和生理上的伤害。由于分工过细，劳动者掌握的工作技能越来越狭窄，增加了工作转换的难度。此外，分工过细也会导致工作之间的协调成本上升，从而影响总体的工作效率和工作质量。

(二)科学管理原理

20 世纪初，科学管理原理的创始人，被誉为"科学管理之父"的美国工程师和管理学家泰勒首创了时间研究和动作研究。与泰勒同时代的一些著名的科学管理运动先驱，如吉尔布雷斯、甘特等人，发展了泰勒的科学管理思想，丰富了方法研究和工作测定的方法，发展形成工作研究体系。如今，社会生产已进入了自动化和计算机控制的时代，就业结构已从制造业为主转向了服务业为主。面对如此巨大的变革，科学管理的思想和方法仍然有效。工作设计的发展过程如图 5—1 所示。

泰勒认为，科学管理的中心问题是提高劳动生产率。泰勒的科学管理研究可以简单概括为"三定"：定标准作业方法、定标准作业时间、定每日的工作量。他主张用科学的方法确定工作中的每一个要素，减少动作和时间上的浪费，提高生产率。

泰勒早就预见并提出，高工资和低劳动成本相结合是可能的，这种可能性"主要在于一个第一流的工人，在有利环境下所能做的工作量和普通水准的工人实际做的工作量间的巨大差距"。而使这种可能性变为现实的途径就是基于方法研究和时间研究基础上的科学管理。我们看到，泰勒的这种预言已经被当代一些发达国家和许多世界级企业实现了。任何组织和作业几乎都可以应用工作研究的原理和方法，以寻求一种更好的作业程序和作业方法。

图 5-1 工作设计方法发展史

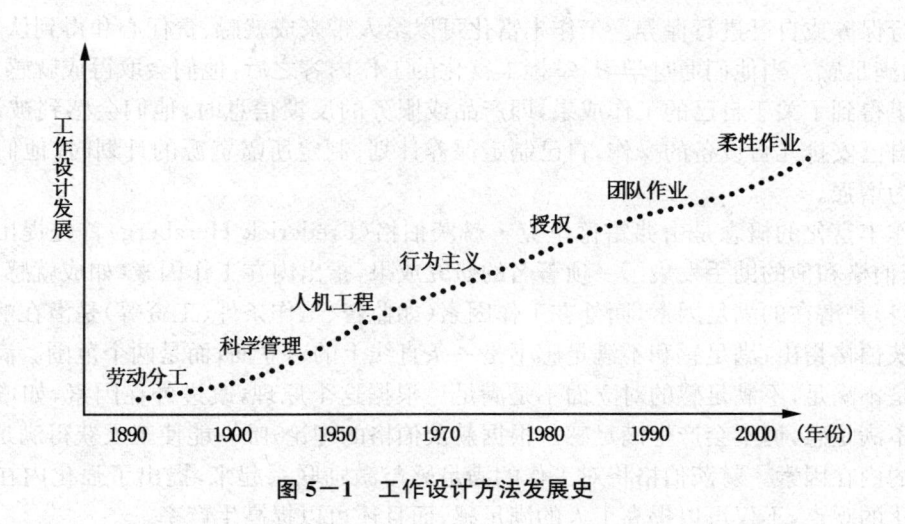

泰勒的科学管理思想在管理发展史上是划时代的突破,但也有其局限性,表现在:

(1)科学管理要求把工作细分化、单纯化,并制定科学合理的工作方法,再通过标准化,要求每个工作人员都按照工作标准去工作,以期使所有人员都能完成标准工作量。但这些只考虑了工作设计的技术性层面,而忽略了人的社会性和精神方面,这对于发挥人的积极性和创造性是不利的。

(2)注重个人的工作效率,个人工作方法的改进和优化,而忽略了集体协作、团队工作,这对提高企业整体效率是不利的。

(三)行为理论

行为理论的主要内容之一是研究人的工作动机,这一理论对于进行工作设计也有直接的参考作用。人工作的动机有多种:经济需要、社会需要以及特殊的个人需要等(感觉到自己的重要性,实现自我价值等)。人的工作动机对人如何工作,以及对工作结果都有很大的影响。因此,在工作设计中,必须考虑人的这些因素。当一个人的工作内容和范围较狭窄,或工作的专业化程度较高时,人往往无法控制工作速度(如流水线),被动接受工作,容易产生意志消沉和疲倦,也难以从工作中得到成就感和满足感。同时,工人之间缺乏工作沟通与交流,晋升的机会也很少(因为只会很单调地工作),难以实现个人价值和实现自我的要求。

行为理论的思路为工作系统设计提供了新的思路,那就是在工作设计中要更多地考虑人的个人需求动机,比如增加个人在工作中的决策权,提供给个人更多地自由支配的时间,工作内容更适合个人需求等。行为方法为工作设计提供了新的概念与方法,工作设计中的行为方法主要有:

1. 工作扩大化

工作扩大化是指工作的横向扩大,即增加每个人工作任务的种类,从而使他们能够完成一项完整工作(如一个产品或提供给顾客的一项服务)的大部分,这样他们可以看到自己的工作对于产品或顾客的意义,从而提高工作积极性。工作扩大化通常需要员工具有较多的技能和技艺,这对提高员工钻研业务的积极性,使其从中获得一种精神上的满足具有极大的帮助。

2. 工作丰富化

工作丰富化是指纵向扩大操作者的工作内容,使其承担更多的责任,参与企业决策与管理的机会。例如一个生产第一线的工人,可以让他负责若干台机器的操作,检验产品,决定机器何时进行保养或自己进行保养。工作丰富化可以给人带来成就感、责任心和得到认可（得到表彰等）的满足感。当他们通过学习，掌握丰富化的工作内容之后，他们会取得成就感；当他们从顾客那里得到了关于自己的工作成果，即产品或服务的反馈信息时，他们会感到被认可；当他们需要自己安排几台设备的操作，自己制定保养计划、制定所需资源的计划时，他们的责任心也会大为增强。

工作丰富化的概念是由弗雷德里克·赫茨伯格（Frederick Herzberg）首先提出的。1959年，赫茨伯格和他的助手发表了一项著名的研究成果，指出内在工作因素（如成就感、责任感和工作本身）是潜在的满足因素，而外在工作因素（如监督、工作条件、工资等）是潜在的不满足因素。赫茨伯格指出，满足感和不满足感不是一条直线上的对立面，而是两个范围。满足感的对立面不是不满足，不满足感的对立面不是满足。根据这个原理，改进外在因素，如增加工资可能降低不满足感，但不会产生满足感。根据赫茨伯格的理论，唯一能使工人获得满足感的是工作本身的内在因素。赫茨伯格将对工作的满足感与激励联系起来，提出了强化内在因素使工作丰富化的观点，不仅可以提高工人的满足感，而且还可以提高生产率。

1975 年，美国的另两位学者哈克曼（Hackman）和奥德海姆（Oldham）进一步发展了工作丰富化的理论，构造了工作丰富化的框架，见图 5—2。

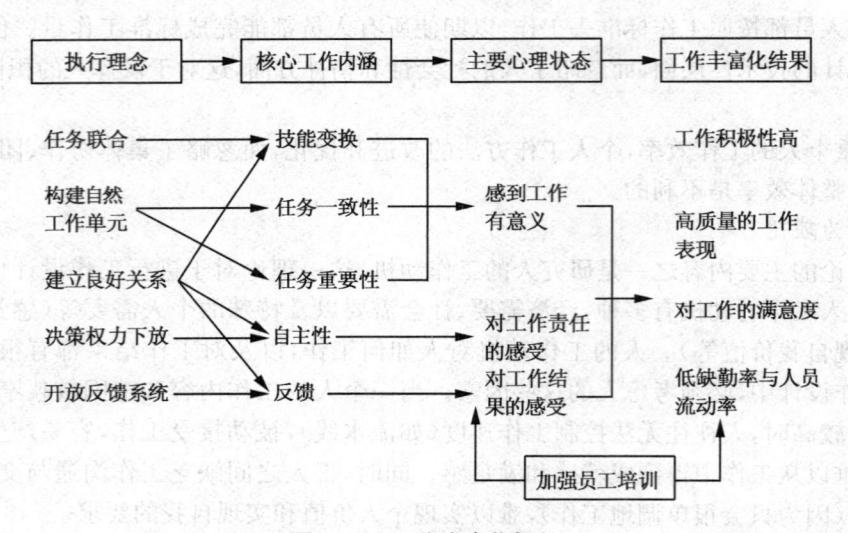

图 5—2　工作丰富化框架

在这个理论框架中，个人工作成果由 3 种心理状态决定：感到工作有意义，对工作有责任感，有工作的成就感。3 种心理状态通过 5 种核心工作内涵来实现：技能变换，任务一致性，任务重要性，自主性，反馈。5 种核心工作内涵共同构成了激励潜在分数：

$$MPS=[（技能变换＋任务一致性＋任务重要性）/3]×自主程度×反馈程度$$

激励潜在分数 MPS 反映一个工作系统设计对员工的激励程度，如果技能变换多、任务一致性强、任务重要、自主程度高、反馈程度高，那么激励程度就高。为了提高工作的激励效果，进行工作设计时就必须充分体现这 5 种核心工作内涵的需求。

3. 工作职务轮换

工作职务轮换是指在一定工作范围内让员工交换工作岗位，时间可以是小时、天或数月。工作职务轮换可以给员工提供更丰富、更多样化的工作内容，消除工作的单调与乏味感。采用这种工作方式,要求员工具有多种技能,可以通过在岗培训来实现。这种工作方式还有利于提高工作系统中分配任务的灵活性,如因为多技能工的存在,企业可以方便派人顶替缺勤的员工,或改变生产任务时,也可以把一部分员工转到其他工作岗位,从而使生产系统在受到内部或外部干扰时仍能维持正常的生产秩序。此外,由于员工互相交换工作岗位,可以体会到不同工作岗位工作的难易,比较容易使员工理解他人的不易之处,互相体谅,结果是整个生产运作系统得到改善。

[企业实践]　　　　　　　　　　丰田公司的职务轮换

丰田公司的某加工车间共有220余名作业人员,配置有数百台设备。组织设置上为工段、班、组,分别设工段长、班长及组长,组长下面是一般作业人员。工段长、班长以及组长统称为基层管理人员。

在该工厂,工作职务轮换的主要目的是使员工"多能化",即具有多种技能。其具体做法为:

(1)定期调动。指以若干年为周期的工作场所(主要指班或工段)的变动,职务内容、所属关系、人事关系都发生变化。这种变动主要以基层管理人员为对象进行。

(2)班内定期轮换。根据情况而进行的班内变动,所属关系、人事关系基本不变。班内定期轮换的主要目的是培养和训练多面手作业人员。

(3)岗位定期轮换。以2～4小时为单位的有计划的作业交替。

在具体实施中,无论是对基层管理人员还是现场作业人员,都有计划地进行。首先,为了要求一般作业人员成为多面手,基层管理人员必须先作出典范。基层管理人员的定期调动计划由车间制定,主要考虑被调动人员到目前为止的经历、尚未担任过的工作、本人希望和意愿、对现场工作的影响等因素。基层管理人员的调动主要是为了使他们能在新的人事关系、工作环境中学习未曾掌握的知识和技能,进一步扩大视野,提高管理能力。而且,在一个新环境中,容易发现原有人员司空见惯、不容易引起注意的问题,采取新的对策、改善问题的积极性也较高,有利于促进生产率的提高。

班内定期轮换的计划由班长制定。具体做法是把班内所有的作业工序分割成若干个作业单位,排出作业轮换训练表,使全体作业人员轮换进行各工序的工作,在实际操作中进行培训,最后达到使每个人都能掌握各工序作业的目的。

通过实施工作职务轮换,班内流动的可能性增大,一天中数次班内作业交替也成为可能。一般来说,一个有序的作业组织内,每个作业人员所担当作业的时间应该基本一样,但由于作业内容的差异,作业者的疲劳感是不同的。在长时间作业的情况下,各个作业者之间会出现疲劳度的差异,由此容易引起一部分工序作业时间的延长或容易出错。所以,以2～4小时为单位的岗位定期轮换的另一个重要意义就是避免作业人员的这种工作疲劳。

丰田公司通过实施职务轮换,获得如下效果:

(1)有利于安全生产。以小时为间隔单位的岗位定期轮换,不仅减轻了作业人员的身体疲劳,也使人的情绪得到调节,由此注意力提高了,因不留神、注意力分散而引起的劳动事故就会大大减少。

(2)改善了作业现场的人际关系。制定作业交替计划表的基本原则是使全体作业人员平等。制定时既要考虑对年老体弱者的照顾,也要考虑到当天每个人的身体情况、作业熟练程度、个人意愿及相互之间的照顾等,这样容易促进全体的协作。

(3)促进了知识和技能的扩大和积累。在促进作业人员多能化的过程中,老工人和班组长教新工人和部下的机会多了,以往被称为"本事"的诀窍、技能也得到公开,作业要领书、标准书在作业现场积累起来。职务定期轮换使彼此之间形成一种互相理解、互教互学的关系和氛围。

(4)提高了作业人员参与管理的积极性。由于职务定期轮换,全体人员与作业现场的各个工种都产生了联系,因而视野扩大了,对整个作业流程的关心也提高了。

(资料来源:陈荣秋,马士华. 生产运作管理(第4版)[M]. 北京:机械工业出版社,2012. 略有删节和改动)

(四)社会技术理论

工作设计中的社会技术理论是由英国的特瑞斯特(Eric Trist)及其研究小组首先提出来的。该理论认为,在工作设计中应该把技术因素与人的行为、心理因素结合起来考虑。任何一个生产运作系统都包括两个子系统:技术子系统和社会子系统。如果只强调其中的一个而忽略另一个,就有可能导致整个系统的效率低下,因此,应该把生产运作组织视为一个社会技术系统,其中包括人和设备、物料等。生产设备、生产工艺及物流组织与控制方法反映了这个系统的技术性,而人的投入使这个系统具有社会性。人与这些物质因素结合的好坏不仅决定着系统的经济效益,还决定着人对工作的满意程度,而后者对于现代人来说是一个很重要的问题。因此,在工作设计中,着眼点与其放在个人工作任务的完成方式上,不如放在整个工作系统的工作方式上。也就是说,工作小组的工作方式应该比个人的工作方式更重要。

社会技术理论的价值在于它同时强调技术因素与社会变化对工作设计的影响,这与早期工业工程师过分强调技术因素对生产效率的影响有很大不同。早期的工业工程师将工人视为机器的一部分,而社会技术理论除了考虑技术要素的影响外,还将人的行为因素考虑进来,将技术、生产组织与人的工作方式相结合,强调在工作设计中促进人的个性发展,注重激发人的积极性。这种理论实际上奠定了现在所流行的团队工作方式的基础。

三、团队工作方式

团队工作方式是在20世纪后半期出现的一种新的工作方式。与以往每个人只负责一项完整工作的一部分(如一道工序、一项业务的某一个程序等)不同,团队工作方式由数人组成一个小组,共同负责并完成这项工作。在小组内,每个成员的工作任务、工作方法和产出速度等都可以自行决定。在有些情况下,小组成员的收入与小组的产出挂钩。团队工作方式的基本思想是全员参与,调动每个人的积极性和创造性,使工作效果尽可能好。这里的效果是指效率、质量、成本等的综合结果。

团队工作方式与传统的工作分工方式(即泰勒制工作方式)有很大的不同,主要区别如表5-2所示。

表5-2 传统工作方式与团队工作方式的对比

传统工作方式(泰勒制工作方式)	团队工作方式
把任务分给每个人	把任务分给一组人
最大分工和简单工作	工作人员高素质、多技能
最少的职能工作内容	较多的职能工作内容
众多从属关系	管理层次少,基层自主性强

工作团队可以分成多种,常见的有以下几种:

(1)解决问题式团队。这种团队是一种非正式组织,通常包括多名自愿成员,可以来自不同部门或同一部门的不同班组,如质量管理中的QC小组。成员每周有一次或几次碰头,每次几小时,研究和解决工作中遇到的一些问题,如质量问题、生产率提高问题、操作方法问题、设备和工具的小改造问题等,然后提出具体的建议,提交给管理决策部门。但是,这种团队只能提出建议和方案,没有权力决定是否实施。这种团队在20世纪70年代首先被日本企业广泛采用并获得极大的成功。这种方法对于改善生产系统、提高企业产品质量和生产率起到极大的作用,同时,也有利于提高工作人员的积极性,改善员工之间、员工与经营者之间的关系。但是,如果这样的团队所提出的建议和方案被采纳的比率很低,这种团队就会自行消亡。

(2)特定目标式团队。这种团队是为了解决某个具体问题,达到一个具体目标而建立的,如一个新产品的开发、一项新技术的引进等。在这种团队中,其成员既有普通员工,又有与问题相关的经营管理人员。团队中的经营管理人员拥有决策权,也可以直接向最高决策层报告。因此,该团队的工作成果、建议或方案可以得到实施,或者他们本身就是在实施一个方案,即进行一项实际的工作。这种团队通常只是为了一项一次性的工作而组建,实际上类似于一个项目组,其特点是,一般职工直接与经营管理层沟通,使一般员工的意见直接反映到决策中。

(3)自我管理式团队。这种团队是最具完整意义的团队工作方式。在自我管理式团队中,由数人(几人至十几人)组成一个小组,共同完成一项相对完整的工作,小组成员自己决定任务分配方式(如任务轮换),自己承担管理责任。如制定工作进度计划(人员安排、轮休等)、采购计划、决定工作方法等。归纳起来,自我管理式团队具有如下特征:

①小组成员自己决定工作方法与任务分配,每一个成员都是平等的。

②小组的领导是由团队的成员自己推选的,其作用是协调团队的工作。

③管理幅度小。这种团队由于决策权力下放,因此管理幅度大大减少,整个组织结构趋于扁平化。

团队工作方式的好处是通过员工的工作满足感增加使生产率得以提高,同时也有利于增加员工之间的沟通与交流。

[企业实践] **工作团队在制造系统和非制造系统中的应用**

制造系统的一个例子是IBM的一个制作微机上的集成电路板的工厂。该厂采用小组工作方式后,发生的变化是:生产线由2 400m缩短为200m,生产率提高了170%,库存减少了60%,间接部门的人员从1 100人减少为414人,缺勤率降低65%。他们的做法是把工厂分割成块,每块成为一个"block",每个block 300人左右,为一个大团队,这个团队采用独立核算制。每个block内再分成若干个小组,每组5~6个人,每人可同时参加几个小组,block自己决定生产目标,目标又分至每个小组,报酬与工作结果挂钩。

非制造系统的一个例子是AT&T的一个设备租赁公司。原先AT&T的设备租赁业务是交由一家银行去做的,该银行采用一种工作专业化程度较高的工作方式,即把业务分成三部分:(1)处理租赁申请书和审查信用度;(2)负责签订租赁合同;(3)处理款项支付业务。这三个部分分别由3个不同的部门承担。在这种情况下,没有一个部门或一个职员为整个业务负责,他们看不到这部分工作对全局的意义(或价值),因此效率低下,平均每项租赁业务的处理时间需要5~6天。为了改变这种状况,AT&T成立了一个租赁公司,这个公司将工作方式改为团队工作方式,将员工划分为10~15人的小组,每个小组都负责包括上述三部分的完整工作,小组内的每个成员都有权利处理一项完整业务,解决一个完整的问题(从接受申请、信用度审查直至合同签订、收回款项)。他们的口号是"谁接电话谁负责"。采用这种工作方式后,工作效率提高了近1倍,一项决策所需要的周期缩短至1~2天,他们的年利润也增加了40%~50%。

(资料来源:柯清芳. 生产运作管理[M]. 北京:北京理工大学出版社,2009.)

第二节　工作研究与工作方法分析

工作方法标准化从工作方法分析开始,工作方法为员工的工作提供工作指南,为管理者提供指挥调度的依据,而工作方法研究又是工作系统设计中工作研究的重要组成部分。本节我们首先整体认识工作研究,而后介绍利用工作方法分析工具进行工作系统的优化设计,以提高工作效率。

一、工作研究的内容和特点

工作研究又称作业研究,是指运用系统的方法对人的工作进行分析、设计和管理,把工作中不合理、不经济、混乱的因素排除,寻求更好、更经济、更容易的工作方法,以提高系统的生产率。这里的"工作",包括人们所进行的生产活动的全部,其中最基本最主要的是产品的制造活动,其基本目标是要避免浪费,包括时间、人力、物料、资金等多种形式的浪费,通过工作研究,寻求最佳工作方法,使生产活动按先进的方法、规定的程序和标准的时间进行,从而提高生产效率和经济效益。

(一)工作研究的内容

工作研究是工作系统设计的基础,内容包括方法研究和时间研究两个方面。这两个方面又体现在:(1)寻求最经济合理的工作方法;(2)工作标准化;(3)制定时间标准;(4)培训操作人员,贯彻实施新工作方法。

图5-3为工作研究系统图。

方法研究和时间研究作为工作研究的两大部分,既有联系又有区别。两者之间的联系表现在:

(1)方法研究是时间研究的前提和基础。时间研究是在一定的方法研究基础上进行的,不进行方法研究,也就不存在和不需要时间研究。

(2)时间研究对方法研究有促进作用。通过时间研究可以选择和比较哪种工作方法最佳,从这个意义上说,方法研究又离不开时间研究,最好的工作方法并不仅仅通过方法研究就能寻到,而必须经过时间研究才能最终实现。

(3)方法研究和时间研究都涉及一个共同的目标,就是科学地确定最经济、合理、有效的工作方法,提高生产率和经济效益。这个共同目标把两者统一起来,成为不可分割、相辅相成、相互促进的统一体。

两者之间的区别主要表现在:

(1)研究的具体对象不同。方法研究是对生产流程和工序操作进行研究,从中消除不合理、不经济的工序、操作和动作,使工作方法更经济合理有效;时间研究是对某种既定操作方法的消耗时间进行研究,从中找出最正常、合理的标准时间。

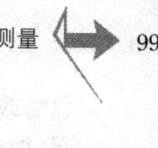

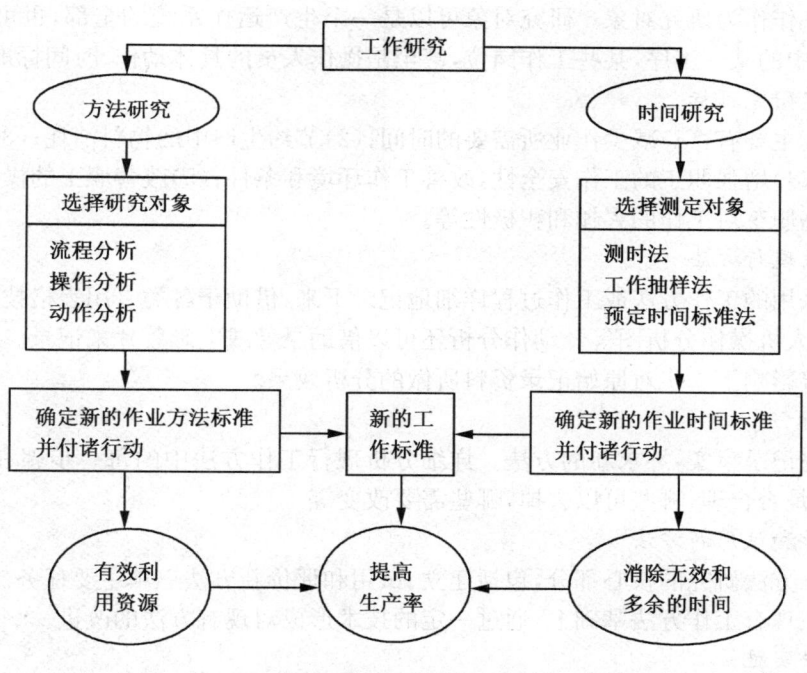

```
                        工作研究
           ┌───────────────┴───────────────┐
        方法研究                          时间研究
           │                                │
       选择研究对象                      选择测定对象
       ┌─────────┐                      ┌─────────┐
       │ 流程分析 │                      │ 测时法   │
       │ 操作分析 │                      │ 工作抽样法│
       │ 动作分析 │                      │ 预定时间标准法│
       └─────────┘                      └─────────┘
           │                                │
   确定新的作业方法标准    新的工作标准    确定新的作业时间标准
       并付诸行动    →              ←     并付诸行动
           │                                │
       有效利用资源         提高生产率      消除无效和多余的时间
```

图 5—3　工作研究系统

（2）研究的理论依据不同。方法研究所依据的理论是生产流程分析理论、动作分析理论等；时间研究所依据的理论是工作抽样理论、工时消耗分类及测时理论。

（3）研究要达到的具体目的不同。方法研究的目的是达到设备布局更加合理，工作环境更加良好，工人的无效劳动减少，劳动强度降低等；时间研究的目的是寻求标准工作时间，确定经济合理的工时成本，促进劳动生产率提高。

（二）工作研究的特点

工作研究是从技术的角度不断研究如何改进工作方法，进而制定合理的工作时间。其特点主要表现为：

（1）工作研究着眼于挖掘企业内部的潜力。在不增加人、财、物的前提下，借助于现行工作的改善和提高管理水平来达到提高效率的目的。

（2）工作研究致力于工作方法的标准化。把在实践中已经证明是正确的方法固定下来形成标准，作为培训与考核的依据，以达到提高工作效率的目的。

（3）工作研究把降低成本、提高资源利用率作为基本宗旨。不论是工作方法的改善，还是工作时间的测量，都立足于使生产系统以最小的投入，获得最大产出。

（4）工作研究的指导思想是系统、整体的观点。工作研究首先着眼于整个生产系统的整体优化，再深入研究解决关键的局部问题，进而解决细微的问题，从而达到整体最优化。

二、工作方法研究的一般程序

（一）选择研究对象

一般来说，工作研究的对象主要集中在系统的关键环节、薄弱环节、或带有普遍性的问题方面，或从实施角度容易开展、见效快的方面。因此，应该选择效率明显不高、成本耗费较大、急需改善的工作作为研究对象。研究对象可以是一个生产运作系统的全部,也可以是某一局部,如生产线中的某一工序,某些工作岗位,甚至是操作人员的具体动作、时间标准等。

（二）确定研究目标

研究目标主要有:(1)减少作业所需要的时间;(2)节约生产中的物料消耗;(3)提高产品质量的稳定性;(4)增强职工的工作安全性,改善工作环境和条件;(5)改善职工的操作,减小劳动强度;(6)提高职工对工作的兴趣和积极性等。

（三）记录现行方法

将现在采用的工作方法或工作过程详细地记录下来,借助于各类专用表格技术来记录,如流程程序图、人机操作分析图等。动作分析还可以借助录像或电影胶片来记录。记录的详尽、正确程度直接影响下一步对原始记录资料所做的分析效果。

（四）分析

分析研究记录事实,寻求新的方法。详细分析现行工作方法中的每一步骤和每一动作是否必要,顺序是否合理,哪些可以去掉,哪些需要改变等。

（五）设计和试用新方法

这是工作方法研究的核心部分,包括建立、试用和评价新方法三项主要任务。建立新的改进方法可以在现有工作方法基础上,通过一定的技术形成对现有方法的改进。

（六）方法实施

工作方法研究的成果的实施可能比对工作方法本身的研究要难得多,尤其是这种变化在刚开始还不被人了解,而且要改变人们多年的老习惯时,工作新方法的推广会更加困难。因此,在实施的过程中要认真做好宣传、试点工作,做好各类人员的培训工作,切勿急于求成。

三、工作方法分析的技巧和改进技术

（一）5W1H 分析方法

为了设计合理的工作方法,需要对现有工作(将要进行研究的工作)进行分析。在具体的分析过程中,可以运用 5W1H 分析方法从多个方面反复提问。具体内容见表 5—3。

表 5—3　　　　　　　　　　　　**5W1H 法基本内容**

why（为什么）	为什么这项工作是必不可少的?	what	这项工作的目的何在?
	为什么这项工作要以这种方式这种顺序进行?	who	何人为这项工作的恰当人选?
	为什么这项工作制定这些标准?	where	何处开展这项工作更恰当?
	为什么完成这项工作需要这些投入?	when	何时开展这项工作更好?
	为什么这项工作需要这种人员素质?	how	如何能使这项工作更好完成?

因为实际上并不存在"最好"的工作方法,但可以不断寻求"更好"的工作方法,所以 5W1H 法可以反复多次提问。通过这样的提问,能够了解到工作方法是否合理,有无改进的必要,从而为确定更加合理的方法提供帮助。

（二）ECRS 技术

通过 5W1H 分析,在现有工作方法的基础上建立新的工作方法,可以通过"取消(elimination)—合并(combination)—重排(rearrangement)—简化(simplification)"四项技术形成对现有方法的改进。这四项技术又称方法研究的 ECRS 技术,其具体内容见表 5—4。

表 5—4　　　　　　　　　　　　　ECRS 技术的内容

ECRS 技术	具体内容
取消(elimination)	对任何工作首先要问:为什么要干？能否不干？包括: • 取消所有不必要的工作步骤或动作 • 减少工作中的不规则性,比如确定工作、工具的固定存放地,形成习惯性机械动作 • 除需要的休息外,取消工作中一切怠工和闲置时间
合并(combination)	合并:如果工作不能取消,则考虑是否应与其他工作合并 • 对于多个方向突变的动作进行合并,形成一个方向的连续动作 • 实现工具的合并,控制的合并,动作的合并,人员的合并
重排(rearrangement)	对工作的顺序进行重新排列:经过取消、合并之后的工作,根据何人、何时、何地的提问,重新排列,以得到最佳的工作顺序
简化(simplification)	指工作内容、步骤方面的简化,也指动作方面的简化、能量的节省

四、过程分析

过程分析是方法研究的重要内容之一,它将现行流程进行系统的记录、描述,然后对其进行分析与改进。过程分析法可以用于不同的行业或场合,其叫法也有所不同,用于制造业称为生产过程分析,用于服务业称为作业过程分析,而用于信息处理业务则称为信息处理过程分析或数据流程分析。过程分析可采用专门的图表绘制程序图来描述作业流程,常用的图表技术有如下几种。

（一）作业流程图

作业流程图是描述材料、表格单据(信息)或各种作业活动所经过的全部程序,包括加工、搬运、检验、储存和等待等内容,还要记录所经历的时间和距离。作业流程图常用的符号见表5—5。

表 5—5　　　　　　　　　　　　作业流程分析符号

符　号	名称标志
○	加工过程
⇨	运输过程
▽	存储过程
⬡	停顿过程
□	检验过程

[企业实践]　　　　　**流程图和工序图帮助了一家英国配件厂**

采纳顾问们的建议,运用流程图和工序图来重新安排工厂的生产,这对一名经理来说是需要一些勇气的,而接受这些改变则需员工们的理解。一天早晨,英国的帕蒂·霍普科克(Paddy Hopkirk)汽车附件厂乱糟糟的生产线旁边堆满了装有半成品的板条箱。两天后,当180名工人来工作时,那些机器已经归置成整齐的"单元",成堆的零件已经消失,新清扫的地面用彩条线标出了材料的流动方向,一夜之间发生了巨变。在变化后的第一个工作日,一些生产线的产出率提高了30%,一些生产过程所需的场地减少了一半,而且在制品大量减少。改善后的布局使一些工作相结合,得到"解放"的作业人员能在工厂其他岗位发挥作用。"我期待着一个转变,但任何变化都比不上这个变化那么巨大。"公司董事会主席帕蒂·霍普科克说道,"真是太神奇了!"

（资料来源:①[美]杰伊·海泽,巴里·雷德.生产与作业管理教程(第四版)[M].北京:华夏出版社,1999;②李全喜.生产运作管理(第二版)[M].北京:北京大学出版社,中国林业出版社,2009.)

(二)人机操作程序图

人机操作程序图用来描述操作者和机器的交互作用过程,把一个工作周期内操作者的作业活动和机器的作业活动在时间上的配合关系绘制在一张图表上,从而分析作业安排的合理性。该图多用于多机床看管、多工位加工或人机共动的作业安排和分析。通过对人机操作程序图的分析,可获得减少人机空闲的时间、提高人机效率的新方法。

(三)双手操作程序图

双手操作程序图是按操作者双手动作的相互关系记录其手(或上、下肢)动作的图表。分析研究双手操作程序图的目的,在于平衡左右手的负荷,减少无效动作,减轻工人工作量,缩短作业时间,使操作过程合理化,并据此拟定操作规程。

双手操作程序图一般用来表示一个完整工作循环时的重复操作,它和人机操作程序图的区别在于:前者是分析操作者左右手的动作情况,着眼于工作地点布置的合理性和零件摆放位置的方便性;而后者则是分析人和机器的相互协调配合关系,着眼于人如何利用机动时间来做其他的工作或增加可以看管机器的台数,以提高人力、机器的利用率。

五、动作分析

动作分析是最微观的方法分析,是分析和研究完成一个特定任务的最佳动作的个数及其组合。动作分析为制定标准动作时间提供了依据。

(一)动作研究的发展历程

动作分析始于泰勒,但被公认为动作研究之父的是弗兰克·吉尔布雷斯(Frank B. Gilbreth,1868~1924)。吉尔布雷斯夫妇在动作研究中主要采用观察、记录并分析的方法。为了分析和改进工人完成一项任务所进行的动作和顺序,他们率先将摄影技术用于记录和分析工人所用的各种动作。吉尔布雷斯夫妇通过对手动作的分解研究,把手的动作分为17种基本动作,见表5—6。

表5—6　　　　　　　　手的基本动作分类

动作类型	基本动作
定点动作	握取、放手、对准、预对、应用、装配、拆卸
运送动作	伸手、移动
犹豫动作	寻找、发现、选择、计划、检验
等待动作	持住、延迟、休息

(二)动作经济原则

进行动作分析,最主要的目的就是消除无效的动作,以最省力的方法实现最大的工作效率。通过动作研究几乎不花一分钱,就可以大大提高生产效率。吉尔布雷斯夫妇通过研究创立了动作的经济化原则,确立了高效又可以减少疲劳的作业动作。这些原则主要有三个方面:

1. 关于人体运用的原则
(1)双手应同时开始并同时完成动作。
(2)除规定的休息时间外,双手不应同时空闲。
(3)双臂的动作应该对称、反向并同时进行。
(4)手的动作应尽量以最低等级且能得到满意结果的动作来完成。
(5)尽量利用物体的惯性、重力等,如需要用体力时,应将其减小至最小。
(6)连续的曲线运动比突兀的直线运动好。
(7)弹道运动比受限制或者受控制的运动轻快而自如。
(8)建立轻松自然的动作节奏可使动作流利自然。

2. 关于工作地布置的原则
(1)工具、物料应放在固定位置,使操作者形成习惯,可用较短时间取到。
(2)工具、物料及装置应布置在操作者附近。
(3)运用各种方法使物料自动到达操作者身边。
(4)工具、物料应按最佳工作顺序排列,尽可能提前放在工作位置。
(5)物料应尽量利用其重量坠送至工作地。
(6)应有适当的照明设备,使视觉舒适。
(7)工作台高度应保证操作者坐立舒适。
(8)工作椅的式样和高度应使操作者保持良好的姿势。

3. 关于工具、设备的设计与使用原则
(1)尽量少用手工作业,在条件允许的情况下用夹具或者脚踏代替。
(2)可能时,应将多种独立工具合并成一种多功能的工具。
(3)手指分别工作时,各指负荷按照其本能予以分配。
(4)设计手柄时,应尽可能增大与手的接触面。
(5)机器上的杠杆、手轮及其他操作件的位置应使操作者极少变动姿势。

[企业实践]　　　　　　　　　动作分析提高经济效益

某厂生产一种电子产品,需要装配10种独立的零部件,需完成的动作是从零件箱里取出零件进行装配。

假设通过动作研究,可将拿零件的距离缩短而使装配一个零件的时间减少0.2秒。在人均月薪为900元,车间工人为100名,每人每天生产500件产品的情况下,按一年250个工作日计算,整个车间每年能节约多少元工资开支?

下面我们进行分析:由于装配一个零件可通过缩短距离节约时间0.2秒,那么每生产一件产品节约的时间就是:

10×0.2=2(秒/件)

如果每人每天生产500件产品,那么可以节约的时间为:

2×500＝1 000(秒/天/人)＝0.277 8(小时/天/人)

该公司的工人工资是900元/月,则折合成每小时工资为3.75元,那么每人每天节约工资为0.277 8×3.75＝1.04(元)。车间工人数是100人,则整个车间每天节约104元。每年按250个工作日计算,整个车间全年能节约104×250＝26 000(元)。

第三节 工作测量与工时定额

工作测量也称时间研究,是工作研究的一项主要内容。它是以时间为尺度,对作业系统进行评价、设计和应用,把作业分解为适当的要素,测定要素的时间,并进行适当运算以找到最节省时间的操作方法的研究。

一、工作测量的含义和目的

工作测量是运用适当的技术和方法来测定合格工人按照规定的作业标准,完成某项特定任务必须消耗的时间,以确定时间标准和劳动定额,如单位产量所需的时间,或单位时间内的产量。工作测量的核心问题是如何使测定的时间标准适用于全体员工,而不是只适用于其中选定的一部分人。因此,所要测定的时间标准既要先进,又要切实可行。

工作测量的目的主要在于:

(1)建立合理的劳动时间定额和劳动力定额。企业要建立合理的劳动时间定额和劳动力定额,就必须有工作时间标准作参照,因此就需对每个工作岗位的时间进行测量。通过工作时间的测量,可以为企业建立劳动时间定额和劳动力定额提供一种依据。

(2)为制定标准工作成本和工资等级提供依据。企业在核定生产作业成本与工资等级的时候,也要依据作业的定额时间。工作测量提供的时间定额可以为制定作业成本与划分工资等级提供重要依据。

(3)为工作绩效的评估与奖励提供依据。员工工作效率最重要的评估依据就是工作时间,因此通过时间的测量,可以考核不同岗位的工作效率,为制定奖励提供依据。

(4)为生产作业计划与生产控制提供参考。在进行工作分配时,车间的管理者需要清楚每个岗位的员工的具体工作能力,也要清楚各项作业按照标准所需要的时间,这样才能更合理地制定作业计划并进行控制。

二、工作时间构成与工时定额

(一)生产产品时间消耗

产品在加工过程中的作业总时间包括:产品的基本工作时间、产品设计缺陷的工时消耗、工艺过程缺陷的工时消耗、管理不善而产生的无效时间、工人因素引起的无效时间。如图5—4所示。

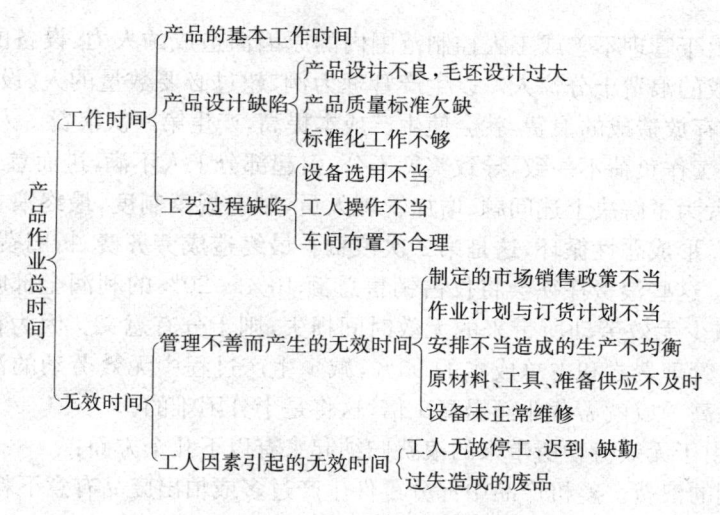

```
                    ┌─产品的基本工作时间
                    │              ┌─产品设计不良,毛坯设计过大
              ┌工作时间┤产品设计缺陷┤产品质量标准欠缺
              │     │              └─标准化工作不够
              │     │              ┌─设备选用不当
产品          │     └工艺过程缺陷┤工人操作不当
作业          │                    └─车间布置不合理
总  ┤                              ┌─制定的市场销售政策不当
时间          │                    │作业计划与订货计划不当
              │     ┌管理不善而产生的无效时间┤安排不当造成的生产不均衡
              │     │              │原材料、工具、准备供应不及时
              └无效时间│              └─设备未正常维修
                    │              ┌─工人无故停工、迟到、缺勤
                    └工人因素引起的无效时间┤
                                   └─过失造成的废品
```

图 5—4 生产产品的时间构成

1. 产品的基本工作时间

产品的基本工作时间是指在产品设计正确、工艺完善的条件下,制造产品或进行作业所用的时间,也称定额时间。

基本工作时间由作业时间和宽放时间构成。所谓宽放时间,是劳动者在工作过程中因工作需要、休息与生理需要,需要作业时间给予补偿的时间。宽放时间一般用宽放率表示:

$$宽放率=宽放时间/工作时间$$

宽放时间由三部分时间组成:

(1)休息与生理需要时间。这部分时间是指由于劳动过程中正常疲劳与生理需要所消耗的时间,如休息、饮水、上厕所所需的时间。休息与生理需要时间的确定,应进行疲劳研究,即研究劳动者在工作中产生疲劳的原因、劳动精力变化的规律,测量劳动过程中的能量消耗,从而确定恢复体力所需要的时间。

(2)布置工作地的时间。这部分时间是指在一个工作班内,生产工人用于照看工作地,使工作地保持正常工作状态和生产水平所消耗的时间,如交接班时间、清扫机床时间等。它是以一个工作班内所消耗布置工作地时间作为计量标准。

(3)准备与结束时间。这部分时间是指加工一批产品或进行一项作业之前的技术组织准备和事后结束工作所耗用的时间。不同生产类型其准备与结束时间不同。准备结束时间一般可通过工作抽样或工作日写实来确定。

由于宽放时间直接影响作业者一天的工作量及定额水平的制定,因此国外对此类时间的研究十分重视,对宽放时间作了更细致的分类,并制定了各种宽放时间的宽放率。具体为:

(1)作业宽放。作业过程中不可避免的特殊的作业中断和滞后,如设备维护、刀具更换与刃磨、切屑清理、熟悉图纸等。

(2)个人宽放。与作业无关的个人生理需要所需的时间,如上厕所、饮水等。

(3)疲劳宽放。休息所需的时间。

(4)管理宽放。非操作者个人过失所造成的无法避免的作业延误,如材料供应不足、等待领取工具等。

2. 无效时间

无效时间是由于管理不善或工人控制范围内的原因而造成的人力、设备的窝工闲置的时间。无效时间造成的浪费十分惊人。以生产管理为例，超过必要数量的人、设备、材料和半成品、成品的闲置与存放造成的浪费，就会使生产成本提高，产生第一次浪费。人员过多，生产过程各环节不平衡，工作负荷不一致，导致奖惩不公，引起部分工人不满，进而怠工或生产效率降低等。企业管理者为了解决上述问题，增加管理人员，制定规章制度，最终浪费了人力、物力、财力，消耗了时间，形成恶性循环，这是第二次浪费。最终造成劳务费、折旧费和管理费增加，提高了制造成本。这些浪费往往会将仅占销售总额 10%～20% 的利润全部吃掉。若能消除上述两次浪费，减少无效劳动所带来的无效时间损失，则十分有意义。因为在企业产品成本中，材料、人工费、管理费之和占总成本的 90%，减少生产过程中无效劳动的浪费是比较容易做到的，但利润提高一成就需营业额提高 1 倍，这将是十分困难的。

生产过程中由于无效劳动所带来的浪费归纳起来有以下几个方面：

(1)生产过剩的浪费。整机产品中部分零件生产过多或怕出废品有意下料过多，造成产品的零件不配套，积压原材料、浪费加工工时。

(2)停工等待的浪费。由于生产作业计划安排不当，工序之间衔接不上，或由于设备突发事故等原因造成的停工时间。

(3)搬运的浪费。如由于车间布置不当造成产品生产过程中迂回搬运。

(4)加工的浪费。如加工过程中切削用量不当，引起时间浪费。

(5)动作的浪费。由于操作工人操作动作不科学，引起时间浪费。

(6)制造过程中产生废品的浪费。

减少以致消除无效时间，是工业工程中工作研究探讨的基本内容之一。

(二)工时定额

工时定额又称为标准工作时间，是在标准的工作条件下，操作人员完成单位特定工作所需的时间。这里的标准工作条件是指在合理安排的工作场所和工作环境下，由经过培训的操作人员，按照标准的工作方法，通过正常的努力去完成工作任务。可见，工时定额的制定要以方法研究和标准工作方法的制定为前提。

工时定额是企业管理的一项基础工作，通过工作测量可以得到科学合理的工时定额。

三、工作测量的方法

工作测量常用的方法有测时法、工作抽样法和预定时间标准法等。

(一)测时法

测时法又称直接时间研究，是用秒表和其他计时工具来实际测量完成一项工作所需的实际时间。其基本步骤如下：

(1)选择观测对象。被观测的操作者应是一般熟练工人。避免选择非熟练和非常熟练的人员，因为非熟练人员不能很好地完成标准作业，而非常熟练的人员动作过于灵巧，如果以超出正常作业速度为依据，就很难为大多数人所接受。被选定的操作者还应与观测者协作，心理和操作尽量不受观测因素的影响。

(2)划分作业操作要素，制定测时记录表。如表 5-7 所示。

表 5-7　　　　　　　　　　　　　测时记录表

工作名称		测量时间									测量员	
产品名称		备注										
工序名称	工人姓名	说明	实测时间						合计	平均	效率评定	正常作业时间
			1	2	3	4	5	…				
1.×××		时间										
		读数										
2.×××		时间										
		读数										
3.×××		时间										
		读数										
4.×××		时间										
		读数										
5.×××		时间										
		读数										

（3）记录观察时间，剔除异常值，并计算各项作业要素的平均值。设 t_{ij} 是作业要素 i 的第 j 次观察时间，则作业要素 i 的平均观察时间为 $\frac{1}{n}\sum_{j=1}^{n}t_{ij}$。

（4）计算作业的观察时间。作业的观察时间等于该作业的各项作业要素平均时间之和。

（5）进行效率评定，计算正常作业时间。效率评定也称效率评比，是时间研究人员将所观测到的操作者的操作速度与自己理想中的速度（正常速度）进行对比。

$$正常作业时间 = 观察时间 \times 效率评定系数$$

（6）考虑宽放时间，制定标准作业时间。在正常时间基础上考虑作业过程中由于停顿与休息等因素造成的时间消耗，最后得出的才是标准时间。标准时间等于正常作业时间加上宽放时间，用宽放率表示为：

$$标准作业时间 = 正常作业时间 \times (1 + 宽放率)$$

［例 5-1］　为了制定新的时间标准，观察了某工人用车床加工一种零件的时间。共观察了 60 次，结果如表 5-8 所示。

表 5-8　　　　　　　　　　　作业要素的平均时间

作业要素	要素的平均时间（秒）
把零件置于卡盘并压紧	13.2
开车与进刀	3.0
车削	27.0
关车与退刀	12.0
卸下零件	12.8

研究人员认为,该工人比正常情况下快15%;另外,生理需要及各种不能避免的耽搁时间占正常时间的12%。请确定该作业的标准时间。

解:(1)计算作业的观察时间:

作业时间=$\sum t_i$=13.2+3+27+12+12.8=68(秒)

(2)计算正常时间:

正常时间=作业时间×效率评定系数=68×1.15=78.2(秒)

(3)确定标准时间:

标准时间=正常时间×(1+宽放率)=78.2×1.12=87.584(秒)

(二)工作抽样法

工作抽样法又称间接时间研究,是得到广泛应用的一种时间研究方法。它通过抽样来估算工人不同工作状态的时间比例。其特点是采取间断性观测的方法,不用秒表直接观测操作者的作业时间,而是通过大量的随机观察,通过确认操作者是在工作还是处于空闲状态,按"工作"和"空闲"分类记录发生次数,而非记录事件的延续时间,通过对样本的分析计算出百分比,对操作者实际工作时间和空闲时间的百分比作出估算。这种方法的基本原理是,并不关心具体动作所耗费的时间,而是估计人或机器在某种行为中所占用的时间比例。其基本假设是,在样本中观察到的某个行为所占用的时间比例,一般来说是该行为发生时实际所占用的时间比例。在给定的置信度下,样本数的大小将影响估计的精度。

1. 工作抽样法的应用

首先,应用工作抽样法可以帮助改善工作。通过工作抽样法,可以调查出操作者或机器的工作或空闲的时间比例,再根据空闲部分的组成进行项目细分并观察记录,从中找出问题并进行改善。

其次,利用工作抽样法可以帮助我们确定标准工作时间。

标准工作时间=[(总观测时间×工作时间比率×评比系数)/观测时间的总产量]
　　　　　　+宽放时间

其中:

工作时间比率=(工作时间/总观测时间)×100%

2. 工作抽样法的步骤

(1)识别特定的活动,它们是研究的主要目的。

(2)确定观测次数:

①估计要研究的活动占总时间的比例;

②设定研究结果所要求的精确度;

③计算观测次数。

(3)确定观测方式和观测时间的长度。

(4)进行随机观察,记录数据。

(5)检查是否需要更多的样本数。

(6)计算分析,得出结论。

3. 抽样次数的确定

通常,研究人员在观测开始之前要对被观测行为所占用的时间比例进行初步估计,并设定一个所希望达到的估计精度,在此基础上决定最初的样本数。经观测得出数据后,再进一步考虑是否要增加样本数。

由于工作抽样是用随机抽样理论为指导的,其准确程度与观察次数成正比。观察次数越多,则越可得到精确的结果,但观测增多,会使观测费用增加。

设:p 为观测到的某事件发生率,n 为观测总次数,m 为事件实际发生的次数,则 p 的估计值为:

$$\bar{p}=\frac{m}{n}$$

标准偏差为:

$$\sigma_p=\sqrt{\frac{\bar{p}(1-\bar{p})}{n}}$$

根据抽样统计理论,用抽样法处理的现象接近正态分布。假如观测结果的置信度取 95%,则工作抽样的范围在 $\pm 2\sigma$。

定义抽样的绝对精度为 ε,则有

$$\varepsilon=2\sigma_p=2\sqrt{\frac{\bar{p}(1-\bar{p})}{n}}$$

定义抽样的相对精度为 θ,则有

$$\theta=\frac{\varepsilon}{\bar{p}}=2\sqrt{\frac{(1-\bar{p})}{n\bar{p}}}$$

所以,当抽样开始之前规定了抽样精度,就可以确定相应的观测次数。

$$n=\frac{4\bar{p}(1-\bar{p})}{\varepsilon^2} \text{ 或 } n=\frac{4(1-\bar{p})}{\bar{p}\cdot\theta^2}$$

4. 工作抽样法的优缺点

工作抽样法的优点在于:(1)观测者不需要经过专门训练;(2)不需要使用秒表,因此可同时进行几种行为的观测;(3)可以在任何时间暂停一下而不影响结果;(4)不会使操作者改变工作方法从而影响结果。与其他作业测定相比,被观测者更喜欢这种方法。

工作抽样法运用广泛,但也有其局限性,主要表现在:不能提供详尽的元素分解;所需观测的样本数较大,需要保证有一定的估计精度;如果观察没有随机性,将导致结果无效。

[例 5—2] 某机械厂对装配工序的 10 名工人的工作时间进行测定,以便制定新的工作标准。观测员用 3 天的时间同时对这 10 名工人进行观测,结果如表 5—9 所示。

表 5—9　　　　　　　　　　　　　　工作抽样数据表

资　料	来　源	数　据
总观测时间	测量	13 550min
总生产量	检验部门	16 314 件
观测次数	工作抽样	750 次
工作次数	工作抽样	645 次
评比系数	工作抽样	96%
宽放率	连续观测	15%

解:工作时间比率=工作时间/总观测时间=645/750=86%

标准时间＝(总工作时间×工作时间比率×效率评定系数/总产量)×(1＋宽放率)
＝(13 550×86％×96％/16 314)×(1＋15％)＝0.79(min)

(三)预定时间标准法

预定时间标准法(predetermined time standard，PTS)是将人们所从事的所有作业进行动作要素分解，根据动作的性质与条件，经过详细的观测，制成基本工作的标准时间表。当要确定实际工作时间时，只要把作业分解为这些基本动作，从基本动作的预定时间表中查出相应的时间值，累加起来作为正常作业时间，再适当考虑宽放时间，即得到该工作的标准作业时间。

PTS起源于20世纪30年代，目前已发展到了第三代。第一代PTS主要有工作因素分析法和动作时间测定法。上述两种方法很复杂，动作分类很细，不易掌握，目前在国外仍在使用。第二代PTS如简易动作因素分析和动作时间测定法Ⅱ(MTM－2)等，是在第一代方法基础上简化而来的。第三代PTS是模特法(modular arrangement of predetermined time standard，MOD)。MOD是澳大利亚的海德(G. C. Heyde)在长期研究基础上创立的更简便且精度不低于传统PTS的新方法，目前得到了较为普遍的应用。

(四)模特法

模特法实质上是预定时间标准法中的一种，其基本原理和预定时间标准法相似。但与其他预定时间标准法相比，模特法具有形象直观、动作划分简单、好学易记、使用方便等优点。

模特法根据人机工程学的原理进行人体动作的分析：(1)所有人力操作的动作，均包括一些基本的动作。模特法把生产实践中的人力操作动作分解为21种，见表5－10。(2)不同的人在相同条件下做同一动作所需要的时间基本相等。(3)身体不同部分做动作时，其动作所用的时间值互成比例，可以根据手指一次动作的时间单位的量值直接计算其他身体部位的动作时间。

表5－10　　　　　　　　模特法的动作分类及时间值

动作分类	动作名称	符号	时间值(MOD)
移动动作	手指动作	M1	1
	手的动作	M2	2
	前臂动作	M3	3
	上臂动作	M4	4
	肩的动作	M5	5
终止动作	触碰动作	G0	0
	简单抓握	G1	1
	复杂抓握	G3	3
	简单放下	P0	0
	注意放下	P2	2
	特别注意放下	P5	5
身体动作	踏板动作	F3	3
	步行动作	W5	5
	向前探身动作	B17	17
	坐和站起动作	S30	30
其他动作	校正动作	R2	2
	施压抓握	A4	4
	曲柄抓握	C4	4
	眼睛放下	E2	2
	判断放下	D3	3
	重量修正	L1	1

模特法的原理是根据操作时人体动作的部位、动作距离、工作物的重量,通过分析和计算,确定标准的操作方法,并预测完成标准动作所需要的时间。模特法特别适用于手工作业较多的劳动密集型产业,如电子仪表、汽车工业、纺织、食品、建筑、机械等行业。

模特法以 MOD 为时间单位,与标准时间的换算关系为:

$$1MOD=0.129 秒$$
$$1 秒=7.75MOD$$
$$1 分=465MOD$$

按照人类工程学原理,以人的最小能量消耗为原则,以手指移动 2.5cm 的时间为时间单位,即 1MOD,其他任何动作的时间都是它的倍数。

使用模特法进行作业分析,作业时间值计算举例如下。

例如,将螺丝刀插入螺钉槽内这一动作排列式为:

$$M2 \quad G1 \quad M2 \quad P5$$

M2 表示开始手的移动时间为 2MOD,G1 表示简单抓取的时间为 1MOD,M2 表示第二次手的移动时间为 2MOD,P5 表示螺丝刀特别注意放下插入螺钉槽内的时间为 5MOD。

动作时间值是:

$$(2+1+2+5)×0.129=1.29(秒)$$

本章小结

人的工作效率是影响生产率的一个重要因素。本章从工作系统设计的角度讨论有关生产组织与生产率改善的问题,主要涉及工作方法研究、工作时间研究和工作环境研究。首先介绍了工作设计的内容和理论基础,探讨了工作丰富化、工作扩大化、工作职务轮换和团队工作方式等工作设计中的多种行为方式;其次探讨了如何运用工作研究中的方法研究进行工作设计;最后介绍了工作时间构成和工作测量中的工时定额及工作测量的常用方法。

延伸阅读

[1] 贾鹏翔. 劳动分工理论及其对组织工作设计的影响[J]. 商业时代,2009(33).
[2] 徐婷. 引入新理论的企业工作设计改革新动向[J]. 统计与决策,2008(20).
[3] 胡宁. 企业工作设计理论的比较分析[J]. 湖南社会科学,2010(2).
[4] 高卫中. 工作分析中的员工恐惧及应对策略[J]. 商业研究,2009(3).
[5] 黄娟. 团队薪酬的设计[J]. 企业管理,2008(2).
[6] 管秀娟等. 作业时间测定的可信度分析[J]. 起重运输机械,2005(7).
[7] 贾湖等. 基于 6σ 方法的作业时间测定方法[J]. 工业工程,2007(6).
[8] 张睿. 基于模特法的企业劳动定额制定与改善[J]. 统计与决策,2009(19).
[9] 王晓光等. 特定作业环境下作业姿势的研究[J]. 工程图学学报,2007(1).

案例讨论

电炉生产的改革

一家生产用于医院和药物实验室的电炉（一种将溶液加热到指定温度的装置）的企业，其组装的电炉有多种类型，有的带有振动装置，以便加热时溶液能混合均匀；有的仅用加热试管；还有的用于加热不同容器里的溶液。

所有的电炉在装配线上完成全部的组装工作，一条装配线由 10 人组成一个小组。装配线上的每个工人都运用一些恰当的小工具组装电炉的一部分，完成后，电炉部件由传送带送至下一道工序。电炉完全组装好后，由一个质检人员检查整个电炉以确保质量。检查好的电炉由工人放到早已准备好的特制纸盒箱中以备装运。整个装配线由从事时间和动作研究的工业工程师来平衡，他将整个组装工作分解为若干个恰好在 3min 完成的子任务，且这些子任务都是精心平衡的，以保证每个工人完成组装任务所用的时间几乎相等。这些工人的工资直接用其工作时间来计量。

然而，这种工作方式却出现了很多问题：工人的士气很低，质检员检查出来的不合格电炉的比例很高，那些由于操作原因而不是零件原因造成的可控废品率高达 23%。

经过讨论，生产经理决定对生产采取革新措施。他将工人召集起来，询问他们是否愿意单独组装电炉。工人们同意尝试这种新方法，条件是如果这种方法不能奏效，他们可以回到原来的工作方式。经过数天的培训，每个工人都可以组装整个电炉。

不久，尤其是进入下半年，生产情况有了显著的改观。工人的劳动生产率开始迅速上升，生产率比上半年提高 84%。尽管没有任何人事或其他方面的改变，其间可控废品率由原来的 23% 降低到 1%，工人的缺勤率也由 8% 降低到不足 1%。工人对工作变化反应积极、士气很高，正如其中一个工人所讲，"现在可以说这是我生产的电炉了"。最终，由于废品率降低，原来由质检员担任的工作改由组装工人自己来承担，专职检验员转到企业的其他部门去了。

（资料来源：①[美]威廉·J.史蒂文森著，张群译.运营管理（第 8 版）[M].北京：机械工业出版社，2005；②李全喜.生产运作管理[M].北京：北京大学出版社，中国林业出版社，2007.有删改.）

思考问题：
1. 本案例中出现了工作设计中的哪些方式？
2. 什么原因导致了电炉厂生产率的提高和可控废品率的降低？
3. 员工缺勤率减少和士气提高的原因是什么？
4. 管理人员和工人的职能和活动前后有什么变化？如果回到原工作方式，会发生什么？

课后同步测试

一、思考问答题

1. 你认为工作专业化程度是高好，还是低好？说明理由。
2. 有人说泰勒的科学管理方法早就过时了，你如何看待这种说法？
3. 请说明工作丰富化和工作扩大化的区别。
4. 工作设计中的团队工作方式和泰勒的工作方式有何区别？
5. 什么是标准时间？标准时间真的标准吗？它的作用是什么？

6. 工作抽样法相对于测时法,有哪些优点和缺点?

7. 某些日本公司制定了部门经理轮换制度,而美国的公司则强调在一个岗位上的专业化(如财务经理或生产经理)。讨论每一种策略的优缺点。

8. 在时间研究中,为什么要考虑操作者的效率评定?

二、单项选择题

1. 高度专业化对作业人员的缺点之一是( )。
   A. 工作单调　　　B. 责任大　　　C. 对心智要求高　　　D. 教育、技能要求高
2. 专业化作业的好处是( )。
   A. 给工人更多自主权　　　　　　　B. 给工人更多激励
   C. 生产率高　　　　　　　　　　　D. 工作丰富化
3. 最早提出用电影胶片来进行动作研究的是( )。
   A. 吉尔布雷斯夫妇　　B. 泰勒　　　C. 梅奥　　　D. 福特
4. 工作设计的内容之一是( )。
   A. 结构设计　　　B. 工艺设计　　　C. 机器设计　　　D. 工作环境设计
5. 只能提建议,没有决策权的团队方式是( )。
   A. 解决问题式团队　B. 特定目标式团队　C. 自我管理式团队　D. 以上都不是
6. 产品在加工过程中的标准时间的确定主要是考虑( )。
   A. 产品的基本工作时间和无效时间
   B. 产品的基本工作时间和宽放时间
   C. 产品的基本工作时间和调整准备时间
   D. 产品的基本工作时间和产品设计缺陷的工时消耗
7. 下列不能作为确定宽放率主要因素的是( )。
   A. 休息等生理需求　　　　　　　　B. 缺勤率
   C. 劳动强度　　　　　　　　　　　D. 机器维护时间

三、判断题

1. 工作设计与工作测量的基础之一是泰勒提出的科学管理。　　　　　　　　( )
2. 专业化程度越高,工作范围越窄,重复性程度越高,所需技能越复杂。　　( )
3. 为提高工作效率,测时法应该选择非常熟练的员工作为观测对象。　　　　( )
4. 工作测量中,因为存在由于管理不善而产生的无效时间,所以要考虑宽放时间。( )
5. 测时法和工作抽样法都需要考虑宽放时间。　　　　　　　　　　　　　　( )
6. 预定时间标准法和工作抽样法都是间接时间研究方法。　　　　　　　　　( )

四、计算题

1. 某项工作的时间测量记录如表 5—11 所示,如果时间宽放率为 15%,请确定该作业过程的标准时间。

表 5—11　　　　　　　某工作时间测量记录表

工作单元	评比系数(%)	测量时间 1	2	3	4	5
1	120	13	15	12	13	13
2	110	23	25	23	24	25
3	105	5	6	4	5	7
4	95	9	12	10	8	12
5	98	15	16	13	14	13

2. 管理人员欲制定一个金属切削作业的时间定额。共对此操作观测了 50 次，每次的平均时间是 10.40 分钟，操作工人的工作效率评定为 125%。假设宽放率是 16%，请确定该项作业的标准时间。

3. 研究人员对工人的操作进行了抽样观察，连续观察了 500 次，观测时间为 100 小时，发现工作状态的有 400 次，其余为空闲状态。其间该工人生产的产量为 100 件，假设该工人的效率评定系数为 90%，时间宽放率是 10%。试确定标准时间。

4. 某超市管理员想评估一下收银员的工作，以决定是否增加人手。该超市出口有 5 台收银机，对这 5 名工作人员进行了为期 3 天的抽样观察，观察 5 名工作人员每人每天的上班时间为 720min，平均效率评定系数为 95%。在 3 天中连续观察，发现空闲率为 5%，在 3 天内接待了 3 000 名客户，假设宽放率为 15%。试确定每接待一个客户的标准时间是多少，1 小时能接待几名客户？

课外小组实践活动

1. 以小组为单位(4～6 人)组成学习兴趣小组，到图书馆查阅 X 理论和 Y 理论中关于人的工作动机的有关论述，阅读麦格雷戈的著作，讨论在企业的工作设计中，什么情况下应该采用团队工作方式，什么情况下采用以专业分工，什么情况下采用工作丰富化，什么情况下采用工作扩大化更有利于生产率的提高，并找出一两个相关企业实践操作案例进行分析。以小组为单位完成分析报告。

2. 以小组为单位(4～6 人)，实地考察你所熟悉的某家企业，深入了解该企业的工作设计状况，发现存在的问题，并用本章所介绍的理论和方法进行工作再设计，给出一份分析报告。

第六章 生产运作能力规划与设计

【本章学习要点】
- 掌握生产能力基本概念
- 了解生产能力度量与计算方法
- 掌握生产能力规划一般步骤及方法

【引导案例】

罗姆电子公司的生产流程改善

罗姆电子大连有限公司为日资企业,坐落于大连开发区,1996年初投产。其下属电容制造部主要生产MCH系列陶瓷积层电容,有100多种规格。主要的生产工艺流程是编带作业,目标产量为月产量1亿个(即设计能力)。

1996年4月份预计月产量9 000万(包括所有休息日),则平均日产量(按每月工作日22天、休息日8天计算)为300万(9 000/(22+8))。

由此测算,倘若正常上班,全月产量为6 600万(300×22),只有设计能力的66%;即使周六周日全部加班,全月产量9 000万也只达到设计能力的90%。

编带设备综合利用率低,实际只达到40.5%;要实现月产1亿的目标至少要达到55%;日方总部的设计理论值为60%~65%。

企业希望通过理顺企业内部的管理问题,提高编带月产量,达到设计生产能力,完成上级下达的计划任务。负责生产管理的陈主任提出改进生产作业流程的办法如下:

半制品库中的电容以整袋形式出库(每袋电容从几千到几十万个不等),编带工序的批量标准为256 000个/批,这样最后剩余的不足编带批量的部分就作为半成品零散数量形式回收入库,等待再次出库。在进行回收的时候,编带机存在停工待料时间。若将多余电容继续编带,以合格品形式合批后再出厂,改变流程,减少停工待料时间,估计每月可增产1 500万个。图6—1为工艺流程。

改进后的产能测算结果如表6—1所示。

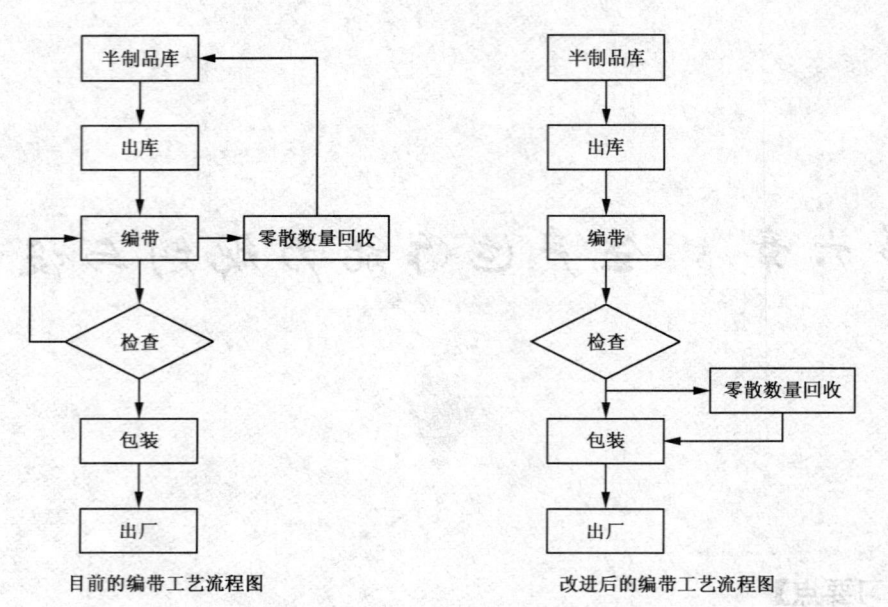

目前的编带工艺流程图　　　　　　改进后的编带工艺流程图

图 6-1　工艺流程

表 6-1　　　　　　　　　　改进后的产能测算结果

序号	改进项目	提高效率	计算方法
1	改进生产流程为连续流	23%	1 500/6 600＝23%
2	提高人员素质、加强管理、加强设备保养等	10%	经验估计值
	由日产 300 万提高到 406 万		300×(1+23%)×(1+10%)＝406(万)
3	采用成组技术调整作业计划	平均节省 1.75 天	调整前:1.5×2.5＝3.75(天) 调整后:1×2＝2(天) 可节省:3.75－2＝1.75(天)

总月产量：　　406×(22+1.75)＝9 643(万)

由表 6-1 的结果可以看出，在预测月产 9 643 万的基础上，只要再稍一努力(不到一天的产量而已)，月产 1 亿的目标就能够达到。另外日本总部设计的设备综合利用率为 60%～65%，月产 1 亿只需要达到 55% 就可以，也就是说，日方已经考虑到了双方编带方法的区别(日方采用大卷，十几万个编成一卷；中方采用小卷，三四千个一卷)；因此原定月产 1 亿的产量计划目标和设备综合利用率标准均不能减少。

负责生产管理的陈主任能够抓住生产流程这个关键，从缩短停工待料时间入手，改善了生产流程，使月产量与正常状态(不加班)相比提高了近四分之一，体现了改变流程所带来的巨大效益，非常值得我们借鉴。

(资料来源：北京大学企业管理案例研究中心，http://www.doc88.com/p－99255145457.html.)

第一节　生产能力概述

掌握企业的生产能力是一项十分重要的工作，它不但为企业制定计划提供了依据，而且还可以了解企业各个生产环节和各类生产设备之间的比例关系是否恰当,从而帮助人们找到其中的薄弱环节,这也正是进行技术革新和技术改造所要解决的关键问题。

一、生产运作能力的定义

生产运作能力是指一个设施的最大产出率。这里的设施,可以是一道工序、一台设备,也可以是整个企业组织。本书中的生产运作能力,主要是指一个企业的生产运作能力,表示企业的生产性固定资产在一定时期内(年、季、月,通常是一年),在一定的技术组织条件下,所能生产的一定种类和一定质量水平的产品的最大数量,它是反映生产可能性的指标。

二、生产运作能力的重要性

(1)生产运作能力是保证一个企业未来长期发展和事业成功的核心问题。一个企业所拥有的生产运作能力过大或过小都是很不利的:能力过大,导致设备闲置,人员富余,资金浪费;能力过小,又会失去很多机会,导致机会损失。因此,必须对生产运作能力的现状有确切的了解,对未来的生产运作能力有周密的领先计划。

(2)生产运作能力计划将成为制定企业年度生产运作计划的重要依据之一。通过对现有能力的掌握,可以及时发现生产运作中的薄弱环节和富余环节,以便挖掘潜力,提高企业生产运作的经济效益。能力计划还可以为企业制定设施建设规划提供必要的资料,从而使基本建设投资费用得到更为合理有效的运用。

三、生产运作能力影响因素

影响企业生产能力的因素很多,如产品品种、产品结构、产品工艺、质量要求、零部件的标准化和通用性水平、机床设备的数量和性能、工艺方法和通用性水平、机床设备的数量和性能、工艺方法和工艺装备系数、有效生产面积、组织管理的水平及工人的劳动积极性和技术水平等。从查定生产能力的角度来考虑,可以将这些因素归结为三个基本因素,即生产设备数量(或生产面积数)、设备工作时间(生产面积利用时间)和设备(生产面积)生产率定额。

(一)固定资产的数量

(1)设备数量。这里指能用于生产的设备数量。这包含:①处于运行的机器设备;②正在和准备安装、修理的设备;③因生产任务不足或其他不正常原因暂停使用的设备。但是对于这些情况:①不能修复决定报废的设备;②不配套的设备;③企业留作备用的设备;④封装待调的设备;⑤辅助车间与基本车间相同的设备等,不属于计量范畴。

(2)生产面积数量。这里说的生产面积,只含厂房和其他生产性建筑物面积,不含非生产性房屋、建筑物和厂地面积。

(二)固定资产的有效工作时间

(1)制度工作时间。指在规定的工作制度下,设备可工作(或利用)的时间数。制度工作时间用于计算生产面积的生产能力。制度工作时间的计算公式为:

$$F_S = (D_r - D_h) \times f$$

其中:F_s——年制度工作时间;

D_r——全年日历日数;

D_h——全年节假日数;

f——每日制度工作小时数。

下面以一个实例说明：

年制度工作日数＝全年日历日数 365－全年节假日数 114＝251（天）

年制度小时数＝年制度工作日数×每日制度工作小时数 f

一班制：f＝8 小时（2 008）

两班制：f＝15.5 小时（3 890.5）

三班制非连续设备：f＝22.5 小时（5 647.5）

（2）有效工作时间。有效工作时间是指工人工作时间中必须消耗的时间中的一项，与生产直接有关的时间消耗，包括准备与结束时间、基本工作时间和辅助工作时间。也就是说，在制度工作时间中，扣除设备修理停歇时间后的时间总数。有效工作时间用于计算设备的生产能力。

有效工作时间的计算公式为：

$$F_e = F_s \cdot (1-\varepsilon)$$

其中：F_e——设备年有效工作时间；

ε——设备修理停工率。

（三）固定资产的生产效率

（1）设备的生产效率。可以从产量定额和时间定额两方面来度量。产量定额主要包括单位设备、单位时间的产品产量；时间定额包括制造单位产品耗用的设备时间。

设备的生产效率＝产量定额×时间定额

（2）生产面积的生产效率。可以从单位面积单位时间产量定额和单位产品生产面积占用额和占用时间来度量。单位面积单位时间产量定额包括生产单位面积、单位时间下的产品产量；单位产品生产面积占用额和占用时间包括生产单位面积单位产品所用的时间。

生产面积的生产效率＝单位面积单位时间产量定额×单位产品生产面积占用额和占用时间

上述分析，可以看出设备与生产面积越多，工作时间越长，生产效率越高，则生产能力越强。

第二节　生产能力的度量与计算

一、生产能力的度量

（一）基本度量

企业类型很多，想用一种统一的方法对所有企业的生产能力进行度量是很困难的。我们通常使用投入度量和产出度量来对企业的生产能力进行度量。比如，对于一个汽车厂，其生产能力可以使用年产 30 万辆来度量；对于一个机械配件厂，使用固定资产（设备）数来度量比较方便，但是采用产出的众多种类的产品来度量反而会更复杂。航空客运业，一般来说一个企业拥有的飞机数量在一段时期是型号、容积固定的，因此，可以考虑使用飞机数量（投入）度量，或者所提供的座位数（投入）度量，另外，还可以用每月的飞行距离与顾客人数相乘的结果（产出）度量等等。

综上来说，对于以产品对象专业化、产品数比较少的企业，以产出为度量单位。对于产品品种较多、数量较少、采取工艺对象专业化的生产组织方式的企业，则用投入进行度量更方便，这时候为了考虑需求与能力是否匹配,需要把需求换算成所需的设备数或设备机时等。

（二）"最大"能力与"正常"能力

生产运作能力,考虑的是一个设施的最大产出率。这种"最大"主要包括：一种为技术意义上的最大能力,也称作"最大"能力；另一种是经济意义上的最大能力,亦称作"正常"能力。例如,对于某些企业来说,合理的时间安排只表示一班,即一天 8 小时的设备运转时间,而有些企业是指 3 班,即一天 24 小时的运转。又如,有的企业年工作数是 260 天,而有的企业只有 240 天。因此,通常对生产运作能力所做的计划和考虑,均应指正常能力,"最大"能力只是作为一种应急的措施可考虑。

二、生产能力的分类

企业的生产能力是一种客观的存在,在一定时期内是相对稳定的,但也会随着各方面的变化而变化。根据核算生产能力时所依据的条件不同,企业的生产能力可以分为设计能力、查定能力和现实能力（计划能力）。

（一）设计能力

设计能力指企业基本建设设计任务书和技术文件中所规定的生产能力。它是按照工厂设计中所规定的企业产品方案、技术装备和各种设计数据计算出来的应该达到的最大产量。工厂建成投产后,要经过一段时间（即经过一个熟悉和掌握生产技术的过程）方能达到。

（二）查定能力

查定能力指由于产品方案、协作关系和技术组织条件发生了变化,原有的设计能力不能反映实际情况时,由企业重新调查核实的生产能力。查定生产能力是由现有设备条件为依据,并考虑到采取各种技术组织措施或者进行技术改造后所能取得的效果。

（三）现实能力（计划能力）

考虑到年度内所能实现的各种技术组织措施的效果,所计算出来的在计划年度内可能达到的生产能力。计划能力又分为年初能力、年末能力及年平均能力。年初能力是指按计划年度 1 月 1 日计算的能力；年末能力是指企业及各生产环节计划年度末时的生产能力,它考虑了拟在计划年度内采取的并在计划期末得以实现的扩大生产能力的措施；年平均能力是指计划年度平均拥有的生产能力。

上述三种企业生产能力,各有其不同的用途。当确定企业的生产规模,编制企业的长期计划,安排企业的基本建设和技术改造时,应当以设计能力或查定能力为依据；当编制企业的年度、季度生产计划及确定生产指标时,应该以企业的计划能力为依据。

国外把企业的生产能力分为以下三种：

(1) 潜在能力。指最高管理部门预期在将来可能具有的生产能力。
(2) 现实能力。指在本预算期内可能实现的生产能力。
(3) 有效能力。指在本预算期内已经投入使用的生产能力。

一般而言,潜在能力大于现实能力,而现实能力大于或等于有效能力。有效能力接近现实能力,完成生产计划任务越不容易,就越需要有严密的组织管理。

三、生产能力的计算

生产能力的计算方法因各生产环节的生产类型不同而各异。在大量生产条件下,流水线、自动线的生产能力往往是根据工厂生产大纲的需要预先规定的,它是根据生产大纲计算流水线的节拍,然后根据节拍计算设备需要量和负荷,这就决定了按流水线组织大量生产的企业,其生产能力的核算要按每条流水线进行。在成批生产和单件小批生产条件下,各个生产环节的生产能力通常是按设备组来计算的。构成设备组的基本条件是,它们在生产上具有的互换性,也就是设备组中的任何设备在大体相同的时间内,可以完成分配给该设备组加工的工艺工序中的任何相同工序,并能够达到规定的质量标准。不同机床设备有着不同的分组标志,金属切削机床的分组标志有:机床的用途(工艺工序种类)、机床的规格尺寸(如中心高、工作台尺寸、钻孔直径和深度等)、机床的生产率、机床的精度、机床的运转特点、机床的动力特征和功率等;锻压设备和锻造设备可以按照设备的用途、种类、加工吨位、生产率等标志来分组。

如前所述,生产能力的计算与查定,应从基层开始自下而上进行,同时还应根据生产能力取决于设备还是生产面积而分别计算。

(一)单台设备生产能力的计算

单台设备生产能力的计算公式为:

$$P_0 = F_e / t$$

式中:P_0——单台设备生产能力(台或件);

F_e——单台设备计划期(年)有效工作时间(h);

t——单位产品台时定额。

工序由一台设备承担时,单台设备的生产能力即为工序生产能力;工序由 S 台设备承担时,工序生产能力为 $P_0 \times S$;加工流水线(装配流水线亦同)的生产能力,在各道工序的生产能力综合平衡的基础上加以确定。

(二)设备组生产能力的计算

设备组生产能力的计算公式为:

$$P = F_e \times S / t$$

式中:P——设备组的生产能力(台或件);

F_e——单台设备计划期(年)有效工作时间(h);

S——设备组的设备数(台);

t——制造单位产品(具体产品、代表产品或假定产品)所需该种设备的台时数,该台时定额是压缩之后即计划期内将采用的新定额。

当设备组生产多种产品时,通常可按不同情况采用具体产品法、代表产品法、假定产品法和台时法进行生产能力的核算。这里主要介绍具体产品法、代表产品法和假定产品法(台时法在生产能力的平衡中加以介绍。)

1. 具体产品法

在计算企业生产能力的生产定额时,使用该具体产品的时间定额或生产该产品的产量定额。该计量单位使用于大量生产的企业,如以某种机器产品的台数,某种毛坯、零部件的件数或套数等具体产品来计量单位。此方法适用于产品品种单一的大量生产类型企业。

2. 代表产品法

在多种产品生产的企业中,在结构、工艺和劳动量构成相似的产品中选出代表产品,以生产代表产品的时间定额或产量定额来计算生产能力,这种生产能力的计量单位即为代表产品。该类计量单位使用于批量生产的企业。此方法适用于产品结构、工艺相似,多品种生产的企业。选择其中一种作为代表产品,以代表产品的产量表示生产能力。

换算步骤:

(1)计算产量换算系数：

$$K_i = t_i / t_{代}$$

式中，K_i——i 产品产量换算系数；
$\quad t_i$——i 产品工时定额；
$\quad t_{代}$——代表产品工时定额。
(2)将 i 产品产量换算为代表产品产量：

$$Q_{i \to 代} = Q_i \cdot K_i$$

[例 6-1] 某厂车床组有车床 10 台，每台车床全年有效工作时间为 4 648 小时。在车床上加工 A、B、C 三种产品，其计划产量分别是 280 台、400 台、220 台，单位产品台时定额（台时/台）分别是 45、50、55，试用代表产品法求车床组生产能力。

(1)确定 B 为代表产品。
(2)以 B 产品为标准的车床组生产能力（见表 6-2）。

表 6-2　　　　　　　　　　　B 产品车床组生产能力

产品名称	计划产量（台）	单位产品台时定额（台时/台）	换算系数	换算为代表产品的量（台）	各种产品占全部产品的比重(%)	以代表产品为计算单位表示的生产能力（台）	换算为具体产品单位的生产能力
①	②	③	④	⑤=②×④	⑥=⑤/∑⑤	⑦	⑧=⑦×⑥×1/④
A	280	45	0.9	252	28.19	930	291
B	400	50	1	400	44.74		416
C	220	55	1.1	242	27.07		229
合计	900	—	—	894	100		936

$$Q_{代} = \frac{10 \times 4\ 648}{50} = 930 (台)$$

3. 假定产品法

该方法是以生产计划中各种产品的单位劳动量占全部产品劳动量的比重为基础，计算出来的劳动量定额加权平均系数，作为单位产品劳动量定额用于计算生产能力的一种产品单位。该计量单位使用于产品品种较多，各种产品的结构、工艺和劳动量构成差别较大的企业。该方法适用于产品结构、工艺不相似，多品种生产的企业。

换算步骤：
(1)将各种产品按其产品产量比重构成一种假定产品：

$$t_{假} = \sum_{i=1}^{n} t_i \cdot q_i$$

式中：$t_{假}$——假定产品的时间定额；
$\quad t_i$——i 产品的时间定额；
$\quad q_i$——i 产品的产量比重；
$\quad n$——产品品种数。
(2)i 产品的换算系数：

$$k_i = t_i / t_{假}$$

(3) i 产品产量换算为假定产品产量：

$$Q_{i \to 假} = Q_i \cdot K_i$$

[例6—2] 某厂铣床组有铣床14台，每台铣床的年有效工作时间为4 553小时，铣床组加工A、B、C、D四种产品，其计划产量台时分别为200台、100台、140台、160台，单位产品台时定额分别为100台、60台、100台、120台。试用假定产品法计算铣床组的计划产量和生产能力以及各具体产品表示的生产能力。

具体分析见表6—3。

表6—3　　　　　　　　　不同产品生产能力分析

产品名称	计划产量（台）	各种产品占产量总数比重（%）	每种产品铣床组台时定额（台时/台）	假定产品台时定额	以假定产品为单位的生产能力（台）	铣床组各种计划产品的生产能力（台）	换算系数 K_i	假定产品计划产量 $Q_{i \to 假}$
①	②	③=②/∑②	④	⑤=③×④	⑥	⑦=⑥×③	⑧=④/98	⑨=②×⑧
A	200	0.33	100	33	(4 553×14)/98 650	214.5	1.02	204
B	100	0.17	60	10		110.5	0.61	61
C	140	0.23	100	23		149.5	1.02	143
D	160	0.27	120	32		175.5	1.22	195
合计	600	1	—	98		650		603

第三节　生产能力与生产任务的平衡

现实生产能力是编制年度生产计划的依据，因此，在编制年度生产计划时，需要将生产任务与生产能力进行平衡。比较生产能力与生产任务是否平衡的方法有两种：产品法和台时法。产品法是以产品为单位分别计算设备组生产能力和生产任务所需生产能力，台时法是以台时为单位计算设备组生产能力和生产任务所需的设备生产能力，在多品种生产条件下，采用台时平衡较为方便。产品法计算生产能力在上一节已做介绍，这里主要介绍台时法。

台时法是将设备组的台时能力数与完成生产任务所需台时数进行比较，即先计算设备组在计划期内的有效工作时间（即台时数），然后根据单位产品的台时定额，计算完成计划产品所需的台时总数，两者进行比较，再根据比较的结果进行平衡。

计划期该设备组的有效台时总数（T_0）的计算公式为：

$$T_0 = F_e \cdot S = F_y \cdot \eta \cdot S$$

式中：F_e——单台设备全年有效台时数；

　　　S——设备台数；

　　　F_y——单台设备全年制度工作时间；

　　　η——时间有效利用系数。

为完成生产任务所需要的某种设备组台时数（T_j）的计算公式为：

$$T_j = \sum_{i=1}^{n} \frac{Q_i}{1-r_i} \cdot t_{ij}$$

式中：T_j——j 设备组生产任务所需台时；
　　　Q_i——i 产品计划产量；
　　　t_{ij}——i 产品在 j 设备组加工的台时消耗定额；
　　　r_i——i 产品废品率；
　　　n——品种数。

当 $T_j = T_0$ 时，说明实现了平衡，完成任务有保证，计划可以落实；

当 $T_0 > T_j$ 时，说明生产能力有余，完成任务有保证，而且生产能力有富余，企业可以根据市场需求，考虑增加生产任务，或承揽其他加工任务使生产能力得到充分利用；

当 $T_0 < T_j$ 时，说明生产能力不足，生产任务尚未落实，必须挖掘潜力，采取具体措施来提高生产能力。

具体来说，调整生产能力的策略列举如表 6—4 所示。

表 6—4　　　　　　　　　　　生产能力的调整策略

生产能力小于任务	生产能力大于任务
延长工作时间和增加班次	维持库存
增加人员与培训	搭配产品生产
利用外部资源	开发新产品
更新设备	减少人员
改进工艺	减少班次与生产时间

第四节　生产能力的规划

生产能力规划是生产运营设计最重要的决策之一。企业对生产能力的规划，主要解决三个问题：需要何种生产能力？需要多大生产能力？何时配备这些生产能力？

不同企业的生产能力规划方法各有不同，但一般来说，至少四个步骤是必要的：(1)估计未来的能力需求；(2)确定需求与现有能力之间的差；(3)制定候选的能力计划方案；(4)评价每个方案(定性及定量的)，作出最后选择。

一、未来能力需求的估计方法

(一)需求预测一般转换方法

在制定生产能力规划时，首先要进行需求预测。由于能力需求的长期计划不仅与未来的市场需求有关，还与技术变化、竞争关系以及生产率提高等多种因素有关，因此必须综合考虑。还应该注意的是，所预测的时间段越长，预测的误差可能就越大。

对市场需求所作的预测必须转变为一种能与能力直接进行比较的度量。在制造业企业中，生产能力经常是以可利用的设备数来表示的，在这种情况下，管理人员必须把市场需求(通常是产品产量)转变为所需的设备数。下面是一种把市场需求转变为设备数量的方法。

首先，通过下式计算每年所需的设备小时数：

$$R = \sum D_i P_i + \sum \frac{D_i}{Q_i} S_i$$

式中：R——每年所需的全部设备小时数；

D_i——每年所需的产品 i 或服务 i 的数量；

P_i——产品 i 或服务 i 所需的加工（处理）时间；

Q_i——产品 i 每批的加工数量（即产品或服务 i 的批量）；

S_i——产品 i 的标准的作业交换时间（在服务中，重换一种业务时所需的准备时间）；

n——产品或服务的种类数。

第二步，计算每台设备可提供的工作小时数。

这首先需要计算该设备的总工作时数 N，这可以用下式来计算：

$$N = 工作时数/天 \times 工作日/年$$

这样得到的是理论上的总工作时数。还需要再考虑到其实际利用率，进行调整，这个调整可利用缓冲很容易得到：

$$H = N(1-C)$$

式中：H——某设备一年可提供的实际工作时数（已考虑缓冲）（正常工作时数）；

N——某设备一年的理论工作时数；

C——缓冲量（用百分比表示）。

第三步，根据用设备时数来表示的市场需求量和每台设备所能提供的实际工作时数，算出所需设备数。

$$M = \frac{R}{H}$$

在其他类型的企业组织中，也可以用类似的方法来计算能力需求。例如，剧院的市场需求可转换成对剧院座位的需求；银行的顾客需求转换为对柜台设置数的需求等。但一般来说，在相同的计划期内，服务需求比产品需求更难预测，它们往往在一天的不同时间段内也有很大的变化（例如，银行、医院、理发馆、超级市场、餐馆等）。邮局业务在不同月份、不同日期、一天内的不同小时内都不同，此外还要考虑非常复杂的各种邮件的混合问题。饭店顾客的到达和离去必须以小时为单位监控，以保持房间的可利用性。某饭店经理曾说："我们销售的是时间，你不可能把饭店的房间摆在架子上。"这是对饭店运作能力特点的最生动描述。

[例 6—3] 某写字楼内的复印中心为两个部门（A 和 B）复制各种业务报告。每份报告的复制时间根据其页数、装订方式等而不同。表 6—5 给出了每个部门复制需求的有关信息。该中心每年的工作日为 250 天，每天工作 8 小时。复印中心认为，它们需要保持 15% 的能力缓冲。

该中心为了这两个部门的文件复制，至少需要几台复印机？

表 6—5　　　　　　　　　　　两个部门报告处理情况

	部门 A	部门 B
年需求（需复制的报告种类数）	50	100
每种报告复制份数	40	60
每份复制时间（小时）	0.5	0.7
作业准备时间（小时）	5	8

解:(1)计算全年所需的复印机小时数:

$$R = (50 \times 40 \times 0.5 + 100 \times 60 \times 0.7) + \frac{40}{40} \times 5 \times 50 + \frac{60}{60} \times 8 \times 100 = 6\ 250(小时)$$

(2)计算一台复印机的年工作时数:

$$h = N(1 - 15\%) = 8 \times 250 \times 85\% = 1\ 700(小时)$$

(3)计算所需复印机数:

$$m = \frac{6\ 250}{1\ 700} \approx 4(台)$$

(二)学习曲线对需求预测作用

学习效应,是指当一个人或一个组织重复地做某一产品时,做单位产品所需的时间会随着产品生产数量的增加而逐渐减少,然后才趋于稳定,如图6—2所示,表示的是单位产品的直接劳动时间和累积产量之间的关系。它包括两个阶段:一是学习阶段,单位产品的生产时间随产品数量的增加逐渐减少;二是标准阶段,学习效应可忽略不计,可用标准时间进行生产。

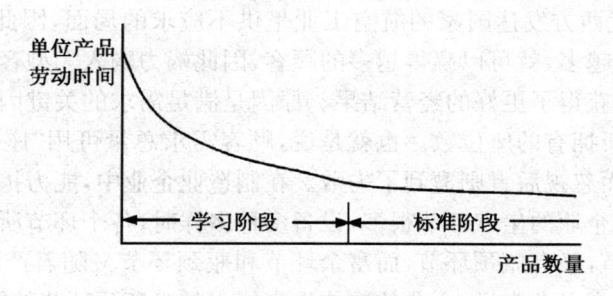

图6—2 学习曲线

学习曲线的建立基于以下一些基本假设:

(1)生产第 $n+1$ 个产品所需的直接劳动时间总是少于第 n 个;

(2)当累积生产数量增加时,所需直接劳动时间按照一个递减的速率减少;

(3)时间的减少服从指数分布。

这些假设实际上包含了学习曲线的基本规律,即生产数量每增加一倍,所需直接劳动时间减少一个固定的百分比。用这个模型,即可描绘学习曲线:

$$k_n = k_1 \cdot n^b$$

式中:k_1——第一个产品的直接劳动时间;

k_n——第 n 个产品的直接劳动时间;

n——累积生产数量;

b——$\lg r / \lg 2$;

r——学习率。

学习率就可利用 $k_n = k_1 \cdot n^b$ 的对数模型来求解。其必要条件是要知道第1件和第 n 件产品的生产时间。求解包括两步:

(1)计算 b 的值:

因为:$k_n = k_1 \cdot n^b$

所以:$n^b = k_n / k_1$

两边取对数:

$$b\lg n=\lg(k_n/k_1)$$
$$b=\lg(k_n/k_1)/\lg n$$

(2)根据b的定义求解学习率r：

因为：b的定义为$b=\lg r/\lg 2$

所以：$r=10^{(b\lg 2)}$

如果没有上述数据，即在某种产品未开始生产之前就想估计学习率，这种估计通常带有较强的主观性。在这种情况下有两种估计方法：一是根据本企业过去生产过的类似产品进行估计。如果工艺等比较类似，就认为具有相同的学习率。二是把它看作与该产业平均学习率相同。无论采用哪种方法，在实际生产积累了一定数据以后，都需要对最初的估计加以修正。

二、计算需求与现有能力之间的差

当预测需求与现有能力之间的差为正数时，很显然，就需要扩大能力，这里要注意的是，当一个生产运作系统包括多个环节或多个工序时，能力的计划和选择就需要格外谨慎。一个事例是：20世纪70年代西方发达国家的航空工业呈供不应求的局面，因此许多航空公司认为，所拥有的飞机座位数越多，就可以赢得越多的顾客，因此竭力购入大型客机，但事实证明，拥有较小飞机的公司反而获得了更好的经营结果。原因是满足需求的关键因素在于航班次数的增加，而不是每一航班所拥有的座位数。也就是说，顾客需求总量可用"座位数×航班次数/年"来表达，只扩大前者而忽视后者则遭到了失败。在制造业企业中，能力扩大同样必须考虑到各工序能力的平衡。当企业的生产环节很多，设备多种多样时，各个环节所拥有的生产能力往往不一致，既有富余环节，又有瓶颈环节，而富余环节和瓶颈环节又随着产品品种和制造工艺的改变而变化。从这个意义上来说，企业的整体生产能力是由瓶颈环节的能力所决定的，这是制定能力计划时必须注意的一个关键问题。否则就会形成一种恶性循环，即某瓶颈工序能力紧张—增加该工序能力—未增加能力的其他工序又变为瓶颈工序。

三、制定候选方案

处理能力与需求之差的方法可有多种。最简单的一种是：不考虑能力扩大，任由这部分顾客或订单失去。其他方法为扩大能力规模的多种方案，包括积极策略、消极策略或中间策略的选择（如图6—3）。具体的措施有生产设施的新建和扩建、加班、外包等。这些都是制定能力计划方案所要考虑的内容。所考虑的重点不同，就会形成不同的候选方案。一般来说，至少应给出3~5个候选方案。

对于选择什么样的策略来扩大能力需要根据企业的具体情况来定。例如，在学习效应比较强、规模经济有其优势时，积极策略就是很有利的，它可以使企业降低成本，取得价格上的竞争优势，还可以扩大市场占有率。消极策略是一种保守型、稳妥型策略，其风险性较小，例如，对需求过于乐观的估计，技术的重大变化使现有设备报废，以及其他难以预测的因素会带来一定的风险，消极策略可使这样的风险变小。有很多企业，尤其是中小企业不愿意冒风险，它们只是通过追随其他成功企业的做法，多利用上述列举的各种临时措施，尽量提高投资回收率等方法来维持企业的生存和稳步发展，但这种方法长此以往，会带来市场占有率的降低。

四、评价每个方案

评价包括两方面：定量评价和定性评价。定量评价主要是从财务的角度，以所要进行的投

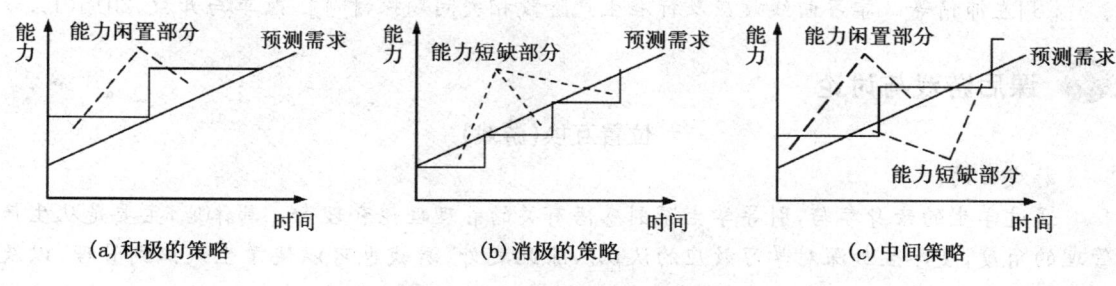

图 6—3　能力扩大的不同策略

资为基准,比较各种方案给企业带来的收益以及投资回收情况。这里,可使用净现值法、盈亏平衡分析法、投资回收率法等不同方法。定性评价主要是考虑不能用财务分析来判断的其他因素,例如,是否与企业的整体战略相符,与竞争策略的关系,技术变化因素,人员成本等。这些因素的考虑,有些实际上仍可进行定量计算(如人员成本),有些则需要用直观和经验来判断。在进行定性评价时,可对未来进行一系列假设,例如,给出一组最坏的假设:需求比预测值要小,竞争更激烈,建设费用更高等;也可以给出一组完全相反的假设,即最好的假设,用多组这样的不同假设来考虑投资方案的好坏。

本章小结

掌握企业的生产能力是一项十分重要的工作,它不但为企业制定计划提供了依据,而且还可以了解企业各个生产环节和各类生产设备之间的比例关系是否恰当,从而帮助人们找到其中的薄弱环节,这也正是进行技术革新和技术改造所要解决的关键问题。本章主要讨论了生产运作能力规划与设计。首先介绍了生产能力的定义、重要作用及影响因素。然后,讨论了生产能力的度量、分类、计量单位与计算方法。接着讨论了生产任务与生产能力的平衡方法。最后,讨论了生产能力一般规划方法及步骤。

延伸阅读

[1]曾旗等. 基于 BP 神经网络的中小企业生产运作能力评价研究[J]. 商业研究,2006(24).

[2]张力波等. 生产能力扩大的系统动态性研究[J]. 系统仿真学报,2006(5).

[3]徐贤浩等. 企业即时定制生产能力循环模型及模糊评价[J]. 中国机械工程,2007(12).

[4]张人千. 随机需求与随机生产环境下的综合能力规划研究[J]. 系统工程理论与实践,2007(1).

[5]黄飞华,胡左浩. 随机需求下企业的生产能力规划和柔性技术选择[J]. 系统管理学报,2008(3).

[6]高举红等. 基于精益设计的生产能力分析与现场物流改善[J]. 工业工程,2010(1).

[7]倪得兵等. 需求不确定下生产能力与竞争优势之间的关系[J]. 中国管理科学,2012(6).

[8] 左沛倩等. 学习曲线效应及标准生产阶段相关问题探讨[J]. 改革与开放, 2015(1).

课后游戏与讨论

位置互换(游戏)

游戏目的:

通过学生的亲身参与,引导学生深刻感悟有关的管理理论和理念。具体地,主要是从生产管理的角度,使学生加深对学习效应的认识。除此之外,游戏也可以使学生认识到管理,以及团队合作和战略联盟对保证组织正常运行,达成组织目标的重要性。

游戏内容:

在空场地上将21把座椅成一排摆放,每把座椅代表一个位置。将同学分成两队,每队10人,分左右按一人一位坐在摆放好的座椅上(意味着最中间的那把座椅处于空置状态)。游戏开始后,各队队员按规则向相反一侧移动,直至坐到另一队队员原来的位置上。移动的规则是:

(1)顺次移动。对每个队而言,队员排列的前后次序始终不变(即排在后面的队员移动时不能超过排在前面的队员)。

(2)单向前进。每队只能沿一个方向前进,不允许前进后再向后退回到原来的位置。

(3)队员只有在以下两种情况下才能前进:①前方相邻位置为空位;②前方相邻一个位置为另一队队员,再前方位置为空位,即移动队员和空位之间相隔一位对方队员。

(4)完成位置互换的时间越短越好。

(5)重复游戏若干次以进行比较。

其他同学除挑选1名作为游戏的指挥外,都作为观察员认真观察游戏过程中队员的行为特征和重要事实。记录游戏完成时间。

游戏完成后,先请观察者描述有关情况,然后请指挥和队员描述自己的想法和行为,特别是行为变化情况。最后,一起分析导致游戏前后发生变化的原因,并讨论从游戏中可得到哪些启示。

思考讨论问题:

1. 你从游戏中看到了哪些事实?分析其产生的原因。
2. 你从该游戏中得到了哪些启示?

(资料来源:王世良.生产与运作管理教程[M].浙江:浙江大学出版社,2002.)

课后同步测试

一、思考问答题

1. 你认为进行生产运作能力决策应关注哪些因素?结合实际分析指出我国企业在生产运作能力决策方面存在的误区。
2. 讨论规模经济和学习效应对实际工作有何指导意义。
3. 有人认为,"要发挥规模经济性,必然损害响应性",这种说法是否正确?为什么?
4. 分析评价"生产运作能力越高越好"的观点。
5. 生产运作能力调整有哪些战略选择?试加以分析比较。

二、选择题

1. 生产能力是指在计划期内,企业参与生产的全部(　　),在既定的组织技术条件下,所能生产的产品数量或者能够处理的原材料数量。
   A. 厂房　　　　　B. 机械设备　　　　C. 固定资产　　　　D. 流动资产
2. 企业在年度计划中规定本年度要达到的实际生产能力称为(　　)。
   A. 设计能力　　　B. 查定能力　　　　C. 计划能力　　　　D. 竞争能力
3. 企业生产能力计算工作通常从底层开始(　　)进行,先计算单台设备的能力,然后逐步计算班组(生产线)、车间,最后计算企业的生产能力。
   A. 自上而下　　　B. 自下而上　　　　C. 从左到右　　　　D. 从右到左
4. 生产周期是(　　)类型的期量标准。
   A. 大批生产　　　B. 单件生产　　　　C. 大量生产　　　　D. 成批生产
5. 当企业的设计能力不能反映实际情况而重新核定的生产能力称为(　　)。
   A. 计划能力　　　B. 设计能力　　　　C. 查定能力　　　　D. 最佳运行能力
6. (多选题)影响企业生产能力大小的因素主要有(　　)。
   A. 技术水平　　　B. 品种结构　　　　C. 工艺水平　　　　D. 设备开动率
   E. 管理水平
7. (　　)是按实际状况调查核定的生产运营能力。
   A. 设计能力　　　B. 查定能力　　　　C. 计划能力　　　　D. 学习能力

三、计算题

1. 某厂机械加工车间铣工工段有 6 台万能机床,制度工作时间为每台机床每月 50 个工作班,每班 7 小时。有效工作时间是制度工作时间的 95%,产品铣工工序的单台定额为 6.75 小时。要求计算计划月内铣工工段的生产能力。
2. 某厂生产 A、B、C、D 四种产品,其计划产量分别为 250、100、230 和 50 台,各种产品在机械加工车间车床组的计划台时定额分别为 50、70、100 和 50 台时,车床组共有车床 12 台,两班制,每班 8 小时,设备停修率 10%。试求车床组的生产能力。(每周按六天工作计算)
3. 某流水生产线上固定生产 A 产品,流水生产线计划期有效工作时间为 4 500 小时,A 产品在流水生产线的工时消耗定额为 12 分钟。试计算流水生产线的生产能力。
4. 某车间生产 A、B、C、D 四种结构与工艺相似的产品,其生产情况如表 6—16 所示。车间铣床组共有 6 台铣床,每台铣床的全年有效工作时间为 4 650 小时。试计算铣床组的生产能力。

表 6—16　　　　　　　　　　　　四种产品的生产情况

产品名称	计划产量	单位产品总台时消耗(小时)	单位产品铣床台时消耗(小时)
A	2 100	20	3.2
B	1 500	40	5
C	1 000	50	5.6
D	800	60	8

课外小组实践活动

以小组为单位（4~6人），选择某一具体中小型企业（如学校附近的快餐店、连锁超市等）进行调查访问，了解企业生产能力管理状况，分析现有生产能力是否满足需求发展。进一步对企业进行相关信息的调查与收集，运用本章所讲授方法，按照一般生产运作规划方法对企业某些管理流程进行设计，然后对各自规划结果进行评价并总结经验。

第七章 综合生产计划和主生产计划

【本章学习要点】
- 了解生产计划体系和生产计划指标
- 熟悉生产计划编制的程序和滚动式计划方法
- 掌握综合生产计划策略
- 清楚备货型和订货型生产年度主生产计划编制的主要指标及其确定方法

【引导案例】

菲多利公司的综合生产计划

菲多利公司依靠有效的综合计划,使其旗下的 36 家北美工厂的产能与规模达到数十亿美元波动的市场需求保持平衡。有效的综合计划加上紧凑的作业计划、有效的设备维护、高效的员工及设备运转计划,是提高工厂设施利用率的关键,而这也是像菲多利这样的资金密集型企业的重要特点之一。

菲多利公司拥有 30 多种休闲食品和薯制品,其中 15 种年销售额超过 1 亿美元,6 种年销售额超过 10 亿美元。广为人知的一些产品包括 Fritos、Lay's、Doritos、Sun Chips、Cheetos、Tostitos、Flat Earth 和 Ruffles。生产这些产品需要专门的流程和专用设备。这些专业化设施构成了很高的固定成本,所以采用大量生产方式。这种以产品为中心的生产得益于较低的变动成本。要想保持较高的设备利用率并有所盈利,关键在于使产能和市场需求匹配。因为设施闲置会造成巨大浪费。

在美国达拉斯附近的菲多利公司总部,计划员首先计算总需求,他们利用产品的历史销售数据、新产品和创新产品的预测数据、促销数据以及大客户经理对当地需求波动的预测数据来预测市场需求。然后,计划员将现有产能、产能扩充计划、成本与总需求相匹配,这就是综合生产计划。菲多利公司分布于 17 个地区的 36 家工厂均有综合生产计划。每个季度,总部会与各工厂一起根据市场情况和工厂生产来调整每个工厂的计划。

工厂根据季度计划编制 4 周计划,使特定产品在特定生产线上批量生产。最后,原材料和劳动力按周分配到相应的生产流程中。综合生产计划是提高设备利用率、降低成本的主要因素。菲多利公司 60% 的市场占有率表明,卓越的综合生产计划产生了竞争优势。

（资料来源：Jay Heizer，Barry Render. 运作管理[M]. 陈荣秋，张祥等译. 北京：中国人民大学出版社，2012.）

计划是管理的首要职能。没有计划，企业内一切活动都会陷入混乱。现代工业产品的生产过程极其复杂，在其内部有着细致的劳动分工，需要由多个专业生产部门和职能部门进行协作才能完成；它又要与企业外部的许多单位进行协作，由他们供应各种物资以满足生产过程的需要。显然，要组织如此复杂的生产活动，必须有周密而统一的计划来指导和控制，才能保证产品生产和市场需求供应的顺利进行。

第一节 生产计划概述

一、计划的层次

计划是指对组织未来一段时期内活动的内容、方向以及方式方法的预测与安排处理。计划是一个过程，包括制定、执行、检查和改进四个阶段。企业的计划管理涵盖企业经营活动的各个方面，如生产、供应、销售、财务等。计划管理不仅仅是计划部门的工作，企业所有部门在工作过程中都要进行计划管理。

（一）企业计划的层次

企业计划一般可以分为战略层计划、战术层计划和作业层计划三个层次。如图7—1所示。

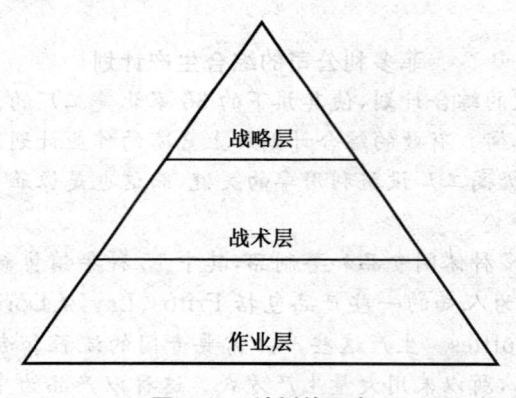

图7—1 计划的层次

1. 战略层计划

战略层计划又称长期计划，它涉及企业在市场竞争中地位的变化、产品和服务的发展方向、生产的发展规模、技术发展水平、新生产服务设施的选址和布置等。企业战略层计划是一种非常重要的计划，它决定了企业的发展和兴衰。作为企业高层领导者，必须有战略眼光，站得高才能看得远。战略层计划所规定的关于企业规模、技术水平和设施的选址等问题实质上为战术层计划提供了生产能力的限制。

2. 战术层计划

战术层计划又称中期计划，是确定在现有资源条件下所从事的生产经营活动应该达到的目标,如产量、品种、产值、库存、员工、利润。战术层计划为作业层计划制定了边界。

3. 作业层计划

作业层计划又称短期计划,是确定日常的生产经营活动的安排,如任务分配、负荷平衡、作业排序、生产和订货的批量、进度控制等。

不同层次的计划有不同的特点,如表7—1所示。

表7—1　　　　　　　　　　　　不同层次计划的特点

	战略层计划	战术层计划	作业层计划
计划期	长(≥5年)	中(1年)	短(月、旬、周)
计划时间单位	粗(年)	中(月、季)	细(工作日、班、小时、分)
空间范围	企业、公司	工厂	车间、工段、班组
详细程度	高度综合	综合	详细
不确定性	高	中	低
管理层次	企业高层领导	中层部门领导	低层,车间领导
特点	涉及资源获取	资源利用	日常活动处理

从表7—1中可以看出,从战略层到作业层,计划期越来越短,计划的时间单位越来越细,覆盖的空间范围越来越小,计划内容越来越详细,计划期的不确定性越来越小。

(二)生产计划的层次

在一定规模的工业企业中,生产计划是由一系列不同类别的计划所组成的。它们之间相互紧密联系、协调配合,构成企业生产计划工作的总体系。图7—2表示了生产计划体系中不同层次的组成及其之间的关系。

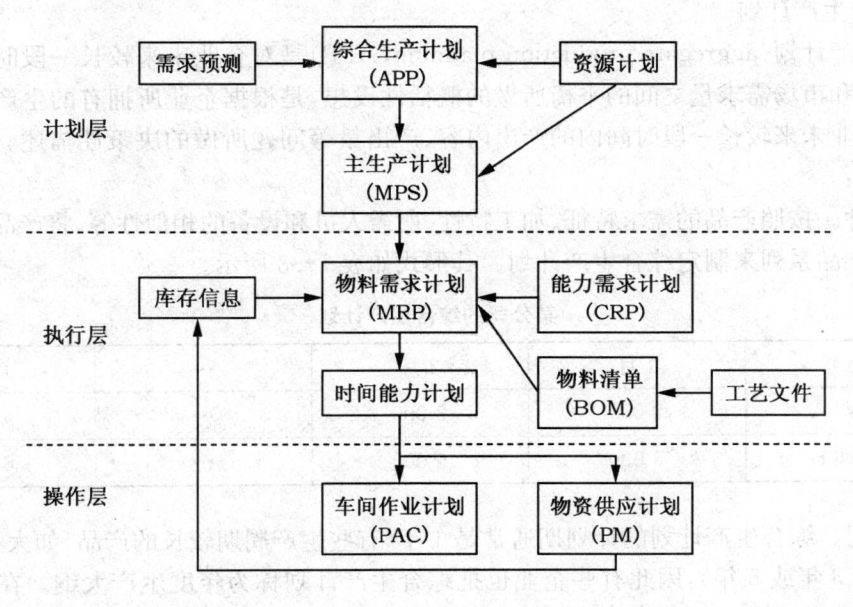

图7—2　生产计划体系

在企业计划体系中,生产计划是一种战术性计划,但生产计划也可分为不同的层次:计划层、执行层和操作层。计划层主要是综合生产计划和主生产计划,执行层主要涉及物料需求计划,而操作层则是关于车间作业和物资采购供应的计划。表7—2列出了生产计划不同层次及其特征。

表7—2　　　　　　　　　　　生产计划的不同层次及特征

	计划层	执行层	操作层
计划的形式及种类	生产计划大纲、产品交付计划、产品出产计划	零部件(毛坯)投入出产计划、原材料需求计划等	周生产作业计划、关键机床加工计划等
计划对象	产品(假定产品、代表产品、具体产品)、工矿配件	零件(自制、外购、外协件)、毛坯、原材料	工序
编制计划的基础数据	企业政策、成品库存、单位成本	产品结构、制造提前期、零件、原材料、毛坯库存	加工路线、加工时间、在制品库存
计划编制部门	经营计划处(科)	生产处(科)	车间计划科(组)
计划期	1年	1月～1季	双日、周、旬
计划的时间单位	季(细到月)	旬、周、日	工作日、小时、分
计划的空间范围	全厂	车间及有关部门	工段、班组、工作地
采用的优化方法举例	线性规划、运输问题算法、搜索决策法则、线性决策法则	MRP、批量算法	各种作业排序方法

生产计划主要包括生产计划大纲(综合生产计划)、产品出产计划(主生产计划)和物料需求计划。综合生产计划不涉及具体产品型号、规格,它以假定产品为计划对象。产品交付计划和产品出产计划以具体产品和工矿配件为计划对象。现将生产计划体系中的综合生产计划、主生产计划和物料需求计划的主要内容简要介绍如下:

1. 综合生产计划

综合生产计划(aggregate production planning,APP)是对企业未来较长一段时间内预计资源消耗量和市场需求量之间的平衡所做的概括性设想,是根据企业所拥有的生产能力和需求预测对企业未来较长一段时间内的产出内容、产出量等问题所做的决策性描述。它主要考虑以下指标:

(1)品种。按照产品的需求特征、加工特性、所需人员和设备的相似性等,将产品分成几大系列,根据产品系列来制定综合生产计划。其形式如表7—3所示。

表7—3　　　　　　　　　某公司的综合生产计划　　　　　　　　　单位:台

	1月	2月	…	12月
产品系列A	2 000	3 000	…	4 000
产品系列B	6 000	6 000	…	6 000

(2)时间。综合生产计划的计划期通常是1年(有些生产周期较长的产品,如大型机床等,可能是2年、3年或5年),因此有些企业也把综合生产计划称为年度生产大纲。在该计划期内,使用的计划时间单位是月、双月或季。

(3)人员。综合生产计划可用几种不同方式来考虑人员安排问题。例如,将人员按照产品系列分成相应的组,分别考虑所需人员水平;或将人员根据产品的工艺特点和人员所需的技能水平分组等。综合生产计划还需要考虑需求变动引起的所需人员数量的变动,决定是采取加班方式还是聘用更多人员等途径来解决。

2. 主生产计划

主生产计划(master production schedule,MPS)是确定各最终产品在每个具体时间段内的生产数量,见表7-4。这里的最终产品,主要是指对于企业来说最终完成、要出厂的成品,它可以是直接用于消费的消费品,也可以是供其他企业使用的部件或配件。根据表7-3的综合生产计划所制定的主生产计划如表7-4所示。

表7-4　　　　　　　　　　某公司 A 产品系列的主生产计划

产品＼产量	1月				2月				…	12月			
	1	2	3	4	5	6	7	8		45	46	47	48
A1 型产品		320		320		480		480			640		640
A2 型产品	300	300	300	300	450	450	450	450		600	600	600	600
A3 型产品	80		80		120		120			160		160	
合　计		2 000				3 000					4 000		

3. 物料需求计划

在主生产计划确定之后,为了能使之顺利实施,下一步要做的工作是确保规定的最终产品所需的全部物料(原材料、零件、部件等)以及其他资源在需要的时间都能及时供应。所谓物料需求计划(material requirement planning,MRP),就是制定企业生产所需的原材料、零部件的生产采购计划,包括:采购什么,生产什么,用什么物料,必须在什么时候订货或开始生产,每次订货量是多少,生产量是多少等。物料需求计划要解决的是主生产计划规定的最终产品在生产过程中相关物料的需求问题,而不是这些物料的独立的、随机的需求问题。这种相关需求的计划和管理比独立需求要复杂得多,对于一个企业来说也非常重要。因为只要在物料需求计划中漏掉或延误一个零件,就会导致整个产品的生产不能按时完成。有关物料需求计划的详细内容将在下一章中介绍。

二、生产计划指标体系

生产计划的内容最终表现为企业在整个计划期生产什么,生产多少,如何生产,什么时候生产。而这些内容是通过一系列指标反映出来的。生产计划的主要指标有品种、产量、质量、产值和出产期。

(一)品种指标

品种指标是指企业在计划期内出产的产品品名、型号、规格和种类数。它涉及"生产什么"的决策。确定品种指标是编制生产计划的首要问题,它决定了企业的行业类型及产品方向。

产品的品种指标一般用品种计划完成率来考核。

$$品种计划完成率 = \frac{报告期完成计划产量的品种数}{报告期计划品种数} \times 100\%$$

在考核产品的品种计划完成率时,不能以计划外品种代替计划内品种,该指标通常不大于100%。

(二)产量指标

产量指标是指企业在计划期内出产的合格产品的数量,它涉及"生产多少"的决策,关系到企业能获得利润的多少。产量可以用台、件、套等表示。有些产品用一种实物单位计量,不能充分表明其使用价值的大小,则用复式计量单位,如拖拉机用"台/马力"、电动机用"台/kW"等。

产品的产量指标一般用产量计划完成率来考核。

$$产量计划完成率 = \frac{报告期实际完成产量}{报告期计划产量} \times 100\%$$

产量指标的实际完成产量可计算计划外产品产量和超计划产量,因此产量计划完成率可大于100%。

(三)质量指标

质量指标是指企业在计划期内产品应达到的质量水平。它反映了企业生产的产品能够满足用户使用需求的程度,也反映了企业的生产技术水平和组织管理水平。常用的综合性质量指标有产品品级指标和工作质量指标。产品品级指标用企业在计划期内出产的各种质量等级产品产量在全部产品产量中应达到的百分比表示,如一等品率、合格品率、优等品率等。工作质量指标主要是用来反映生产过程中员工的工作质量的状况,常用诸如废品率、返修率、不良品率、成品交验一次合格率等来反映。

(四)产值指标

产值指标是用货币表示的产量指标。它能综合反映企业生产经营活动的成果,便于不同行业经济效益的对比。根据包括的具体内容与作用不同,产值指标可分为商品产值、总产值和净产值三种。

1. 商品产值

商品产值是企业在计划期内出产的可供销售的产品价值。它是编制成本计划、销售计划和利润计划的依据。商品产值的内容包括:本企业自备原材料生产的成品和半成品价值,外单位来料加工的产品加工价值,承担的工业性劳务的加工价值。只有完成商品产值指标,才能保证流动资金的正常周转。

2. 总产值

总产值是企业在计划期内完成的以货币计算的生产活动总成果。总产值包括:商品产值、期末期初在制品价值的差额和订货者来料加工的材料价值。总产值一般按不变价格计算。

3. 净产值

净产值是企业在计划期内通过生产活动新创造的价值,反映了计划期内为社会提供的国民收入。净产值可以按生产法和分配法进行计算。

按生产法计算:

$$净产值 = 总产值 - 所有转入产品的物化劳动价值$$

按分配法计算:

$$净产值 = 工资总额 + 福利基金 + 税金 + 利润 + 属于国民收入初次分配的其他支出$$

(五)出产期

出产期是为了保证按期交货所确定的产品出产期限。正确合理地决定出产期很重要,因为出产期太紧,不能保证按期交货,会给企业信誉带来损失;出产期太松,不利于争取客户,还会造成生产能力的浪费。

需要说明的是,对以上指标,不同企业、不同生产类型编制生产计划时决策的重点不一样,指标的构成也不一样。如备货型生产主要确定品种和产量指标,而订货型生产主要确定交货期和产品价格。

三、生产计划的编制

科学、合理的生产计划直接影响企业的生产经营效果,所以编制生产计划也要遵循一定的步骤。

(一)调查研究、收集资料,确定目标

根据上一期计划的执行情况,确定本期要实现的目标。目标要尽可能具体化、定量化,如利润、成本、市场占有率等。

确定目标需要在调查研究、收集分析资料的基础上进行。一般来说,需要收集的信息有如下几个方面:

(1)需求信息。需求信息包括预测的需求信息、订货的需求信息以及上级下达的计划任务、建议数字、有关指标。市场需求预测是一个非常重要的问题,如何准确有效地预测市场需求的变化,对于制定合理的生产计划意义重大。另外,根据企业的发展规划,有时上级下达的计划任务、有关指标也是需要考虑和安排的。

(2)资源信息。资源信息包括原料、资金、燃料与动力等的信息。掌握资源信息,对于生产计划的有效性很重要。生产计划的目的就是要充分利用现有资源,包括内部的和外部的。

(3)能力信息。这里的能力是指企业把资源转化为产品的能力,包括内部生产能力和外部协作能力。

(二)统筹安排,初步确定计划方案

确定计划方案主要就是确定计划的各项指标。主要包括:品种的选择和搭配;产量指标的选优和确定;产品出产进度的合理安排等。

(三)综合平衡确定生产计划指标

为了确保计划的合理性及有效完成,初步确立的计划指标还需要进一步进行综合平衡。主要包括:生产任务与需求之间的平衡、生产任务与生产能力之间的平衡、生产任务与物资供应之间的平衡和生产任务与成本财务之间的平衡等。

(四)报请批准,确定计划

经过综合平衡后的计划需要提交给上级主管部门批准,经批准同意后的计划方案可以确定为最终方案。

(五)实施并评价

实施计划,评价计划实施的结果是否达到目标的要求,如未达到,分析是何原因,需采取什么措施,是否需要修改计划等。

四、滚动式计划方法

滚动式计划方法是一种受企业欢迎的科学、合理的先进计划方法,这种方法可以用于编制从战略层到作业层的各种层次的计划。

(一)滚动式计划方法的基本模式

滚动式计划方法把计划分成两个时段进行编制:执行计划与预计计划。执行计划是指当前正在执行的计划,是比较详细的计划,一般不可再变动。预计计划是未来的计划,一般比较粗略,有调整的余地。当预计计划转为执行计划时,需要根据三个方面的信息进行调整:需求的变化、生产条件的变化、上一时段计划的执行结果的差异分析。图7-3为滚动式计划方法的示意图。

	本期五年计划			
2016	2017	2018	2019	2020
具体	较细		较粗	

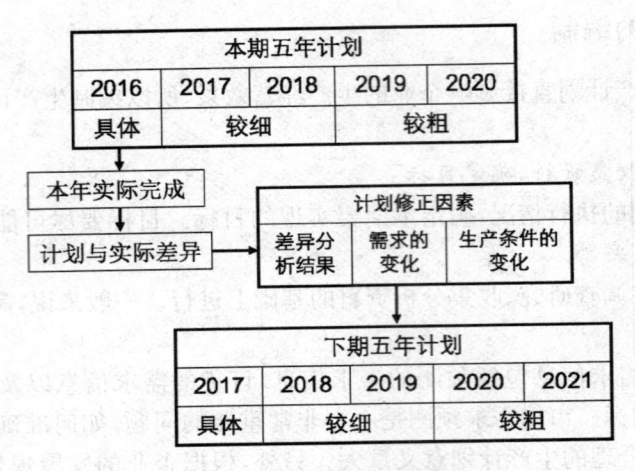

本年实际完成

计划与实际差异

计划修正因素：差异分析结果｜需求的变化｜生产条件的变化

	下期五年计划			
2017	2018	2019	2020	2021
具体	较细		较粗	

图7—3 滚动计划编制范例

如图7—3所示,2015年编制的5年计划,计划期从2016年到2020年。若将5年分成5个时间段,则2016年的计划为执行计划,其余4年的计划均为预计计划。当2016年的计划实施后,又根据需求的变化、生产条件的变化、上一时段计划执行结果的差异分析等因素进行调整,编制2017~2021年的5年计划,其中2017年的计划为执行计划,2018~2021年的计划为预计计划,依次类推。

由此可以看出,滚动式计划方法的基本原则是"近细远粗",按照"预测—计划—执行—调整"的基本工作思路,随着时间的推进,不断向前滚动。每一计划阶段完成后进入下一阶段的计划时,都是根据前一计划循环的计划执行结果进行调整,使执行计划与预计计划相互衔接、粗细结合、动静结合。

滚动式计划需要确定两个时间单位:计划期与滚动期。计划期是生产计划的时间跨度,一般中长期计划以年为计划期,中短期计划的计划期则为季、月、周。滚动期是修订计划的时间间隔,一般滚动期是执行计划的时间长度。根据生产计划期的时间长度,滚动期有季滚动、月滚动、周滚动等。

（二）滚动式计划方法的优点

滚动式计划方法把计划按照时间分段执行,做到了长短结合、粗细结合,提高了计划的科学性与可行性。具体来说,滚动式计划方法具有以下优点:

(1)保证了计划的严肃性和应变性。由于执行计划和编制计划的时间接近,企业内外条件不会发生大的变化,可以基本保证执行计划的完成,体现了计划的严肃性；预计计划允许修改,体现了计划的应变性。

(2)提高了计划的连续性。计划按照滚动期逐期滚动,保证了生产计划的衔接,避免生产任务的大起大落,从而提高了生产计划的连续性。

第二节 综合生产计划

综合生产计划也称为生产计划大纲,是未来的产量和生产安排的中期计划,一般是指产品大类年度计划。如前一节所述,综合生产计划是对企业未来较长一段时间内资源和需求之间的平衡所做的概括性设想,它要根据企业所拥有的生产能力和需求预测对企业的产出内容、产出速度、劳动力水平、库存投资等问题做概括性的决策。

一、综合生产计划所需的主要信息和来源

企业实践中,为了解决企业资源、能力与需求之间的平衡,通常通过调整生产率、劳动力水平、存货水平、工作时间、转包合同以及其他可控变量,来决定满足预测需求的最好方式。而这些决策必须在与企业生产经营有关的多种信息基础上才能作出。这些信息需要由企业不同部门提供,如表7-5所示。

表7-5　　　　　　　　　综合生产计划制定所需的信息及来源

所需信息	信息来源
新产品开发情况 主要产品和工艺改变(对投入资源的影响) 工作标准(人员标准和设备标准)	技术部门
成本数据 企业的财务状态	财务部门
劳动力市场状况 现有人力情况 培训能力	人事管理部门
现有设备能力 劳动生产率 现有人员水平 新设备计划	制造部门
市场需求预测 经济形势 竞争对手状况	市场营销部门
原材料供应情况 现有库存水平 供应商、承包商的能力 仓储能力	物料管理部门

由于综合生产计划对一个企业来说意义重大,因此各种信息应尽量正确,并保证及时提供。所以,每一部门的相应信息应由一个级别较高的人来负责,并参与综合生产计划的制定。在制定综合生产计划的过程中,各部门的利益有可能会发生冲突,因此有时还需要通过召集各部门负责人会议来讨论并解决其中的矛盾。

二、综合生产计划的主要目标

综合生产计划是企业的整体计划,要达到企业的整体经营目标。它不是一个部门计划,因此其目标与部门目标也有所不同。不仅如此,有时这些目标的实现与部门目标还是相悖的。因此,在制定综合生产计划的过程中必须处理好这些关系,妥善解决矛盾。

综合生产计划的主要目标可概括为以下几个方面:(1)成本最小/利润最大;(2)顾客服务最大化(最大限度地满足顾客要求);(3)最小库存投资;(4)生产速率的稳定性;(5)人员水平变

动最小;(6)设施、设备的充分利用。

综合生产计划的这六个主要目标之间也存在某种相悖的关系。例如,最大限度地提供顾客服务要求快速、按时交货,但这是通过增加库存,而不是减少库存达到的;在业务量随季节变化的部门,以成本最小为目标的人员计划不可能同时做到既使人员变动水平最低,又使顾客服务最好;在一个制造性企业,当产品需求随季节波动时,要想保持稳定的产出速率,需要同时保持较大的库存;等等。但是,我们可以把这些目标归结为:用最小的成本,最大限度地满足需求。因此,在制定综合生产计划时,需要权衡上述目标因素,并进行适当的折中,同时考虑一些非定量的因素。

三、综合生产计划策略

编制综合生产计划需要解决的一个基本问题是,如何处理能力与需求的关系。综合生产计划策略与预期需求的数量和时间有关。一方面,如果计划期间的预期需求总量和同一期间可利用的生产能力差别很大,计划制定者的主要工作内容就是改变生产能力或需求,或同时改变二者,达到平衡。另一方面,即使生产能力和需求总体上平衡,计划者仍然可能面临对付计划期间的非均匀需求的问题,预期需求有时会超过计划能力,有时也会达不到计划生产能力,另外还有一些时期二者基本相等。综合生产计划制定者的目的就是通过策略的调整实现整个计划期间的需求和生产能力的大致平衡,同时使生产计划的成本最小。总之,要解决市场需求和企业生产能力之间的矛盾,就要研究处理非均匀需求的策略。

处理非均匀需求可以从需求和产能两方面努力。

(一) 调节需求的方法

基本的调节需求的方式主要有以下几种:

1. 通过一定的途径影响需求

当需求不景气时,企业可以通过广告、促销、个人推销及降价的方式来刺激需求。例如,电信公司在夜间提供低价服务,航空公司和酒店在旅游淡季提供折扣服务,空调、啤酒企业在冬季卖最便宜的价格等。当然,通过广告、促销、价格等手段并不总是能保持产品的供求平衡。

2. 延迟交货或适当限制需求

所谓延迟交货,是指顾客向企业(厂家)订购商品或某项服务,而厂家当时不能实现(有意或偶然),等待未来某时间兑现的买卖方式。延迟交货仅当顾客愿意等待且不减少其效用或不取消其订货的条件下才能成立。例如,有些汽车供应商针对一些紧缺车型采用延迟交货的销售方式,但这种方式在日用消费品及大部分商品销售上行不通。当资源短缺、供不应求时,也可以采取限制需求总量的方式调节需求。例如,城市交通拥堵、电力供应紧张以及水资源短缺是当前乃至今后一段时间面临的大问题。对电费、水费实行根据用量制定阶梯收费标准,对于用车采取单双号限行的办法都是这种策略的运用。

3. 导入互补产品

该方式是说,使不同产品的需求"峰"、"谷"错开。例如,生产割草机的企业可以同时生产机动雪橇(春秋生产割草机而秋冬生产机动雪橇),这样其核心部件——微型发动机的年需求则可基本保持稳定。这种方法的关键是找到合适的互补产品,它们既能够充分地使用现有资源,又可以使不同需求的"峰"、"谷"错开,使产出保持均衡。

(二) 调整产能的方法

1. 通过改变库存水平调节

制造业多采取库存方式调节生产。市场需求是波动的,而生产能力在一定时期是稳定的。如果总量上生产能力与负荷是平衡的,为了使生产能力在一定时间满足任务的需要,可以利用库存来调节生产,即维持稳定的生产率水平,在低需求时期增加库存水平,以满足将来某时期的高峰需求。

通过改变库存水平来适应市场波动,优点在于可以维持内部生产的均衡,有利于充分利用设备和人力,有利于产品质量的稳定,同时也有利于生产管理。但这种方式会产生库存成本,在市场需求急剧变化的今天,成品库存会带来极大的风险,同时库存也破坏了生产的准时性,掩盖了管理问题。另外,纯劳务性生产不适用这种策略。

2. 通过聘用或解聘来改变劳动力数量

任务重的时候多雇工,任务轻的时候少雇工。这种方法在服务业用得较多。一些旅游景点有明显的季节性,夏天或节假日游客多,服务能力不能满足需要;冬天和平时游客少,人员闲置。有的企业部门在一天的工作时间内,有时工作负荷很重,有时又很清闲。对这些企业,可以少用固定职工,在接待任务重时招募临时工。使用这种方法要求工作是非专业性的,一般人可以经简单训练或观摩就可以胜任。对于制造业,由于需要专门技术,难以随时招募到技术员工,或者需要经过系统培训才能上岗,这种办法不可行。而且,解雇人员会受到法律的限制和工会的反对,还会影响员工的劳动情绪。

3. 通过延长或缩短工作时间来改变生产率

在需求上升时,加班加点、延长工作时间是企业比较常见的策略,也容易实行,有利于企业维持稳定的员工队伍和增加员工收入。但这种方法也不是永久可行的,过多的超时工作会使人厌倦、工作效率和质量降低,甚至引起安全事故,同时还会增加企业的支出和加速机器设备的损耗。相反,在需求呈下降趋势时,企业要缩短工人的劳动时间,这可能会引起工人的不满(由于收入下降),特别是收入水平较低的地区。

4. 转包

企业可以通过转包出去一部分业务以应付高峰期需求。转包是把一部分生产任务转给其他企业去做,利用其他企业的产能加工本企业的产品,相当于扩大了本企业的产能。转包可能存在一定的局限性:(1)需花费一定的成本;(2)可能承担一部分顾客转而跑到竞争对手那边而失去客户的风险;(3)可能会带来交货不及时和质量问题;(4)可能会丧失部分控制权和部分收益。但是,处在激烈变化环境中的企业,不可能完全通过本企业的产能生产多变的产品或提供多样化的服务。与其花费巨大的投资扩充产能,不如借用其他企业的资源来满足特定的需要。

5. 合理安排人员班次

许多服务组织,如医院、保安部和警察局,需要每周7天、每天24小时工作。但是,需求每天不同,一天24小时的波动也很大。如何使班次和人员数量安排得合理,使每时每刻有足够的人员值班,又不造成人员空闲,还要保证每个人法定的休息时间,这就是人员班次安排问题。人员班次安排是使产能适应需求波动的科学方法。

6. 改变"自制还是外购"的决策

如果能力不够,可以变某些自制产品或零部件为外购;如果能力有富余,可以变某些外购产品或零部件为自制。这种方法的前提是市场可以提供所需的产品或零部件,而且本企业有能力制造原先确定为外购的产品或零部件。

7. 通过顾客参与调节产能

顾客参与是服务运作的一个特点。有些服务可以通过顾客自我服务来增加服务能力,如自助餐。顾客自我服务使产能随时与需求同步，不需要额外增加产能。同时，顾客自我服务使顾客得到体验，增加了顾客的满意度。然而，不是所有顾客可参与的服务都可以实行顾客自我服务的，如牙医、理发、洗衣等是不能自我服务的。制造企业的生产过程一般不允许顾客参与，以免影响效率和出现安全事故。但是，由于顾客个性化要求的突出，顾客参与生产过程的现象也越来越多。

8. 将固定产能变成可调节产能

例如，以前北京—武昌之间的 Z37/38 次直达快车全部是软卧车厢，空卧率很高。现在该车次既有软卧车厢，也有硬卧车厢，车厢的利用率提高了。又如客机的头等舱与经济舱也应该有适当比例，以充分满足顾客需要。工厂的生产单元由于按最高产量来配备机器数量，可以通过调节当班人数而不改变机器数来调节产能。

9. 分享产能

当人员不足时可以将服务设施出租，如餐馆白天自己经营，晚上租给他人经营。

10. 培训多技能员工

员工如果具备多种技能，则一个人可以做多个岗位的工作，使负荷不足的岗位不致浪费人力，如超市收银不忙时，收银员可以去整理货架。

[企业实践]　　　　　　　　阿根廷鲍吉斯—罗伊斯公司的泳装生产计划

鲍吉斯—罗伊斯公司(Porges-Ruiz)是布宜诺斯艾利斯的一家泳装生产商。该公司制定了一项人事改革政策，从而不仅降低了成本，同时也增强了员工对顾客的责任心。由于是一个很受季节影响的企业，该公司不得不在夏季的 3 个月将其产品的 3/4 销往海外。鲍吉斯—罗伊斯公司的管理层还是采用传统方式依靠加班、聘用临时工、积聚存货来应付需求的大幅上升。但这种方式带来的问题很多，一方面，由于公司提前几个月就将泳装生产出来，其款式不能适应变化的需求情况；另一方面，在这繁忙的 3 个月，顾客的抱怨、产品需求告急、时间安排变动及出口使得管理人员大为恼火。

鲍吉斯—罗伊斯公司的解决办法是在维持工人的正常每周 42 小时工作报酬的同时，相应改变生产计划，从 8 月到 11 月中旬改为每周工作 52 小时(南美洲是夏季时，北半球是冬季)。等到高峰期结束，到第二年 4 月每周工作 30 个小时。在时间宽松的条件下，进行款式设计和正常生产。

这种灵活的调度使该公司的生产占用资金降低了 40%，同时使高峰期生产能力增加了一倍。由于产品质量得到保证，该公司获得了价格竞争优势，因而销路扩大到巴西、智利和乌拉圭等地。

(资料来源：①杰伊·海泽，巴里·雷德. 生产与作业管理教程(第四版)[M]. 北京：华夏出版社，1999；②李全喜. 生产运作管理[M]. 北京：北京大学出版社，中国林业出版社，2007.)

(三) 混合策略

混合策略是指上述策略的任意组合。尽管上述需求调节和产能调节的任何一种方法都可以提供一个有效而简捷的综合生产计划，但它们的组合形式却更为有效。混合策略包括两个或两个以上的策略组合来制定一个可行的生产计划。例如，美的公司在空调销售旺季利用加班、影响需求以及调整库存水平这 3 种策略的组合。由于组合形式多种多样，所以找出一个最佳的综合计划方案是很难的，必须根据企业实际条件因地制宜地加以实施。

混合策略的选择在服务系统不同于制造系统。例如，服务系统没有库存，所以改变库存水平很多时候不能作为一种策略选择。另外，转包合同可能带来竞争等。因此，服务系统通常通过员工数量的变化来解决综合生产计划问题，其通常有改变劳动力需求、交叉培训、工作轮换以及使用非全日制员工等方式。

四、综合生产计划的制定

(一)制定综合生产计划的一般步骤

(1)确定计划期内每一单位计划期的市场需求；
(2)确定每段时间的能力，包括正常工作时间、超时工作时间和转包；
(3)确定企业和部门对于安全库存、职工队伍的流动程度等方面的有关政策；
(4)确定正常工作、加班工作、转包、维持库存、推迟交货、雇用和解雇等方面的单位费用；
(5)提出备选计划并计算每种计划的费用；
(6)选择最满意的计划方案。

综合生产计划制定过程如图7—4所示。

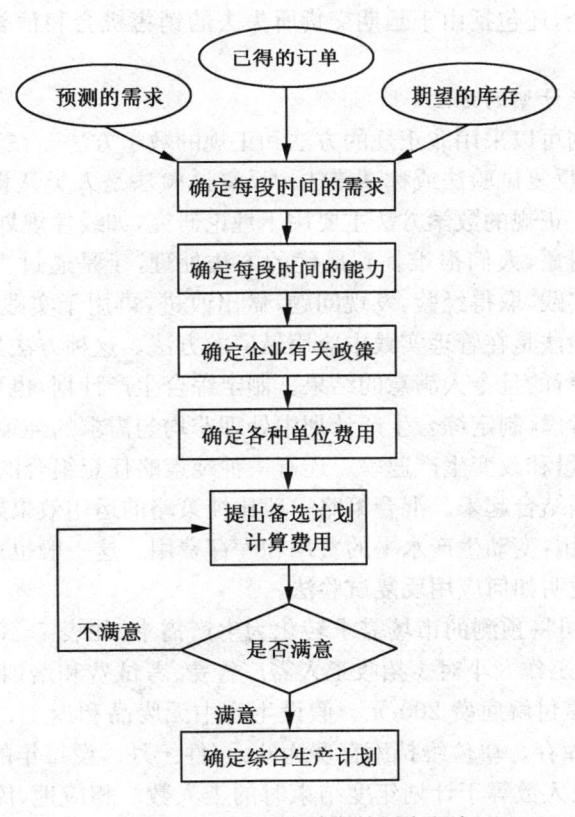

图7—4 综合生产计划的制定程序

(二)综合生产计划制定中需考虑的成本

综合生产计划在制定时需考虑各项成本因素，只有成本在可接受范围内，计划才是可行的。制定综合生产计划时所要考虑的成本主要包括：

(1) 正常工作的成本。它们是计划期内员工在正常的工作时间内生产某种产品的固定成本和变动成本，包括直接和间接人工成本(正常工资)。

(2) 加班成本。加班工资通常是正常工资的1.5倍，但是不必考虑其他福利待遇。也有一些企业，平时加班工资为1.5倍，周末和法定节假日加班为2倍，甚至是3倍。

(3) 聘用和解聘的费用。聘用费用包括招聘广告费用、面试费用、手续费用、新职工培训费用，以及新职工的非熟练引起的生产率下降、质量低下所带来的成本等。解聘费用包括最后面谈费用和解聘津贴。当一个企业因为某些工作任务没有了，而裁减相应的熟练人员时，所发生的成本还包括长期的培养费用。

(4) 库存成本。库存成本是持有库存而发生的成本，是指随库存投资而变化的那些成本。其中包括资金占用成本、各种仓储成本(仓库费用、仓储管理人员费用等)、库存品的自然和非自然损耗(丢失、失盗、腐烂等)、保险费用等。

(5) 外包或转包成本。当企业生产能力不足且没有条件加班生产或增加劳动力提高产出率，或者自己生产成本过高时，企业可以将部分业务转包给外部相关厂家去承担所必须支付的费用。

(6) 延期交货成本。这类成本从会计上是很难核算的，因为它不仅包括由于延期交货所必须支付给对方的违约金，还包括由于延期交货所失去的销售机会和信誉下降所带来的各种损失。

(三) 制定综合生产计划的方法

制定综合生产计划可以采用非正规的方法和正规的数学方法。在实际生产中用得最多的是非正规方法，尤其是反复试验法或称试错法。反复试验法是人类认识世界和改造世界最常用也是最有力的方法。正规的数学方法主要用于理论研究，如线性规划法、线性决策法则等。

面对复杂的管理对象，人们很难找到最优的方法处理，于是通过直觉和经验得出一种方法。将这种方法用于实践，取得经验，发现问题，做出改进，再用于实践……如此反复，这就是反复试验法。反复试验法是在管理实践中应用最广的方法。这种方法虽然不一定能得到最优解，但一定可以得到可行的且令人满意的结果。制定综合生产计划，也可以采用反复试验法。

从生产运作角度考虑，制定综合生产计划中处理非均匀需求的纯策略常用的有3种：改变库存水平、改变人员数量和改变生产速率。还有一种纯策略任意组合的混合策略，如将改变人员数量和改变库存水平结合起来。混合策略一般比纯策略的运用效果要好。究竟采用什么样的策略，要比较两种费用：变动生产水平的费用和库存费用。这一般也通过反复试验确定。

下面以一个例子说明如何应用反复试验法。

[例7-1] 某公司将预测的市场需求转化为生产需求，如表7-6所示。该产品每件需20小时加工，工人每天工作8小时。招收工人需广告费、考试费和培训费，折合雇一个工人需300元，裁减一个工人需付解雇费200元。假设生产中无废品和返工，为了应付需求波动，有1 000件产品作为安全库存。单位维持库存费为6元/件·月。设每年的需求类型相同。因此在计划年度开始时的工人数等于计划年度结束时的工人数。相应地，库存量也近似相等。现比较不同策略下的费用。

表7-6　　　　　　　　　　　　　预测的全年需求量

（1）月份	（2）预计需求量	（3）累计需求量	（4）月工作日	（5）累计工作日
4	1 600	1 600	21	21
5	1 400	3 000	22	43
6	1 200	4 200	22	65
7	1 000	5 200	21	86
8	1 500	6 700	23	109
9	2 000	8 700	21	130
10	2 500	11 200	21	151
11	2 500	13 700	20	171
12	3 000	16 700	20	191
1	3 000	19 700	20	211
2	2 500	22 200	19	230
3	2 000	24 200	22	252

策略一：运用改变人员数量来调节。

采用这种纯策略需假定随时可以雇到员工，这种策略可见表7-7。这种策略安排的计划总费用为200 000元。

表7-7　　　　　　　　　　　　　仅改变人员数量的策略

（1）月份	（2）预计月需求量	（3）需生产时间 20×(2)	（4）月生产日数	（5）每人每月生产小时 8×(4)	（6）需工人数 (3)/(5)	（7）月初增加工人数	（8）月初裁减工人数	（9）变更费 300×(7)或200×(8)
4	1 600	32 000	21	168	190		37	7 400
5	1 400	28 000	22	176	159		31	6 200
6	1 200	24 000	22	176	136		23	4 600
7	1 000	20 000	21	168	119		17	3 400
8	1 500	30 000	23	184	163	44		13 200
9	2 000	40 000	21	168	238	75		22 500
10	2 500	50 000	21	168	298	60		18 000
11	2 500	60 000	20	160	313	15		4 500
12	3 000	60 000	20	160	375	62		18 600
1	3 000	600 00	20	160	375			0
2	2 500	50 000	19	152	329		46	9 200
3	2 000	40 000	22	176	227	102		20 400
						256	256	128 000

维持1 000件安全库存成本：1 000×6×12=72 000（元）

总费用：128 000＋72 000=200 000（元）

策略二：运用改变库存水平的策略调节。

这种策略需允许晚交货。由于252天内需生产产品24 200件，则平均每个工作日需生产24 200/252=96.03件产品，共需时间96.03×20=1 920.63小时。每天需工人1 920.63/8=240.08人，取241人，则每天平均生产241×8/20=96.4件产品。这种策略可见表7-8。这种策略安排的计划总费用为209 532元。

表 7—8　　　　　　　　　　　　　仅改变库存水平的策略

(1) 月份	(2) 累计生产天数	(3) 累计产量 (2)×96.4	(4) 累计生产需求	(5) 月末库存 (3)−(4)+1 000	(6) 维持库存费 (月初库存+月末库存)/2
4	21	2 024	1 600	1 424	7 272
5	43	4 145	3 000	2 154	10 707
6	65	6 266	4 200	3 066	15 633
7	86	8 290	5 200	4 090	21 468
8	109	10 508	6 700	4 808	26 694
9	130	12 532	8 700	4 832	28 920
10	151	14 556	11 200	4 356	27 564
11	171	16 484	13 700	3 784	24 420
12	191	18 412	16 700	2 717	19 488
1	211	20 340	19 700	1 640	13 056
2	230	22 172	22 200	972	7 836
3	252	24 293	24 200	1 093	6 195
					209 253

策略三：运用混合策略。

混合策略可以多种多样。考虑到需求的变化，在前一段时间采用相对低的均匀生产率，在后一段时间采用相对高的均匀生产率。生产率的改变不是通过加班加点，而是通过变更工人的数量。4月初需生产1 600件，每天需生产76.19件。设前一段时间采用每天80件的生产率，则每天需80×20÷8＝200工人。生产到8月底，累计109天生产了109×80＝8 720件。

在余下252−109＝143天内，要生产24 200−8 720＝15 480件产品，平均每天生产15 480÷143＝108.25件，需108.25×20÷8＝270.6人，取271人。因此，9月初要雇71人，每天生产271×8÷20＝108.4件产品。年末再裁减71人。这种混合策略的总费用为179 275元，见表7—9。

表 7—9　　　　　　　　　　　　　　　　混合策略

(1) 月份	(2) 累计生产天数	(3) 生产速率	(4) 累计产量	(5) 累计生产需求	(6) 月末库存 (4)−(5)+1 000	(7) 维持库存费	(8) 变更工人费
4	21	80	1 680	1 600	1 080	6 240	
5	43	80	3 440	3 000	1 440	7 560	
6	65	80	5 200	4 200	2 000	10 320	
7	86	80	6 880	5 200	2 680	14 040	
8	109	80	8 720	6 700	3 020	17 100	
9	130	108.4	10 996	8 700	3 296	18 948	71×300 =21 300
10	151	108.4	13 273	11 200	3 073	19 107	
11	171	108.4	15 441	13 700	2 741	17 442	
12	191	108.4	17 609	16 700	1 909	13 950	
1	211	108.4	19 777	19 700	1 077	8 958	
2	230	108.4	21 836	22 200	636	5 139	
3	252	108.4	24 221	24 200	1 021	4 971	71×200 =14 200
						143 775	35 500

反复试验法不能保证获得最优策略,但可以不断改善所采取的策略,读者还可以尝试运用其他的混合策略来减少费用。

[企业实践]　　　　　　　　**两家世界级快递公司的综合计划**

联邦快递公司和联合包裹服务公司(UPS)在包裹运输业中是直接的竞争者,并且两大公司均取得了成功,但它们的综合计划策略却截然不同。

联邦快递公司为其巨型包裹分类设备配备了大量非全日制员工。在半夜4小时一个轮班中,这台孟菲斯设备配以一定人员来处理100万件以上的信件和包裹。该公司发现大学生是理想的劳动力来源,这些精力充沛的非全日制员工满足了高峰需求,而且公司也相信很难充分利用8小时一个轮班的全日制工人。

在UPS的包裹分类中心,经理也面临着是多聘用全日制员工还是多聘用临时工的选择决策。最终,UPS选择了聘用全日制员工。该公司也全面研究了工作方案和工作过程,希望提供一个高水平的工作满意度和树立强烈的团队意识。UPS的工作时间很长,工作也很辛苦,因此也产生了许多一致的抱怨,但一旦公开招聘员工,其申请者也不乏其人。

分析提示:由于具体条件存在差异,每个企业对于综合计划策略有不同的理解和选择,但它们可能都能取得成功,所以不存在一种最好的策略或策略组合,一切都要根据企业的具体情况进行具体分析。

(资料来源:柯清芳. 生产运作管理[M]. 北京:北京理工大学出版社,2009.)

(四)服务业综合生产计划制定的不同

服务业综合生产计划的制定可以采取类似制造业的方法,但与制造业又有所不同。表现在以下几个方面:

(1)纯服务不能使用改变库存的策略。服务能力若得不到利用则会浪费,如酒店的房间、飞机上空闲的座位等,得不到利用造成的损失是不可挽回的。所以,必须尽量使能力与需求匹配。但是,固定能力在短期内是很难改变的,且扩充了的服务能力在需求不足时又造成浪费,所以可以通过价格、收入管理来进行调节,提高对服务资源的利用率。

(2)服务需求更难预计。服务需求的变动很大,大多数要求提供及时服务,否则会丧失顾客,这种情况使得服务需求难以预计。

(3)服务业的能力难以预计。因为与顾客直接接触,服务效率会受到不同程度的影响。服务业的测量标准也难以制定,很多服务人员的工作并不是单一的,而是多种多样的。所以从这方面讲,服务业劳动力的柔性要比制造业大。

第三节　主生产计划的制定

综合生产计划是企业的生产计划大纲,品种是产品大类,不涉及具体产品,不能直接用于指挥生产活动。为此,必须将产品大类(假定产品或代表产品)转换成具体产品,将综合生产计划转换成主生产计划。主生产计划又称产品出产计划,它规定了要出产的产品的具体型号、规格和出产时间。综合生产计划和主生产计划之间的联系在本章第一节已有所阐述。

正如前文所述,在企业实践中,生产类型不同,编制生产计划考虑的主要指标也有所不同。

在编制生产计划时考虑的主要生产类型是备货型和订货型两种。

一、备货型企业主生产计划的制定

备货型生产(make-to-stock，MTS)企业编制生产计划的核心内容是确定品种和产量。备货型生产无交货期设置问题，因为顾客可以直接从成品库提货。大批和中批生产一般是备货型生产。

(一)产品品种的确定

对于大量大批生产，所生产的品种数很少，而且一定是市场需求量大的产品品种，因此没有品种选择问题。

对于多品种批量生产，则有品种选择问题。确定生产什么产品是十分重要的决策。

备货型生产的品种决策，一般的原则是：(1)优先选择需求增加率与利润增长率高的产品；(2)优先选择有市场发展潜力的产品；(3)优先选择能树立企业品牌优势的产品；(4)优先选择国家扶持发展的产品。

目前可供企业采用的确定品种组合的方法主要有收入—利润顺序法和波士顿矩阵法。

1. 收入—利润顺序法

收入—利润顺序法是将产品按照销售收入与利润的大小进行排序，并将其绘在收入—利润图上，如表 7—10 所示的 8 种产品的收入和利润顺序，可绘在图 7—5 上。

表 7—10　　　　　　　　　8 种产品的销售收入和利润顺序表

产品	A	B	C	D	E	F	G	H
销售收入	1	2	3	4	5	6	7	8
利润	2	3	1	6	5	8	7	4

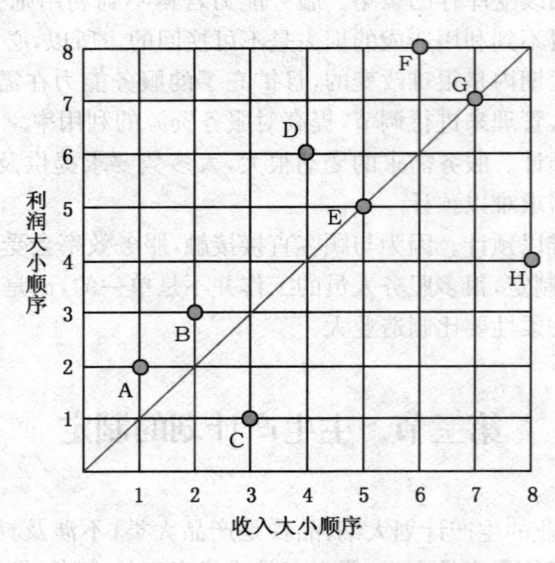

图 7—5　收入—利润顺序图

由图 7—5 可以看出，一部分产品在对角线上面，一部分产品在对角线上方，还有一部分产品在对角线下方。

对于图7—5中左下角的产品,销售收入高,利润也高,属于应该生产的产品。

对于图7—5中右上角的产品,销售收入低,利润也低,属于需要做进一步分析的产品。分析的重要因素是产品生命周期。如果是新产品,处入导入期,因顾客不了解,销售额低;同时,由于设计和工艺尚未定型,生产效率低、成本高、利润少,甚至亏损,就应该继续生产,并做广告宣传,改进设计和工艺,努力降低成本。如果是老产品,处于衰退期,就不应该继续生产。除了考虑产品生命周期因素外,可能还有其他因素,如质量较差,则需改进产品质量。

一般来说,销售收入高的产品,利润应该也高,这类产品属于正常产品,即产品在收入—利润顺序图中应在对角线上。对于对角线上方的产品,如D和F,说明其利润比正常的少,是因为售价低还是成本高则需要考虑。反之,处于对角线下方的产品,如C和H,利润比正常的高,可能是由于成本低所致,可以适当考虑增加销售量,以增加销售收入和利润。

2. 波士顿矩阵法

波士顿矩阵法是波士顿公司首创的一种业务分析方法。它通过对销售增长率与市场占有率两大指标的评价分析,在一个二维平面图上分析产品的组合,如图7—6所示。

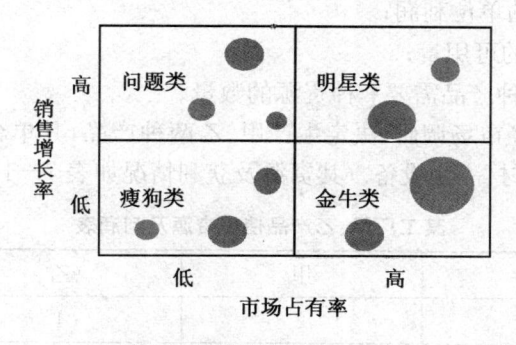

图7—6 波士顿矩阵分析图

波士顿矩阵根据产品销售增长率和市场占有率的不同,将产品分为4类:

(1)问题类。该类产品的销售增长率高,但相对市场占有率低,如新产品。

(2)明星类。当问题类产品成功后就会变成明星产品,该类产品能保持较高的销售增长率与市场占有率,是市场中的领先者。

(3)金牛类。当企业某一产品销售增长率低于行业平均水平,但仍能保持较高的市场占有率时,这类产品就是金牛产品。这类产品具备规模经济与较高的利润率,能为企业带来大量的现金收入,有稳定的销售利润,是企业的大众化产品。

(4)瘦狗类。这类产品的销售增长率和市场占有率都较低,利润率较低,有时甚至可能出现滞销或亏损。这类产品企业必须根据市场预测与企业盈亏情况分析,再作是否再生产或淘汰的决策。

在正常的情况下,企业产品的发展要遵循问题类、明星类、金牛类、瘦狗类的正常顺序。企业的产品组合应集中在明星类与金牛类;问题类产品是新产品,不能停,但也不宜太多;瘦狗类产品可以根据情况生产少量或淘汰。

(二)产量的确定

品种确定之后,确定每个品种的产量,可以采用的方法有线性规划方法和量本利分析法。利用线性规划,可求得在一组资源约束下(生产能力、原材料、动力等),各种产品的产量,使利润最高。利用量本利分析可以求得企业处于不盈不亏状态的条件时,成本、销售量和利润之间的相互关系,以及为实现一定目标利润时企业产品的销售量和销售额的计算。

1. 线性规划法(linear programming,LP)

该方法是采用线性规划模型来建立实际问题的数学模型,然后求问题最优解的一种广泛应用的最优化方法。

线性规划的一般模型为:

$$\max Z = \sum_{i=1}^{n} c_i x_i$$

约束条件:

$$\sum_{i=1}^{n} a_{ij} x_i \leqslant b_j$$
$$j = 1, 2, \ldots, m$$
$$x_i \geqslant 0$$

式中:x_i——第 i 种产品的计划产量;

c_i——第 i 种产品的单位利润;

b_j——第 j 种资源的可用量;

a_{ij}——生产单位 i 种产品需要 j 种资源的数量。

[例 7-2] 某工厂经市场调研,决定生产甲、乙两种产品,其单台利润分别为 60 元和 30 元,两种产品共用一种钢材、一台设备。其资源及获利情况如表 7-11 所示。

表 7-11　　　　　　　　　某工厂甲、乙产品使用资源及利润表

	甲	乙	现有资源
钢材消耗定额(千克/台)	2	4	600 千克
台时消耗定额(小时/台)	3	1	400 小时
配件(件/台)	2	0	250 件
利润(元)	60	30	

求利润最大的产品结构决策。

解:(1)设变量:设甲生产 x_1 台,乙生产 x_2 台,可得最大利润。

(2)确定目标函数及约束条件——建立数学模型。

目标函数:$\max P = 60 x_1 + 30 x_2$

约束条件:$2x_1 + 4x_2 \leqslant 600$　　①

$3x_1 + x_2 \leqslant 400$　　②

$2x_1 \leqslant 250$　　③

$x_1, x_2 \geqslant 0$　　④

(3)将不等式变为等式并在 $x_1 - x_2$ 坐标图中作出直线,见图 7-7。

(4)最优点在凸边形的顶点,代入目标函数式可得 $\max P$。

$M_B = 60 \times 100 + 30 \times 100 = 9\ 000$(元)

$M_C = 125 \times 60 + 25 \times 30 = 8\ 250$(元)

$M_D = 125 \times 60 = 7\ 500$(元)

$M_A = 150 \times 30 = 4\ 500$(元)

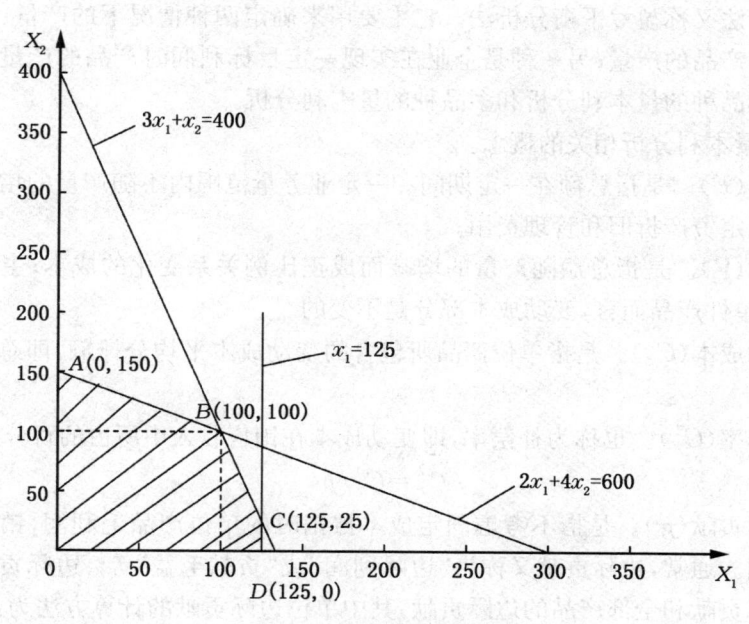

图 7-7 线性规划图解法

[例 7-3] 某企业需要生产 6 种产品,各产品需要使用的原料有 4 种,每种原料的最高供应能力、单位产品的利润等基本数据如表 7-12 所示。

表 7-12　　　　　　　　　　　生产计划原始数据

产品	P_1	P_2	P_3	P_4	P_5	P_6	可供应量(单位)
原料 1	2	3	2	4	2	2	500
原料 2	2	3	4	3	4	5	680
原料 3	2	2	3	1	5	2	400
原料 4	3	3	3	2	1	1	700
单位利润(元)	18	30	25	21	21	27	

解:根据表 7-12 中的数据,可以建立线性规划模型:
目标函数:$\max Z = 18x_1 + 30x_2 + 25x_3 + 21x_4 + 21x_5 + 27x_6$
约束条件:

$2x_1 + 3x_2 + 2x_3 + 4x_4 + 2x_5 + 2x_6 \leqslant 500$
$2x_1 + 3x_2 + 4x_3 + 3x_4 + 4x_5 + 5x_6 \leqslant 680$
$x_1 + 2x_2 + 3x_3 + x_4 + 5x_5 + 2x_6 \leqslant 400$
$3x_1 + 3x_2 + 3x_3 + 2x_4 + x_5 + x_6 \leqslant 700$
$x_1, x_2, x_3, x_4, x_5, x_6 \geqslant 0$

利用 Excel 求解得:$x_1 = 0, x_2 = 121.8, x_3 = 21.8, x_4 = 0, x_5 = 0, x_6 = 45.5$。总利润为 5 427.5 元。

复杂的线性规划方法一般可用单纯形法求解。关于单纯形法,运筹学中已有详细介绍,这里不再赘述。

2. 量本利分析法

量本利分析法又称盈亏平衡分析法。它主要用来确定两种情况下的产量：一种是企业处于盈亏平衡时的产品的产量；另一种是企业在实现一定目标利润时产品的产量。量本利分析法又可分为单一品种的量本利分析和多品种的量本利分析。

(1) 几个与量本利分析相关的概念。

①固定成本(F)。是指总额在一定期间和一定业务量范围内不随产量的增减而变动的成本。主要是指固定资产折旧和管理费用。

②变动成本(V)。是指总额随产量的增减而成正比例关系变化的成本；主要包括原材料和计件工资，就单件产品而言，变动成本部分是不变的。

③单位变动成本(C_v)。是指单位商品所包含的变动成本平均分摊额，即总变动成本与销量之比。

④变动成本率(C'_v)。也称为补偿率，即变动成本在销售收入中所占的百分率。

$$C'_v = C_v/p$$

⑤单位边际贡献(g)。是指不考虑固定成本摊销时的单位产品毛利润，销售收入减去变动成本后的余额。通常，边际贡献又称为"边际利润"或"贡献毛益"等。边际贡献一般可分为单位产品的边际贡献和全部产品的边际贡献，其中单位边际贡献的计算方法为：

单位产品边际贡献＝销售单价－单位变动成本

$$g = p - pt - C_v$$

式中：t——销售商品时适用的税率，以下同。

⑥边际贡献(G)。是指产量为Q时的毛利润总额。它是指销售收入减去销售过程中所交税金再减去变动成本的余额。

$$G = pQ - pQt - C_vQ = (p - pt - C_v) \cdot Q$$

⑦边际贡献率(μ)。是指边际贡献在销售收入中所占的百分比。通常，边际贡献率是指产品边际贡献率，可以理解为每一元销售收入时边际贡献所占的比重，它反映产品给企业做出贡献的能力。

边际贡献率的公式为：

边际贡献率＝（边际贡献/销售收入）×100%

如果是一种产品，则：

边际贡献率＝（单位边际贡献/单价）×100%

如果是多种产品，则：

边际贡献率＝∑（每种产品的边际贡献率×该产品销售收入占全部销售收入的比重）

通常，边际贡献率是指产品边际贡献率，即：

$$\mu = \frac{单位边际贡献}{销售单价} = \frac{g}{p} = 1 - t - \frac{C_v}{p} = 1 - t - C'_v$$

(2) 单一品种的量本利分析。单一品种是指企业只生产一种产品的情况。这种情况较简单，可用以下公式求出其盈亏平衡点所需的销售量和销售额。

盈亏平衡时的销售量：

$$Q_0 = \frac{F}{p - pt - C_v} = \frac{F}{g}$$

盈亏平衡时的销售额：

$$S_0 = pQ_0 = \frac{F}{1-t-\frac{C_v}{p}} = \frac{F}{\mu}$$

[例7—4] 某厂计划生产甲产品,销售单价为600元,单位变动成本为250元,计划年度总的固定费用为870万元,销售税率为10%。

(1)计算盈亏平衡点产量。
(2)若计划产量为36 000台,可盈利多少?
(3)为了实现目标利润1 450 000元,产量应为多少?

解:已知 $p=600, C_v=250, F=870, t=10\%$,可求出甲产品的单位边际贡献 g。

$g = p - pt - C_v = 600 - 600 \times 10\% - 250 = 290$(元)

(1)盈亏平衡点的产量为:$Q_0 = \frac{F}{g} = \frac{8\,700\,000}{290} = 30\,000$(台)。

(2)计划产量为36 000台,而盈亏平衡点的产量为30 000台,所以能盈利的产量为6 000台,每台的实际盈利为该产品的单位边际贡献 g(290元)。所以此时,可盈利:$6\,000 \times 290 = 1\,740\,000$(元)。

(3)$Q = 1\,450\,000/290 + 30\,000 = 35\,000$(台)。

(3)多品种盈亏平衡分析。当企业生产多品种时,我们先考虑的指标是综合盈亏平衡销售额,然后在此基础上计算各产品的盈亏平衡销售额,最后根据销售额计算盈亏平衡时的销售量。

$$综合盈亏平衡销售额 = \frac{固定成本}{加权平均边际贡献率}$$

其中:

加权平均边际贡献率 = Σ某产品的边际贡献率×该产品的销售比重(这在前面已有所介绍)

多品种盈亏平衡分析的基本程序如下:

①计算各种产品销售额在总销售额中的所占比重。

销售比重 = 各种产品的销售额/销售总额

②计算各种产品的加权平均边际率贡献

加权平均边际贡献率 = Σ(各种产品的边际贡献率×各种产品的销售比重)

③计算整个企业的综合保本销售额

综合保本销售额 = 固定成本总额/加权平均边际贡献率

④计算各种产品的保本销售额与保本销售量

各种产品的保本销售额 = 综合保本销售额×各种产品各自的销售比重

各种产品的保本销售量 = 各种产品的保本销售额/各种产品的单位销售价

[例7—5] 某企业计划期生产并销售A、B、C三种产品,其售价、成本和产量数据如表7—13所示,计划期内企业固定成本总额为23 400元,适用销售税率10%。试确定该企业盈亏平衡时各产品的产量。

表7—13　　　　　　　　　　　　　　售价、成本、产量表　　　　　　　　　　　　　　单位:元

项　目	A产品	B产品	C产品
单价	60	20	10
单位变动成本	39	11	6
预计销量	1 500件	3 000套	5 000台

解:(1)预计全部产品的销售总额=60×1 500+20×3 000+10×5 000=200 000(元)

(2)计算各种产品的销售比重:

A产品销售比重=$\dfrac{60×1\,500}{200\,000}$=45%

B产品销售比重=$\dfrac{20×3\,000}{200\,000}$=30%

C产品销售比重=$\dfrac{10×5\,000}{200\,000}$=25%

(3)计算各种产品的加权平均贡献边际率:

A产品的边际贡献率=$\dfrac{60-60×10\%-39}{60}$=25%

B产品的边际贡献率=$\dfrac{20-20×10-11}{20}$=35%

C产品的边际贡献率=$\dfrac{10-10×10\%-6}{10}$=30%

加权平均边际贡献率=25%×45%+35%×30%+30%×25%=29.25%

(4)计算综合保本销售额=23 400/29.25%=80 000(元)

(5)计算各种产品的保本销售额和保本销售量:

A产品保本销售额=80 000×45%=36 000(元)

A产品保本销售量=36 000÷60=600(件)

B产品保本销售额=80 000×30%=24 000(元)

B产品保本销售量=24 000÷20=1 200(套)

C产品保本销售额=80 000×25%=20 000(元)

C产品保本销售量=20 000÷10=2 000(台)

(三)产品出产计划的编制

确定了产品的产量,还需要安排每种产品的出产期。因为前面确定的产量是一定时期(如1年)内的产品总量。具体来讲,在出产计划的安排上,一般要遵循以下要求:(1)各种产品的出产时间和数量,首先保证已有订货合同的要求,在安排产品的顺序上,要分清轻重缓急。(2)尽可能保证全年各季各月均衡地出产产品,使设备和劳动力负荷均衡。(3)产品出产进度要与生产技术准备工作进度协调衔接。(4)市场需求有季节性的产品,其出产进度一定要符合季节性要求。(5)要尽可能往前赶。各计划期末都要留出一定的生产能力为下一计划期生产做准备,以保证各计划期的产品出产进度互相衔接。

要安排产品的出产期,需要考虑需求的波动性。市场需求分为均衡需求和非均衡需求。均衡需求是指市场需求在各个时期的需求数量是稳定的或均匀变化的,一般不出现季节性波

动和需求大起大落的现象;非均衡需求则相反。对于非均衡需求,前面所讲的处理非均衡需求的策略,可以用来编制产品出产计划。对于均衡需求的生产安排,不同的生产类型有不同的特点,在编制产品出产计划的方法上也有一定的差别。

1. 大量大批生产

由于其品种数很少,产量大,生产的重复性程度高,大量大批生产是典型的备货型生产。其生产的直接目标是补充成品库存,可以采用改变库存水平的策略。通过成品库将市场与生产系统隔开,使生产率均匀,保证生产的节奏性。

有三种方式分配各季各月的产量:

(1)均匀分配方式。将全年的计划产量按平均日产量分配给各月。这种方式适用于需求稳定、生产自动化程度较高的情况。

(2)均匀递增分配方式。将全年的计划产量按劳动生产率每季(或每月)平均增长率,分配到各月生产。这种方式适用于需求逐步增加,企业劳动生产率稳步提高的情况。

(3)抛物线递增分配方式。将全年产量按开始增长较快,以后逐渐缓慢的递增方式安排各月任务。

2. 成批生产企业

由于品种较多,各种产品产量相差较大,不能采用大量大批生产企业的方式安排生产。具体可采用以下方法:

(1)对于订有合同的产品,按合同规定的数量与交货期安排,以减少库存。

(2)对于产量大,季节性需求变动小的产品,可按"细水长流"方式安排。

(3)对于产量小的产品,要权衡库存费用与生产准备费用,确定投产批量,做到经济合理。

(4)同一系列不同规格的产品,当产量较少时,尽可能安排在同一时期内生产,这样可以集中组织通用件的生产。

二、订货型企业主生产计划的制定

单件小批生产(job-shop production)是典型的订货型生产,其特点是按用户订单的要求,生产规格、质量、价格、交货期不同的专用产品。

单件小批生产方式与大量大批生产方式都是典型的生产方式。大量大批生产以其低成本、高效率与高质量取得的优势,使一般中小批量生产难以与之竞争。但是,单件小批生产却以产品的创新性与独特性,在市场中牢牢站稳脚跟。其原因主要有三个:

(1)大量大批生产中使用的各种机械设备是专用设备,专用设备是以单件小批生产方式制造出来的。

(2)随着技术的飞速进步和竞争的日益加剧,产品生命周期越来越短,大量研制新产品成为企业赢得竞争优势的关键。新产品即使进行大量大批生产,在研究和试制阶段,其结构、性能、规格也要做各种改进,只能是单件小批生产。

(3)单件小批生产制造的产品大多为生产资料,如大型船舶、电站锅炉、化工炼油设备、汽车厂的流水线生产设备等,它们是为新的生产活动提供的手段。

对于单件小批生产,由于订单到达具有随机性,产品往往又是一次性需求,无法事先对计划期内的生产任务作总体安排,也就不能应用线性规划等方法进行品种和产量组合上的优化。但是,单件小批生产仍需要编制生产大纲。生产大纲可以对计划年度内企业的生产经营活动和接受订货决策进行指导。一般来讲,编制生产大纲时,已有部分确定的订货,企业还可根据历年的情况和市场行情,预测计划年度的任务,然后根据资源的限制进行优化。但是,单件小批生产的生产计划大纲只能是指导性的,而产品出产计划是按订单做出的。因此,对单件小批生产企业而言,接受订货决策十分重要。

(一)接受订货决策与否

当用户订单到达时,企业要做出是否接受订货、接受多少及何时交货的决策。在做出这些决策时不仅要考虑企业所能生产的产品品种、现已接受任务的工作量、生产能力与原材料、燃料、动力供应状况、交货期要求等,还要考虑价格是否能接受。因此,这是一项十分复杂的决策,其决策过程可用图7-8描述。

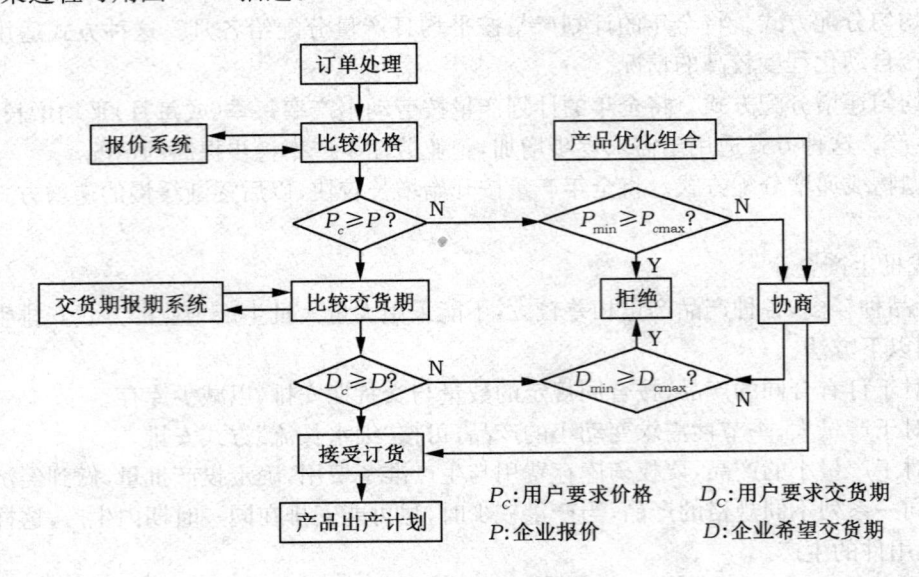

图7-8 订货决策过程

P_c:用户要求价格　　D_c:用户要求交货期
P:企业报价　　　　　D:企业希望交货期

用户订货一般包括订货的产品型号、规格、技术要求、数量、交货时间D_c和价格P_c。在顾客心里可能还有一个最高可以接受的价格P_{cmax}和最迟的交货时间D_{cmax}。超过此期限,顾客将另寻生产厂家。

对于生产企业来说,它会根据顾客所订的产品和对产品性能的特殊要求以及市场行情,运用它的报价系统(计算机和人工的)给出一个正常价格P和最低可接受的价格P_{min},也会根据现有任务情况、生产能力和生产技术准备周期、产品制造周期,通过交货期设置系统(计算机和人工的)设置一个正常条件下的交货期和赶工情况下最早的交货期D_{min}。

在品种、数量等其他条件都满足的情况下,显然,当$P_c \geq P$和$D_c \geq D$时,订货一定会接受。接受的订货将列入产品出产计划;当$P_{min} > P_{cmax}$或者$D_{min} > D_{cmax}$,订货一定会被拒绝。若不是这两种情况,就会出现很复杂的局面,需经双方协商解决。其结果是可能接受,也可能拒绝。较紧的交货期和较高的价格,或者较松的交货期和较低的价格,都可能成交。符合企业产品优化组合的订单可能在较低价格下成交,不符合企业产品优化组合的订单可能在较高价格下成交。

从接受订货决策过程可以看出,品种、数量、价格与交货期的确定对订货型生产的企业十分重要。

(二)品种的确定

对于订单的处理,除了前面讲的即时选择的方法之外,有时还可将一段时间接到的订单累积起来再做处理。这样做的好处是可以对订单进行优选。

对于小批生产也可用线性规划方法确定生产的品种和数量。对于单件生产,无所谓产量问题,可采用0—1整数规划来确定要接受的品种。

0—1整数规划问题的一般形式为:$\max \sum p_i x_i$

满足约束条件:

$$\sum t_{ij} x_i \leqslant c_j$$

$$x_i = 0 \text{ 或 } 1 \quad i = 1, 2, \ldots, m; j = 1, 2, \ldots, n$$

式中:p_i——产品 i 的单位利润;

t_{ij}——单位产品 i 对资源 j 的需要量;

c_j——j 种资源可供量。

[例7-6] 某企业已接到 A、B、C 三种产品的订货任务,各产品的加工时间和可获利润如表7-14所示。若能力工时为40小时,应该接受哪些品种最有利?

表7-14   产品的加工时间和利润

产品	A	B	C
加工时间(小时)	12	8	25
利润(元)	10	13	25

解:这是一个0—1整数规划问题。决策变量取0,表示不生产该产品;决策变量取1,表示生产该产品。其数学模型为:

目标函数: $\max Z = 10 x_A + 13 x_B + 25 x_C$

约束条件为:

$$12 x_A + 8 x_B + 25 x_C \leqslant 40$$

$$x_A, x_B, x_C = 0 \text{ 或 } 1$$

0—1型整数规划的解法十分复杂,对于 n 个品种,有 2^n 种组合。对于品种较多的情况,在正常的时间范围内是得不到最优解的。因此,需要采用启发式算法。有一种启发式算法是按利润与加工时间的比值从大到小排序,即优先考虑单位加工时间实现利润最大的任务。

本例中,A:(10÷12)元/小时=0.83 元/小时

B:(13÷8)元/小时=1.63 元/小时

C:(25÷25)元/小时=1 元/小时

由上面的结果得到优先顺序为 B—C—A。先选择完成 B,剩余能力为 32 小时;再选择完成 C,剩余能力为 8 小时;不足以加工产品 A。因此,只能选择完成 B 和 C,结果获利 38 元。

(三)价格的确定

确定价格的方法很多,归纳起来有成本导向定价法、竞争导向定价法和市场导向定价法。成本导向定价法是以产品成本作为定价的基本依据;竞争导向定价法是以企业竞争战略目标的实现作为定价的前提;市场导向定价法是根据市场的竞争状况和供求关系等因素确定价格。在制定生产计划时的定价方法主要采用成本导向定价法和市场导向定价法。

1. 成本导向定价法

成本导向定价法是以产品成本作为定价的依据,加上适当的利润及应纳税金,得出产品价格的一种定价方法。该方法中的成本可以采用完全成本和变动成本。

采用完全成本作为定价依据,必须使全部成本得到补偿并有一定的盈利。其计算公式为:

$$价格 = 成本 \times (1 + 成本利润率)$$

其中,成本是单位产品的变动成本加上分摊的固定成本。成本利润率可参照行业的平均成本利润率水平确定。这种方法一般适用于主动权在企业一方时的情况。

采用变动成本作为定价依据,至少必须使变动成本得到全部补偿,否则,企业生产和销售该产品就不合算。其计算公式为:

$$价格 > 单位产品变动成本$$

只要价格大于单位产品的变动成本,生产和销售该产品就会有"贡献",即边际贡献,它对企业的意义在于减少亏损或增加利润。这种方法一般适用于定价的主动权在客户一方的情况。

上述两种价格可作为正常价格(P)和最低可接受的价格($P_{\min}$)。

总的来说,成本导向定价法是从生产厂家的角度出发的定价法,其优点是可以保证所发生的成本得到补偿。但是,这种方法常容易忽视市场竞争与供求关系的影响,仅在供求基本平衡的条件下适用。

2. 市场导向定价法

市场导向定价法是按市场行情定价,然后再推算成本应控制的范围。按市场行情定价,主要是看具有同样或类似功能产品的价格分布情况,然后再根据本企业产品的特点,确定顾客可以接受的价格。按此价格来控制成本,使成本不超过某一限度,并尽可能小。

对于单件小批生产的机械产品,一般采用成本导向定价法。由于单件小批生产产品的独特性,它们在市场上的可比性不是很强。因此,只要考虑少数几家竞争对手的类似产品的价格就可以了。而且,大量统计资料表明,机械产品原材料占成本比重的 $60\% \sim 70\%$,按成本定价是比较科学的。

对于企业从未生产过的产品,由于在用户订货阶段只知道产品的各项性能及参数要求,并无设计图纸和工艺,按原材料和人工的消耗来计算成本是不可能的。因此,往往采取类比的方法来定价,即按过去已生产的类似产品的价格,找出同一大类产品价格与性能参数之间的相关关系,以此来确定订货产品的价格。

(四)交货期的确定

出产期与交货期的确定对单件小批生产十分重要。产品出产后,经过发运才能交到顾客手中。交货迅速而准时可以多争取顾客。设置交货期是保证按期交货的前提条件。交货期设置过松,对顾客没有吸引力,还会增加成品库存;交货期设置过紧,超过了企业的生产能力,造成延期交货,也会给企业带来经济损失和信誉损失。

常用的交货期设置方法有如下几种:

1. CON(constant)

$$d_i = r_i + k$$

式中:d_i——产品(工件)i 的完工期限;

r_i——产品(工件)i 的到达时间或准备就绪时间;

k——固定常量,对所有产品都一样,由经验决定。

CON 法建立在所有产品从接受订货后的生产技术准备与生产制造所花的时间都一样的假设的基础上。

2. RAN(random)

$$d_i = r_i + e_i$$

式中：e_i——随机数。其余符号同前。

RAN 法是指交货期是按顾客要求决定的，因而具有随机性。但在实践中，完全按照顾客要求定交货期的情况比较少。

3. TWK(total work content)

$$d_i = r_i + kp_i$$

式中：k——系数，由经验决定，一般取 3~8；

p_i——产品（工件）i 的总工作量。其余符号同前。

TWK 法考虑了不同产品的工作量，在实际中用得较多。

4. SLK(slack)

$$d_i = r_i + p_i + k$$

式中：k——固定常量。其余符号同前。

SLK 法与 CON 法不同之处是将产品的总工作量分离出来，体现了不同产品之间的差别。

5. NOP(number of operations)

$$d_i = r_i + kn_i$$

式中：n_i——产品（工序）i 的工序数。其余符号同前。

NOP 法实际上是认为排队时间是主要的。

对于单件小批生产，设置交货期不仅要考虑产品从投料到出产之间的制造周期，还要考虑包括设计、编制工艺、设计制造工装、准备大型铸锻件和采购供应原材料等活动所需的生产技术准备周期。有时，当与客户之间的运送距离较远时，还需考虑产品从成品库出发交到顾客手中的时间，即发货周期。实质上，交货期的确定主要考虑的还是产品的生产周期。

本章小结

生产计划是企业生产运作管理的依据，也是生产运作管理的核心内容。本章主要讨论的是生产计划。首先论述了企业计划和生产计划的层次体系、不同层次计划的特点，制定计划的一般步骤和滚动式计划编制方法。然后讨论了综合生产计划编制过程中的处理非均衡需求的策略（包括调节需求和调整产能两个方面）、编制过程及运用到的方法（反复试验法），介绍了服务业制定综合生产计划的不同特点。最后详细讨论了两种不同生产类型年度主生产计划的制定：备货型生产的产品出产计划内容主要涉及品种与产量的确定；订货型生产产品出产计划内容主要涉及接受订货决策以及品种、价格、交货期的确定。

延伸阅读

[1] 肖佩，等．面向产能柔性的综合生产计划模型研究[J]．机械工程与自动化，2007(3)．

[2] 赵永全，等．基于投产点库存的随机综合生产计划模型研究[J]．中国管理科学，2007(2)．

[3] 薛贵森，等．多产品环境下的一种递阶生产计划系统[J]．计算机集成制造系统，2009(12)．

[4] 高强，等．订单型服装企业生产计划控制方法的设计[J]．西安工程大学学报，2012

(2).

[5]方曦,李娜. 基于德尔菲法的企业生产计划协同决策模式研究[J]. 商业时代,2012(5).

[6]赵周岐. 多品种、小批量生产模式下滚动计划法的生产计划编制[J]. 商场现代化,2013(14).

[7]曾洪鑫. 一种流水线装配生产计划与调度体系结构方案的研究[J]. 装备制造技术,2013(11).

[8]李伟. 多品种小批量的生产计划管理[J]. 电子世界,2014(1).

[9]刘艳梅,等. 大批量定制下按订单装配产品同步生产计划方法[J]. 计算机集成制造系统,2014(6).

[10]刘学娟,赵斐. 多产品生产计划与设备维修整合优化模型[J]. 工业工程与管理,2015(4).

[11]彭运芳,卢丹丹. 不确定需求下多品种离散型制造业的模糊递阶生产计划模型研究[J]. 现代制造工程,2015(8).

[12]谢金平. 基于ERP-MES集成系统在主生产计划模拟与交期预测方面的运用[J]. 现代信息经济,2015(12).

案例讨论

微软公司的外包

微软虽然是全球数一数二的大公司,但和大多数公司一样,仍不可避免地面临成本的压力,特别是技术服务支持这一块。该部门即使投入了很多人力,但还是连年亏损,不但如此,客户满意度也不高。2002年4月,微软联合上海市政府组建了微创软件有限公司,进行外包领域的实践。微软撤销了技术服务部门,其业务全部由微创接手,原来该部门的员工也都转到了微创。新公司成立后,内部立即开展了大规模的改革。

成本降低。外包的效果很快显现。以前每进行一项技术服务,在美国,平均成本是90美元,在加拿大可以降低10%,在中国则是60美元,而外包给微创,成本还不到30美元。为什么会有如此大的变化?微创软件有限公司专业与技术服务部高级经理陆沁说,这主要是因为微创不仅仅给微软一家公司提供服务,规模效应使它所产生的成本更低廉。

时间更短。有了微创以后,微软专门负责开发,售后服务全部交给了微创。据统计,以前微软为Windows XP的用户解决一个问题的平均时间是70分钟,而现在只需要40分钟。之所以能在时间上有大幅度的缩短,主要是微创专注于一个领域,所以员工更加热爱业务。

客户满意率更高。虽然时间缩短了,服务质量并没有因此而下降,反而是更加优质了。"专业化"经营的微创,在自己的领域里不断攀升,先后通过了COPC标准、ISO标准,"外包供应商必须在自己的专业领域持续改进,不断优化,而专业化的经营,更有可能促进服务的优化。"陆沁说。而且,微软在中国进行技术服务的时候,效仿者颇多,但交给微创以后,由于标准更高,效仿者寥寥无几,客户满意率也由原来的40%提高到70%,达到同行业中比较高的水准。

资源配置更加灵活,包括人力资源配置问题。以前在微软,第四季度是其部门最忙的时候,这个时候员工都忙得不可开交;而4月则是淡季,人们会闲得无聊。

微创的专业与技术服务部正常情况下是50人,在微软那么大的公司,不可能因为业务量的增减而随时增减员工,所以资源并不能得到有效调配。而在微创,虽然人员也不可能随时增减,但由于它服务的是多家公司,每一家的旺季和淡季不同,所以对人力的需求总体较均匀,很少出现"吃不饱"或"吃不了"的情况。

(资料来源:蔡建飞. 生产与运作管理[M]. 沈阳:东北师范大学出版社,2012. 略有改动。)

思考讨论问题:
1. 外包给企业带来哪些好处?会给企业带来哪些负面影响?
2. 企业利用外包策略安排生产计划时,应该如何避免这些负面影响?

课后同步测试

一、思考问答题

1. 试述生产计划的构成及内容。
2. 生产计划的主要指标有哪些?
3. 什么是滚动式计划方法?它有什么优点?
4. 处理非均衡需求有哪几种策略?各有什么特征?适用什么场合?
5. 订货型生产与备货型生产的生产计划重点有什么不同?

二、单项选择题

1. 在生产大纲确定后,一般来说,紧接着进行(   )。
   A. 流程设计 B. 制定战略性的能力计划
   C. 编制产品出产计划 D. 编制物料需求计划
2. (   )将产品出产计划中的具体产品的需求转化为构成产品的零部件和原材料的需求。
   A. 粗略能力计划 B. 物料需求计划
   C. 能力需求计划 D. 库存计划
3. 制定生产大纲需要多项输入,(   )输入来自企业外部。
   A. 现有库存水平 B. 原材料供应能力
   C. 现有员工数量 D. 现有设备能力
4. 制定生产大纲需要多项输入,(   )输入来自企业内部。
   A. 转包商能力 B. 市场需求
   C. 现有设备能力和员工数量 D. 竞争者行为
5. 制定生产大纲时,(   )是实际生产中应用最多的。
   A. 线性决策法则 B. 线性规划法
   C. 反复试验法 D. 模拟法
6. 制定生产大纲,(   )是准时生产的思想。
   A. 改变生产率,使之与需求同步 B. 推迟交货
   C. 改变库存水平 D. 既改变库存水平,又推迟交货
7. 备货型生产的生产计划的特征是(   )。

A. 预测作为主要信息来源
B. 订单作为主要信息来源
C. 生产计划变动大
D. 采用追赶策略(计划量追赶需求的变化)制定

8. 滚动式计划方法的好处是(　　)。
A. 提高计划的连续性　　　　　　　　B. 生产计划稳定不变
C. 可以同时制定不同产品的计划　　　D. 生产成本低

三、判断题

1. 滚动计划的连续性和应变性好,但严肃性差。   (　)
2. 用收入、利润顺序法确定品种,收入少、利润小的产品不应再生产。 (　)
3. 用改变库存水平的策略处理非均匀需求,对劳务性生产也适用。   (　)
4. 产品出产计划是生产大纲的关键输入。   (　)
5. 备货型生产编制生产计划的核心内容是确定品种和产量。   (　)
6. 生产计划大纲可以对计划年度内的品种、价格、交货期等作出具体的规定,从而为制定各期的产品出产计划作出指导。   (　)
7. 企业编制综合生产计划时因为非正式方法的科学性有一定的欠缺,所以在实践中常采用正式的数学方法。   (　)

四、计算题

1. 上海某制造厂生产的一种产品的需求周期为6个月,见表7—15。生产每件产品需要10个小时,劳动成本为正常工作时为6元/小时,加班时则为9元/小时。产品的总成本估计为200元/件,但可以以208元/件的成本转包出去。部门现有工人20人,额外工人的雇用和培训成本为300元/人,解雇工人的成本为400元/人。公司的政策是维持每月预测需求20%的安全库存,每月的安全库存成为下个月的期初库存。现有库存为50件,每月每件产品的库存成本为2元,短缺的成本为每月每件产品20元。

表7—15　　　　　某产品的预测需求量、生产时间及成本信息

月　份	1	2	3	4	5	6
预测需求(件)	300	500	400	100	200	300
工作日(天)	22	19	21	21	22	20
工作时间/[小时(8小时/天)]	176	152	168	168	176	160

试评价以下3种综合生产计划:
(1)计划1:变动工人数以满足需求。
(2)计划2:保持工人数20人不变,用加班和停工来满足需求。
(3)计划3:保持工人数不变,采用库存和缺货的方法。公司在1月初应有50件产品的库存。

2. 已知某工厂可以生产A、B两种产品,两种产品都畅销。生产每种产品的单位消耗和单位利润如表7—16所示。

表 7—16　　　　　　　某工厂生产单位产品的消耗和利润

	利润(元/包)	劳动力(人)	原料(千克)	电力(度)
A	300	1	3	1
B	400	1	7	5

假设该厂有劳动力 7 000 人，可供原料 42 吨，可供电力 3 000 度。要使总利润最高这两种产品各应生产多少？

3. 某企业销售甲、乙两种产品，全月的固定成本为 65 000 元，其他资料如表 7—17 所示。

计算：(1)企业的保本销售额。

(2)各产品的保本销售量。

(3)企业预计销售利润。

表 7—17　　　　　　　产品销售和成本情况

项 目	甲产品	乙产品
单位价格(元)	80	50
变动成本率	0.6	0.7
销售数量(件)	4 000	5 600
销售税率	10%	10%

课外小组实践活动

以小组为单位(4~6 人)，选择某类中小型企业(如学校附近的快餐店、连锁超市等)进行调查访问，了解企业综合生产计划与主生产计划的制定和管理状况，分析这两种计划之间存在的内在逻辑性以及企业是如何处理两者之间的关系的。进一步对企业进行相关信息的调查与收集，了解企业的顾客需求特点，掌握一年中的不同月份、一个月中的不同时间段、每周 7 天的营业收入的变化规律。在此基础上，对顾客需求、销售量或销售收入作出预测，对企业的综合计划和主生产计划制定的合理性作出评价。

第八章 物料需求计划与ERP

【本章学习要点】
- MRP 的基本原理
- 生产能力需求计划与制造资源计划
- MRP 的实施以及企业资源计划(ERP)的概念与功能

【引导案例】

Golden 工厂的 APS 系统导入

福特汽车公司始于 1903 年,是世界最大的汽车企业之一。凭着创始人亨利·福特"制造人人都买得起的汽车"的梦想和卓越远见,福特汽车公司历经一个世纪的风雨沧桑,已经成长为第二大汽车公司。目前,它旗下拥有许多世界著名汽车品牌:福特(Ford)、林肯(Lincoln)、水星(Mercury)、马自达(Mazda)。此外,还拥有全球最大的信贷企业——福特信贷(Ford Financial),全球最大的汽车租赁公司 Hertz 和客户服务品牌 Quality Care。Golden 工厂主要生产汽车的玻璃天窗及其配件,提供给福特公司生产的各种汽车整车使用。天窗的打开过程看似简单,制造它却需要一百多道工序。玻璃天窗的滑动打开过程是一个复杂的、不易控制的过程,而且不同的车型上的应用模式也决定了天窗的多种开启模式。产品形状,尤其是开启过程的稳定性,再加上需要配合各种车型,所以经常会遇到有多种型号需求变动的情况,这就决定了使用人工排程工作效率非常低。在导入永凯 APS 之前,Golden 工厂主要通过 Excel 人工排程,他们面临很多问题。客户方(即整车厂商)只提供给工厂天窗的尺寸、形状、材料、工艺等基本要求和部分标准,但天窗作为一个重要部件涉及整车装配里的许多契合要求,因此当需求需要紧急改动时,Golden 工厂很难根据现有计划快速调整,准确回答客户交货期;计划一旦确定以后,即使能够调整,调整效率也是非常低的。再加上受到设备与产能的制约,很多时候难以平衡生产过程。不同型号天窗一起生产的优化程度低。因此,很难在工序级别上精确控制物料成本。

在使用永凯 APS 之后,为 Golden 实现了很大价值:

1. 帮助实现快速计划变更,并帮助工厂实现成本节约。在生产车间,永凯 APS 能够帮助 Golden 工厂实现生产线上每一道加工工序的精准定位和优化组合,最大限度地减少原料、半

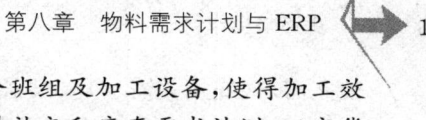

成品的现场停留时间，同时精确计算每道工序的物料投入，配合班组及加工设备，使得加工效率得到明显地提升。永凯 APS 根据产品类型，设置不同的物料补充和库存需求计划，以交货期为基点计算需求时间，确认物料是否满足，从而优化库存，减少资金占用，为工厂节约了成本。永凯 APS 帮助工厂解决快速调整和优化生产计划的同时，通过合理地安排工序和控制物料，帮助工厂实现物料节约和成本降低。

2. 提高瓶颈设备和资源利用率，改善计划执行的工作效率，实现效率化目标。永凯 APS 系统自动制定的生产计划与过程控制方案，帮助工厂在计划实际执行过程中实现优化。在确保订单交期的前提下，车间尽量集中具有相同或相似生产要求的产品和订单放在一起生产，以减少不必要的时间浪费、物料浪费，使得 Golden 工厂的生产计划更加符合实际情况，同时又满足客户需求多、要求多、变化多的特点，而这些功能都可以依靠永凯 APS 系统的强大而灵活的设置规则来实现。根据车间的生产安排控制和管理，物料部门也会自动将不同型号的产品和组件所需的物料输送至相应的位置，按照已规划的路线，自动完成生产过程，这就是永凯 APS 带来计划共享的有利之处。

3. 实现柔性化生产和计划执行透明化，提升工厂接应多型号、小批量客户订单的能力和生产效率。Golden 工厂的总装生产线虽然具有适合多种型号产品的柔性生产系统，但由于人工计划情况下，总是使得生产实际执行情况和原先的计划不能及时匹配。引入永凯 APS 以后，总装车间共有十几条生产线，可以按照计划进行实时反馈，不再需要计划人员到生产现场查看执行情况。如果某条生产线出现问题，整个生产线也不会停止运转；在这种情况下，计划人员仍然能够及时调整生产计划和实绩的执行误差，采用了永凯的 APS 系统进行工序和流程排产，实现混线生产，生产效率大为提高，这样就可以把每项工作步骤的过程数据合理分配到车辆上。

（资料来源：http://www.yukontek.com/chenGong_47.html.）

思考：对于 Golden 公司，APS 系统导入帮助其实现了物料需求计划管理的哪些方面？

第一节　MRP 的产生

物料需求计划（material requirement planning，MRP）是指根据产品结构各层次物品的从属和数量关系，以每个物品为计划对象，以完工时期为时间基准倒排计划，按提前期长短区别各个物品下达计划时间的先后顺序，是一种工业制造企业内物资计划管理模式。MRP 是根据市场需求预测和顾客订单制定产品的生产计划，然后基于产品生成进度计划，组成产品的材料结构表和库存状况，通过计算机计算所需物料的需求量和需求时间，从而确定材料的加工进度和订货日程的一种实用技术。

一、独立需求与相关需求

20 世纪 60 年代中期，美国 IBM 公司的管理专家约瑟夫·奥利基博士首先提出了独立需求和相关需求的概念，将企业内的物料分成独立需求物料和相关需求物料两种类型。

独立需求指外界或消费者对制成品或最终产品的市场需求，亦即企业所承接市场的订单需求，因为它的需求量是由市场所决定，企业本身只可根据以往的经验法则予以预测，而无法加以控制或决定。当对一项物料的需求与对其他物料项目或最终产品的需求有关时，称为非独立需求(或相关需求)。根据这种相关性,企业可以精确地计算出它的需求量和需求时间,因此,相关需求是一种确定型需求。例如,用户对企业完成品的需求一旦确定,与该产品有关的零部件、原材料的需求就随之确定,对这些零部件、原材料的需求就是相关需求。对于具体的物料项目,有时可能既有独立需求又有非独立需求。

二、订货点法的局限性

在物料管理思想出现以前,人们更多关心库存管理,因为库存问题对于企业管理问题比较突出。早在20世纪30年代,西方经济学家推出了订货点法,之后广泛运用于库存管理之中。对于某种物料或产品,由于生产或销售的原因而逐渐减少,当库存量降低到某一预先设定的点时,即开始发出订货单(采购单或加工单)来补充库存。直至库存量降低到安全库存时,发出的订单所定购的物料(产品)刚好到达仓库,补充前一时期的消耗,这一订货的数值点,即称为订货点,订货点法示意图见图8—1。

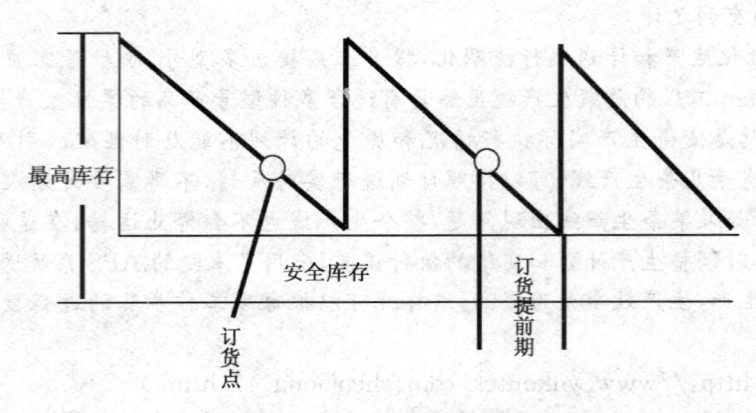

图8—1 订货点法示意图

订货点法是一种按照过去的经验来预测未来物料需求的方法。其实质是"库存补充",即把物料的库存填满到某个原来的状态。库存补充的原则是保证在任何时候仓库里都有一定数量的存货,以便需要时随时取用。这种方法的运用是在三个假设条件下进行的:(1)对各种物料的需求是相互独立的;(2)物料需求是连续发生的;(3)库存消耗之后,应被重新填满。但在实际生产中,不仅要解决具有独立需求的库存控制问题,还要满足具有相关需求特征的物料的库存控制要求。在这种情况下,使用订货点法就显现出一些明显的弊端。

订货点法的缺陷主要表现在以下几个方面:(1)盲目性。由于市场需求的不均衡以及对市场需求的情况不了解,为了保证对市场需求的服务水平,企业不得不保持一个较大数量的库存来应付这种需求。这样盲目地维持一定量的库存会造成资金积压,造成浪费。(2)高库存与低服务水平并存。订货点法不考虑物料项目之间的关系,每项物料的订货点分别独立地加以确定。由于对各项物料分别独立地进行预测和订货,就会在装配时发生各项物料数量不匹配的情况。这样,虽然单项物料的供货率提高了,但总的供货率却降低了。(3)形成"块状"需求。在制造过程中形成的需求一般都是非均衡的:不需要的时候为零,一旦需要就是一批。在产品的需求率相对平稳的情况下,采用订货点方法,相关需求则是"跳跃"式的,即在没有需求发生时,库存着成批零件,一旦有需求发生,库存陡然下降一大截,使得需求呈现出"块状"。"块状"需求与"锯齿状"需求相比,平均库存水平几乎提高1倍,因而占用更多的资金。

三、MRP 的产生

订货点法之所以有这些缺陷,是因为它没有按照各种物料真正需用的数量、时间来确定订货数量和日期。人们于是思考:怎样才能在需要的时间、需要的地点,按需要的数量和需要的质量,得到真正需要的物料,从而消除盲目性,实现低库存与高服务水平并存? MRP 便是当时库存管理专家们为解决传统库存控制方法的不足,不断探索新的库存控制方法的过程中产生的。

20 世纪 60 年代中期,美国 IBM 公司奥列基博士首先提出物料需求计划方案。MRP 既是一种存货控制方法,也是一种时间进度安排方法。它从预定日期开始,把产成品特定数量的生产计划向后转换成组合零件与原材料需求,用生产提前期及其他信息决定何时订货以及订多少货。MRP 主要解决四个方面的问题:要生产什么(根据主生产计划);要用到什么(根据物料清单);已经有了什么(根据库存信息);还缺什么,何时生产或订购。

MRP 与订货点法的区别主要有三点:(1)MRP 通过产品结构将所有物料的需求联系起来。(2)将物料需求分为独立需求和非独立需求并分别加以处理。(3)对物料的库存状态数据引入了时间分段的概念:根据产品的需求时间和需求数量进行展开,按时间段确定不同时期各种物料的需求。

第二节 MRP 系统

一、MRP 的基本思想

MRP 的基本思想是,围绕物料转化组织制造资源,实现按需要准时生产。包含了两个方面要求:一是 MRP 的目标;二是 MRP 实现目标的方式。以加工装配式生产运作为例,其工艺顺序是:原材料—毛坯—零部件—产品。显然,如果要求按一定的交货时间提供不同数量的各种产品,就必须提前一定时间加工所需数量的各种零部件,进而必须提前一定时间准备所需数量的各种毛坯,直至提前一定时间准备所需数量的各种原材料。这说明了产品、零部件和原材料的生产运作,相互间在数量、时间标准上客观存在着一定的逻辑关系,这就是 MRP 的理论基础。按照这一逻辑关系,只要确定了产品的出产数量和出产时间,就可沿着反工艺顺序进行逆推,确定所有零部件的出产数量和出产时间,直至确定所有原材料的出产数量和出产时间。与此同时,可以根据不同物料转化与其所需要的制造资源(机器设备、场地、工具、工艺装备、人力和资金等)之间的关系,确定对这些制造资源的需要数量和需要时间。可见,MRP 是沿着物料转化过程这条主线,以物料转化为中心,从确保物料正确转化入手来组织制造资源,以实现正确生产运作,很好地满足用户需要。

二、MRP 在管理中的地位和机制

企业的最高层领导确定企业的经营战略与目标,确定全面安排本企业生产经营活动的企业经营计划。然后,根据预测和工厂当前资源条件确定年度和季度生产计划。在确定生产计划的过程中,要进行任务与能力平衡。这种平衡是粗略的,是以假定产品或代表产品为计划单位核算的(图 8-2 描述了 MRP 在生产经营系统中的地位和作用)。经过 MRP 程序的处理,

将产品出产计划转化为自制件投入出产计划和外购件需求计划。自制件投入出产计划是一种生产作业计划,它规定了构成产品的每个零件的投入和出产的时间及数量,使各个生产阶段互相衔接,准时地进行。外购件的需求计划规定了每种外购零部件和原材料的需要时间及数量。按照外购件需求计划,按时向供货单位提出订货。提出订货后,不断从供货单位得到信息,连同生产过程中零部件的完工信息,一起输送到库存状态文件中。

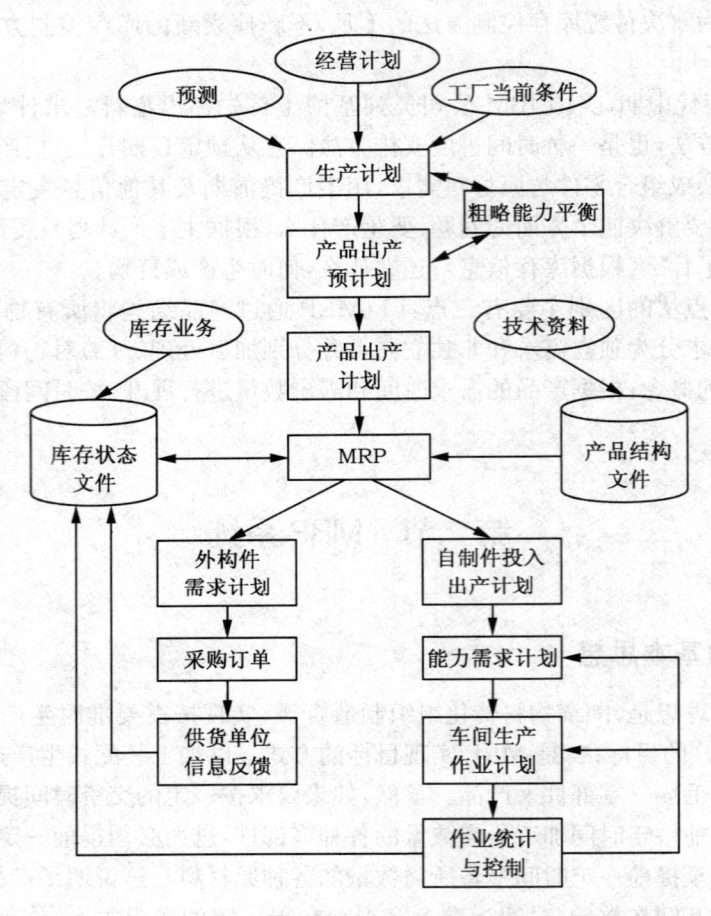

图 8-2 MRP 在生产经营系统中的地位和作用

MRP 的运作机制是:由主生产计划导出零部件、原材料等相关需求的需求量、需求时间及订货时间,以此为基础导出对各种制造资源的需要数量和需要时间。MRP 系统的核心部分由输入、计算处理和输出三部分组成。其中,输入包括主生产计划、物料清单文件和库存状况文件,计算处理指事先编制好的计算机程序,输出包括发挥不同作用的主要报告和次要报告两大类。

MRP 系统的基本工作流程(如图 8-3 所示)是:在企业经营计划和生产运作计划的基础上,首先根据用户订单和需求预测生成主生产计划,明确特定时间的产品生产数量;其次,根据物料清单文件和库存状况文件,应用计算机程序自动进行计算处理,明确有关零部件、原材料等相关需求的需求量、需求日程、生产运作或采购日程;最后,确认和打印有关报告,并据此下达计划任务。

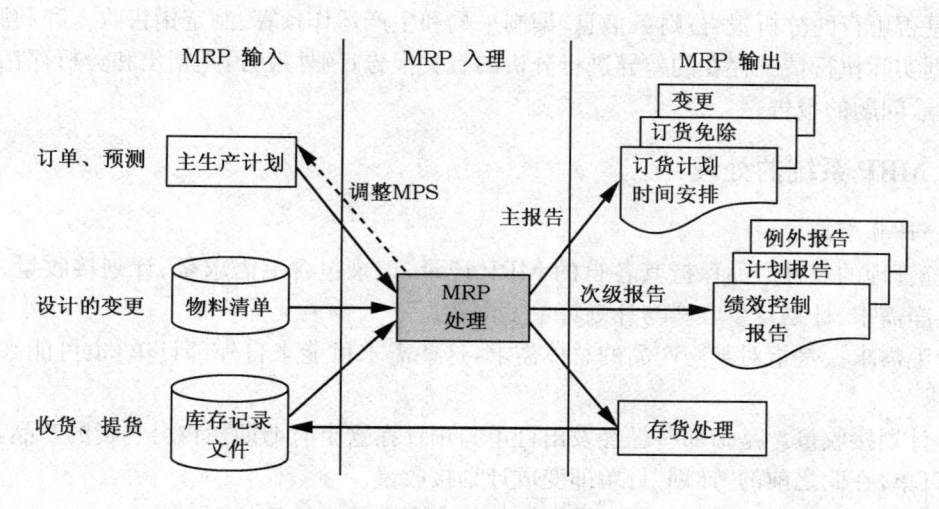

图 8—3　MRP 基本工作流程

三、MRP 系统的输入

MRP 系统的输入主要包括以下几个方面：

（一）主生产计划

它是描述企业最终产品生产运作安排的计划，即回答在特定的时间应当出产哪种最终产品、出产多少的计划。它以最终产品为对象，是驱动 MRP 运行的基本信息和动力。

（二）物料清单文件

物料清单文件又称为产品结构文件，是对一个最终产品的零部件和原材料构成，以及在数量和先后顺序上相互间关系的完整描述。在实际工作中，可用树状的数据结构表示。

（三）库存状况文件

这是记录 MRP 系统的所有物料库存情况的文件。企业应当订什么物料、订多少、何时发出订单等许多重要信息，都存储在该文件中。库存状况文件的基本功能是记录和保存每种物料的有关数据，明确各种物料的预计使用量和预计入库量，以确定每期所需物料能否得到满足，并在不满足时导出该物料的订货时间和订货量，为订货决策提供依据。

四、MRP 系统的输出

MRP 系统可以提供多种不同内容与形式的输出，其中最主要的是各种报告，分成主报告和辅助报告两大类，并且随着 MRP 系统的发展，辅助报告部分还在不断扩展。主要包括：

（一）主报告部分

计划订货，显示未来各周物料的预计订货和预计订货下达的信息，将来的订单下达工作提供蓝本，实际上给出了所有物料的投入和出产计划；订单发布通知，突出显示第 1 周的预计订货下达，提示第 1 周应当下达订单的有关物料的名称和数量；修改通知，包括改变订单的订货量和交货期，取消或暂停某些订单等；库存状况数据，对零部件完工情况、外购物料到货情况进行跟踪统计，以提供各种物料的库存状况数据，供随时查询。

（二）辅助报告部分

包括：仿真报告，结合企业的资源情况和条件限制，对未来各需求方案的效果进行模拟，以评价其是否可行的分析报告；财务信息，编制采购和生产运作预算、制定销售收入和利润计划，并对计划实际执行情况存在的差异进行分析的有关报告；例外报告，是指出和分析存在的一些严重偏差、问题的报告。

五、MRP系统的处理

(一)计算项目

系统管理的每种产品保持其各自的MRP记录，记录包含毛需求量、计划接收量、预计可用库存、净需求、计划订单收料与计划订单发出数据。

(1)毛需求。是指对某一产品的总体需求，这些需求可能来自外部订单，也可能来自内部制造需求。

(2)计划接收量。是指那些已经发出订单并预计在这个时期期初将会到货的产品，一旦发出书面订单，在此之前的"计划"订单即变成计划接收量。

(3)预计可用库存。是预计某一时期期初的库存数量。计算如下：

预计可用库存量＝预计可用库存－毛需求＋计划接收量＋计划订单收料－安全库存

(4)净需求。是当预计可用库存加上计划接收量还不满足毛需求时所需要的数量。

(5)计划订单收料。是指满足该期净需求的订单批量。

(6)计划订单发出。是指计划订单收料扣除提前期。

(二)处理过程

MRP处理过程采用自上而下、逐层处理的方法。从产品结构最高层向最底层逐一处理。整个处理过程围绕两点来做：一是根据主生产计划、产品结构文件和库存状态文件计算出所有物料需求量和时间；二是根据产品生产或采购提前期计算出产品生产或采购开始时间。如图8—4所示。

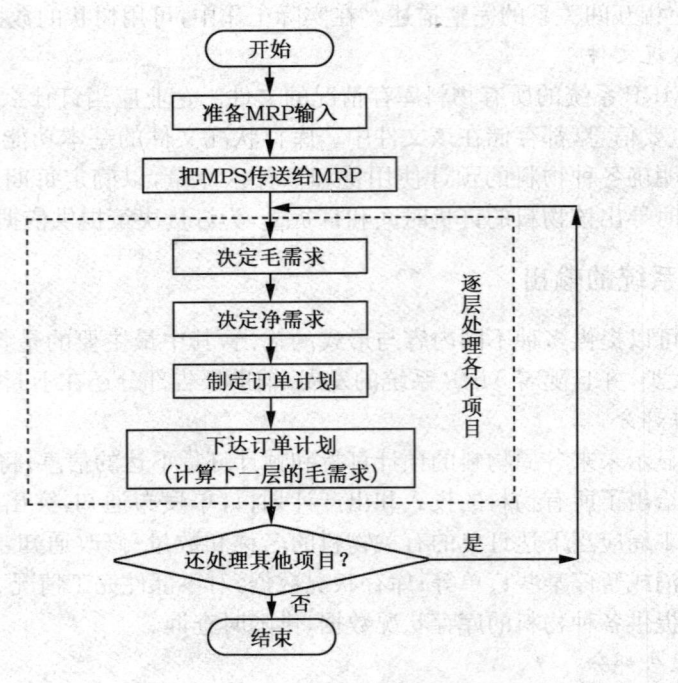

图 8—4 MRP 处理流程图

(三)示例说明

通过以下示例说明 MRP 处理过程。

安培公司生产一系列电表,电力公司将其安装在住宅建筑,用以测量电力的使用量。用于单户家庭的电表有适于不同电压和电流范围的两种基本类型。除了完整的电表外,也单独出售组件,以供维修或供不同的电压或电力负荷转换使用。MRP 系统的问题在于确定生产计划以识别每一种产品及其需求期与适当的数量。然后,检查计划的可行性,并做出必要的改动。

步骤一:需求预测。

电表及组件的需求来源于两个方面:发出固定订单的老客户与对这些产品产生正态随机需求的不确定顾客。随机需求的预测需要结合科学适用的手段以及历史数据,电表 A 与 B 及组件 D 三个月期(3~5 月份)的需求量如表 8—1 所示,生产电表也需要"其他零配件",为了使例子简单明了,保持可控性,我们暂时不包括在内。

表 8—1　　　　　来自确定顾客订单与随机源的产品需求

月份	电表 A 已知	电表 A 随机	电表 B 已知	电表 B 随机	组件 D 已知	组件 D 随机
3	1 000	250	410	60	200	70
4	600	250	300	60	180	70
5	300	250	500	60	250	70

步骤二:制定主生产计划。

对于表 8—1 所示的电表和组件需求,我们假设当月第一个星期就已经获知为满足确定与随机需求所需的总数量。这个假设是合理的,因为管理层宁愿每一个月生产单一批量的电表,而不是同时生产很多批量。

在这些条件下及 3、4、5 月的需求在每月的第 1 周(或者第 9、13、17 周)就已经知道的情况下,我们采用的主生产计划可以制作如表 8—2 所示。为简洁起见,我们考虑第 9 周的需求。我们制定的主生产计划需要接受检验,考察资源的可获得性,能力的可获得性等,然后修改并重新运行。

表 8—2　　　　　满足表 8—1 所示需求的主生产计划

	星期								
	9	10	11	12	13	14	15	16	17
电表 A	1 250				850				550
电表 B	470				360				560
组件 D	270				250				320

步骤三:确认物料清单文件(BOM)。

电表 A 和 B 产品结构如图 8—5 所示,采用经典的底层编码方式,在这里,所有的产品都被置于其出现的结构层级的最低层级。电表 A 和 B 有通用组件 C 和零件 D 组成,在这里为了进一步简化问题,我们将集中研究其中的一个零件,即零件 D,它是一个变压器。从产品结构图中我们可以看出,零件 D 也用组件 C,该组件也用于生产电表 A。用于生产 C 的 D 旁边括号里的 2 表示每生产一单元的组件 C 都需要 2 个单元的零件 D。组件 C 直接用于生产电表 A 和 B,所以我们一般会先生产部分组件 C 作为安全库存,在最终装配过程中,如果需要装配电表 A，就还会需要一个零件 D。

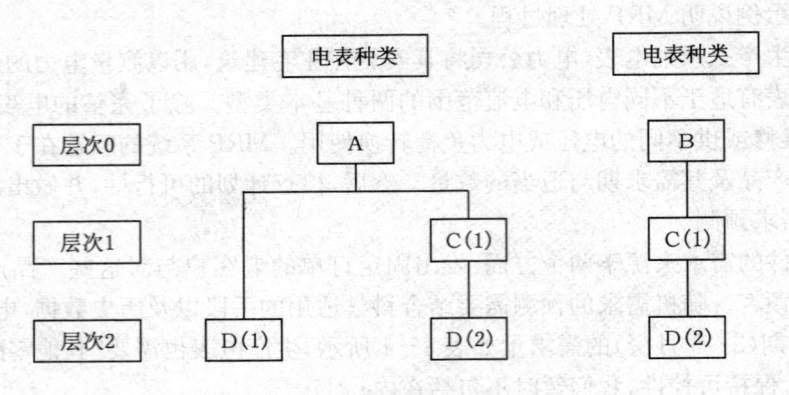

图 8－5　产品结构图（BOM）

步骤四：确认各种可利用资源，检查初步制定的主生产计划的可实施性。

相关的数据包括程序开始运行时的现有库存、安全库存要求以及已经发出订单的现状（如表 8－3 所示）。安全库存是我们总是希望保留的一种产品的最小库存状态，例如，对组件 C，我们从不希望其库存低于 5 个单元。我们也看到对电表 B 有一份 10 个单元的订单，计划要求在周一到货，另一份对 100 个单元的零件 D（变压器）的订单计划第 4 周到货。

表 8－3　　　　库存记录文件中体现的现有产品及组件的数量和提前期数据

产品	现有库存	提前期（星期）	安全库存	订单数量
A	50	2	0	
B	60	2	0	10（第 5 周）
C	40	1	5	
D	200	1	20	100（第 4 周）

步骤五：MRP 的程序逻辑运算。

如表 8－4 所示，我们将分析限制在满足第 9 周毛需求 1 250 单位电表 A、470 单位电表 B 以及 270 单位电压器 D 的问题上。从电表 A 开始，预计可用库存为 50 单位，第 9 周之前都没有净需求，直到第 9 周，需要额外的 1 200 单元以满足主生产计划中 1 250 的需求。因此，第 9 周的计划接收数量为 1 200 单元，由于提前期为 2 周，该订单必须在第 7 周发出。

电表 B 第 5 周有计划订单 10 单位，我们预计第 6 周的可用库存为 70 单位，为满足第 9 周的 470 单位的毛需求，需要额外 400 单位的净需求，为了满足该需求，400 单位的订单必须在第 7 周发出。

电表 A 和 B 的生产中都需要使用组件 C，所以为满足第 7 周的发货，对于第 7 周 C 的需求总量是 1 600 单位，预计可用库存为 40 现有减去 5 单位安全库存，为 35 单位，所以净需求变为 1 565 单位，C 组件的批量订货策略为 2 000 单位，提前期是 1 周，因为有 2 000 单位 C 组件应在第 6 周发出，第 8 周之后就剩下 435 单位。

产品 D 有不同的需求源，由于 BOM 中 2 单位 D 做 1 单位 C，所以 4 000 单位 D 零件需要在第 6 周收到，另外加上第 7 周需要的 1 200 单位 D，第 9 周需要 270 单位订单，第 6 周需要 4 000－100－200＋20＝3 720 单位的净需求。零件 D 的批量订货数量为 5 000 单位，当第 9

周订单数量无法满足,净需求变为190单位时,使得第9周收货量为5 000单位。

表8－4　　　　　　展开式的电表A与B及组件C与D的物料需求计划表

产品		星期					
		4	5	6	7	8	9
A 提前期=2周 现有=50单位 安全库存=0单位 订单数量=按需求量	毛需求 计划收料 预计可用库存 净需求 计划订单收料 计划订单发出	50	50	50	50 1 200	50	1 250 50 1 200 1 200
B 提前期=2周 现有=60单位 安全库存=0单位 订单数量=按需求量	毛需求 计划收料 预计可用库存 净需求 计划订单收料 计划订单发出	60	10 60	70 400	70	70	470 70 400 400
C 提前期=1周 现有=40单位 安全库存=5单位 订单数量=2 000单位	毛需求 计划收料 预计可用库存 净需求 计划订单收料 计划订单发出	35	35	35 2 000	400+1 200 35 1 565 2 000	435	435
D 提前期=1周 现有=200单位 安全库存=20单位 订单数量=5 000单位	毛需求 计划收料 预计可用库存 净需求 计划订单收料 计划订单发出	100 180	280	4 000 280 3 720 5 000	1 200 1 280	80 5 000	270 80 190 5 000

第三节　从 MRP 到 ERP

一、MRP、闭环 MRP 及 MRP Ⅱ 各自特点及局限

(一) MRP 特点

MRP 一方面具有自身的优点:定价更有竞争性;销售价格降低;库存减少;更好的顾客服务;对市场需求的反应更快;改变主计划的能力增强;生产准备和设备拆卸的费用降低;空闲时间减少。另一方面,又有一些局限性:一是缺少高层管理人员应承担的义务;二是对 MRP 仅仅是一个需要正确使用的软件工具这一点没有一个正确的认识,人们往往过分强调了其功能(MRP 被描述成了一个运行公司的完全和独一无二的系统,而不是整个系统的一部分);三是 MRP 如何与 JIT 相互作用。

(二) 闭环 MRP 特点

闭环 MRP 优点主要表现在:

(1)主生产计划来源于企业的生产经营计划与市场需求(如合同、订单等)。

(2)主生产计划与物料需求计划的运行(或执行)伴随着能力与负荷的运行,从而保证计划是可靠的。

(3)采购与生产加工的作业计划与执行是物流的加工变化过程,同时又是控制能力的投入与产出过程。

(4)能力的执行情况最终反馈到计划制定层,整个过程是能力不断执行与调整的过程。

闭环 MRP 也具有一些缺陷:生产的运作过程,产品从原材料的投入到成品的产出过程都伴随着企业资金的流通过程,对这一点,闭环 MRP 却无法反映出来。

(三)MRP Ⅱ 特点

(1)管理的系统性。MRP Ⅱ 系统是一个完整的经营生产管理计划体系,是实现企业整体效益的有效管理模式。它把企业所有与生产经营直接相关部门的工作联成一个整体,每个部门都从系统整体出发做好本职工作,每个人都清楚自己的工作同其他职能的关系。

(2)数据共享性。企业各部门都依据同一数据库提供的信息,按规范化的处理程序进行管理和决策。任何一种数据变动都能及时地反映给所有部门,改变了过去那种信息不同、情况不明、盲目决策、相互矛盾的现象。

(3)动态性。可不断跟踪、控制和反馈瞬息万变的实际情况,使企业的管理层能够对企业内外环境的变化作出迅速的反应,提高企业在市场中的应变能力和竞争力。

(4)模拟预见性。通过对经营生产信息的逻辑分析,企业可事先采取措施,模拟未来情况作出合理决策,保障企业的平稳运行。

(5)物流和资金流的统一性。MRP Ⅱ 系统包罗了成本会计和财务功能,可以由生产经营活动直接产生财务数字,把实物形态的物料流动直接转换为价值形态的资金流动,使物流与资金流具有一致性。财务管理部门可以及时得到资金信息用来控制成本,通过资金流动状况反映物流和生产作业情况,随时分析企业的经济效益,参与决策,指导经营和生产活动。

但随着市场竞争日趋激烈和科技的进步,MRP Ⅱ 也逐步显示出其局限性,主要表现在以下几个方面:(1)企业竞争范围的扩大,要求在企业的各个方面加强管理,并要求企业有更高的信息化集成,MRP Ⅱ 都已经无法满足。(2)企业规模不断扩大。大集团、多工厂要求协同作战。这些既要独立,又要统一的资源共享管理是 MRP Ⅱ 目前无法解决的。(3)信息全球化趋势的发展要求企业之间加强信息交流和信息共享。信息管理要求扩大到整个供需链的管理,这些更是 MRP Ⅱ 所不能解决的。

(四)ERP 的特点

ERP 优点表现在:(1)系统不需要太多的开发,主要通过参数配置来完成系统需求,这样实施人员可以将主要精力放在流程梳理、流程优化上,最终实现最优的管理流程。(2)由于日常管理流程的改变,套件系统只需要必要的参数配置即可完成流程的改变,而定制开发的软件需要从源码开始重新开发,过程复杂速度慢。(3)ERP 本身是先进管理思想和管理模式的载体,企业实施 ERP 等于引进该行业先进企业的管理经验与模式。(4)系统架构好,易于系统扩充。

ERP 的缺点主要表现在:(1)系统配置复杂,系统维护需要维护人员有一定的经验。(2)不能满足某些个性化需求。

二、MRP、闭环 MRP、MRP Ⅱ 与 ERP 关联性

MRP 和闭环 MRP 的计算过程是一样的,只不过闭环 MRP 在生产物料需求计划后,还会

依据生产工艺,推算出生产这些物料所需的生产能力。然后与现有的生产能力进行对比,检查该计划的可行性。若不可行,则返回修改物料需求计划或主生产计划,直至达到满意平衡。而 MRPⅡ融入了财务会计信息,实现了物料信息同资金信息的集成,ERP在MRPⅡ的基础上扩展了管理范围,它把客户需求和企业内部的制造活动以及供应商的制造资源整合在一起,形成企业一个完整的供应链并对供应链上的所有环节进行有效管理。

MRP仅仅解决了企业物料供需信息的集成,闭环MRP在生产物料需求计划后,还会依据生产工艺,推算出生产这些物料所需的生产能力。然后与现有的生产能力进行对比,检查该计划的可行性。而MRPⅡ融入了财务会计信息,实现了物料信息与资金信息集成;ERP是包括MRP和MRPⅡ所有信息集成功能的面向供应链管理的信息集成系统。ERP是一个高度集成的信息系统。简单地说,MRP是ERP的核心功能,MRPⅡ是ERP的重要组成。

MRPⅡ是在MRP的基础上发展起来的,ERP也是在MRPⅡ填充了更多的现代管理技术,从而更加广泛地被应用(见图8-6,MRP、MRPⅡ、ERP的扩展关系)。三者之间过程的不同,主要可以概括为以下三点:

(1)MRP是一种保证既不出现短缺,也不积压库存的计划方法,是ERP系统的核心功能模块。MRP包含几个要素:原料、生产、销售、产品结构。MRP解决了企业物料供需信息的集成,但没有说明企业的经营效益。

(2)MRPⅡ采用管理会计的概念,实现物料信息和资金信息的集成;MRPⅡ以产品结构为基础,从最底层的采购成本开始,逐层向上累计材料费、制造费用、人工费用,得到零部件直到最终产品的成本。再进一步结合营销和销售,分析产品的获利情况。

(3)ERP是面向供需链的管理信息集成。除了制造、供销、财务功能外,还支持物料流通体系的运输管理、仓库管理、在线分析、售后服务、备品备件管理;支持多语言、多币种、复杂的跨国组织、混合型生产制造类型;支持远程通信、电子商务、工作流的集成;支持企业资本管理;ERP实际上已经超越制造业的范围,成为具有广泛适应性的企业管理信息系统。

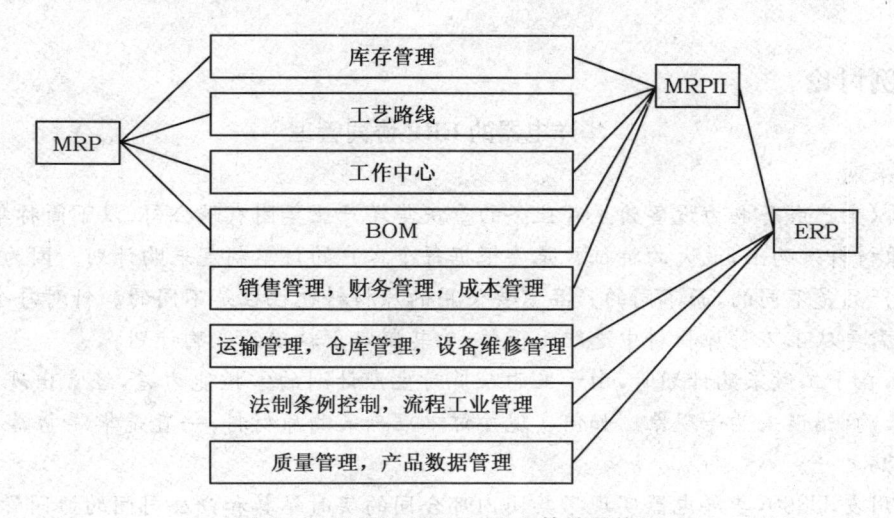

图8-6 MRP、MRPⅡ、ERP的扩展关系

本章小结

本章介绍了物料需求计划 MRP、闭环 MRP、制造资源计划 MRP Ⅱ 及企业资源计划 ERP。第一节介绍了订货点法、物料需求计划发展;第二节介绍了 MRP 基本思想、MRP 在管理中的作用、MRP 系统输入、输出和处理方法;第三节介绍从 MRP 到 ERP,讲述了 MRP、闭环 MRP 及 MRP Ⅱ 各自特点及局限,以及 MRP、闭环 MRP、MRP Ⅱ 与 ERP 的关联性。

延伸阅读

[1] 仲秋雁等.中国企业 ERP 实施关键成功因素的实证研究[J].中国软科学,2004(2).

[2] 郭树东.基于协同商务的企业资源计划 Ⅱ 体系构建研究[J].北京交通大学学报,2005(3).

[3] 陈淮莉等.一种新型供应链物料需求计划模型[J].上海交通大学学报,2005(1).

[4] 莫登耀等.MRP Ⅱ / ERP 中混合型物料需求计划的研究与实现[J].厦门大学学报(自然科学版),2005(4).

[5] 王存存等.逆向物料需求计划系统的运作逻辑研究[J].商业时代,2010(9).

[6] 林莉.电子商务环境下的企业资源计划[J].北方经济,2010(16).

[7] 何春龙等.基于 MATLAB 的物料需求计划优化模型研究[J].价值工程,2011(29).

[8] 马彤兵.准时化与企业资源计划集成化应用研究[J].经济师,2012(11).

[9] 杨国梁.物料需求计划在生产企业的应用研究[J].物流工程与管理,2013(5).

[10] 孔令夷等.面向信息化的企业资源计划核心模块优化[J].西安邮电学院学报,2013(3).

案例讨论

华洋电器的 ERP 协同管理

按单采购

对于以生产成套电力设备为主营业务的重庆华洋产业集团有限公司(以下简称华洋电器)来说,在原材料采购上,最大的特征就是要根据每个客户的订单制定采购计划。因为不同的客户采购的产品是不同的,而不同的产品需要使用的原材料也往往是不同的。针对每个订单,华洋电器都需要从上万种原材料中选配元器件,为其制定出精确的采购计划。

以前,在手工做采购计划时,由于采购人员对生产计划的掌控能力差,经常出现原材料少采购、多采购、错误采购等现象。如何实现按订单准确采购原材料,一直是华洋电器在上 ERP 之前的心病之一。

通过用友 U860,华洋电器实现了集团内部合同的实时结算和分公司间的协同管理。

批量采购

对于华洋电器来讲,采购计划做少时,需要在生产过程中根据需要临时增加采购,并造成生产无法按计划进行,客户交付期无法保证;采购计划做多时,则造成库存增加,而由于公司客户的订单极具个性化,多采购回来的原材料,往往在很长时间内无法用于其他生产,将给公司带来库存资金的长期积压。

理论上,从接到订单到交付产品,客户会给予华洋电器充足时间实施原材料采购与生产制造。在采购计划、生产计划都准确无误的情况下,华洋电器也能够轻松保证交付期。因此,对于在生产能力上控制比较强的华洋电器来说,如果采购计划准确无误并实现准确采购,公司就没有必要设置库存增加资金压力。

但是为了保证交付周期,在手工制定采购计划时,华洋电器不得不将计划制定得相对富余,以保证有足够的物料保证生产。为此,公司一直在寻找能够实现准确制定采购计划的方法,这也成为其选择用友U860的重要原因之一。

对于华洋电器这样的成套电力设备生产企业,用友U860在基于标准的基础上,结合该行业特点,为其提供了具有成套件制造行业针对性的ERP产品。该系统上线之后,华洋电器的采购计划完全由系统自动生成,不但解决了订单分解成采购计划准确性问题,而且还帮助公司实现了原材料批量采购。

以前,华洋电器连按照订单准确制定出采购计划都无法实现,更不用说将多个同期订单分解,统一制定成批量采购计划。现在,ERP的上线,让公司实现对同期所有订单的集中管理,同期订单全部被纳入ERP系统,通过系统分解订单,将各订单所需相同的原材料进行归类,制定出批量采购计划。这样既节约了采购时间,还获得了采购成本优势。

内部合同

华洋电器的内部管理极具特色,集团内部将销售、生产、采购分设为独立核算的公司,并通过内部合同的方式来进行集团内部结算。在生产过程中,生产公司需要与物资公司(负责原材料采购)进行内部合同结算,而销售公司又需要与生产公司进行内部合同结算。

销售公司接到订单后,需要将订单转化为与生产公司及物资公司的内部合同,该合同又称为全成本合同,将涵盖原材料成本、制造成本、运输成本、包装成本等所有成本。通过将全成本与订单销售额的对比,集团将掌握订单的成本与利润核算。

精确核算

身处竞争激烈的市场环境下,华洋电器的销售人员往往为了抢单,会不顾生产成本就急于与客户签订销售合同。而公司面对销售人员拿回来的订单,也往往无法准确核算出成本与利润,从而不管有无利润就照单生产,并导致集团无法对下属各公司进行有效考核。

针对上述问题,华洋电器采用了内部合同的方式对各公司实施管理,通过内部结算来考核分公司。比如说,销售公司接到客户订单后,通过与集团内分公司的全成本合同结算,集团就能有效掌握销售公司在该订单上创造的利润率,实现对销售公司的考核。同样,生产公司与物资公司也通过内部合同,结算出生产上、采购上完成的生产任务。

但是在这种情况下,集团内部就会出现多套账目,销售公司有销售公司的账套,生产公司有生产公司的账套,物资公司又有物资公司的账套。这些账套之间的结算,全部依赖人工方式,不但费时费力,还容易出错,并且实际结算时间相对滞后,导致管理层不能实时掌控生产管理。

而且由于这种结算方式相对滞后,无法实时实现各分公司的账面结算,造成销售人员仍然无法在签单伊始就充分了解订单的成本与利润率,无法让销售人员在面对激烈竞争之时,有效避免签订不能覆盖成本的订单。

通过用友U860的上线,华洋电器的内部合同结算大为改观。首先,各分公司之间实现了统一账套,再也不用财务人员打印出各自账目,进行人工核对,用友U860自动实现各分公司账目之间的核算;其次,销售人员在签署订单之前,可以先将订单的相关信息与销售额输入系统,由系统进行模拟内部合同结算,在扣除全成本之后,计算出实际利润,这样就有效避免了销售人员与客户签订负利润订单。

与此同时,集团对内部分公司的考核也变得及时有效,并且能够让集团领导层根据整个生产上的实时信息,及时调整生产管理方式,真正有效提升了整个集团的管理水平。

协同管理

华洋电器在业务管理上分为两个层面:一个层面是集团下属分公司自身业务的管理;另一个层面是分公司之间的协同管理。这两个层面上的管理缺一不可。没有分公司内部业务正常运转,集团业务正常运转无从谈起;而分公司间协作能力差,则会导致集团业务运转效率下降。

但是在以往缺乏信息管理平台,无法实时准确掌握生产信息时,即使要实现分公司内部业务有效管理都有难度,更不用说难度更高的分公司之间的协同管理。许多管理基本停滞在书面下达计划、人工比对账单、电话沟通交流等层面上,无法实现分公司间的高效协作。

掌控生产

与许多生产成套电力设备的企业相似,华洋电器的客户对产品的品种、型号、规格呈多样化、个性化要求。这就要求公司采用按单生产的方式进行生产管理:首先由销售部门将订单提交给产品设计部门,然后由设计部门将订单转化为多张图纸分别提交给物资公司和生产公司。

在此过程中,设计部门的作用举足轻重。一旦设计部门提供的图纸与清单出现问题,将影响各分公司业务的正常运转。但在手工操作情况下,一些错误又不可避免。例如设计部门提供的图纸,可能由于工程师的笔迹潦草,而导致采购人员辨别失误。

面对这种情况,采购员有时就像是中药店内的抓药人员,采购员根据设计部门提供的"药方"来"抓药",但是不同的设计工程师往往会使用一些简称或术语来代替原材料的标准名称,这就导致采购员在"按单抓药"过程中很容易出错。

此外,在实际生产过程中,客户的产品需求在大的方面可划分为不同产品系列,小的方面又可划分为不同的产品规格。对于不同的产品系列,主件上存在差异,但在辅件上却可能一样;而对于同一产品系列,其主件可能一样,只是在辅件上存在差异。

为了解决"摸瞎抓药"问题,管理好客户订单,实现分公司间的信息流转与共享,从而提高分公司间的业务协作,华洋电器通过多方调研选择上线用友 U860 系统。

首先,通过将设计部门的 PDM 系统与用友 U860 系统实现集成,让设计人员在统一系统内实现设计方案。然后,通过在用友 U860 的 BOM 内设置结构自由项,让生产公司与物资公司在系统内调出主件设计方案的同时,辅件同时以下拉菜单的方式出现在主件下方,这样就有效杜绝了由于产品品种繁多而导致采购与生产环节出现的错误。

通过用友 U860 对生产的管理,在杜绝采购、生产出现错误的同时,各分公司通过对生产信息的实时掌控,提高了相互间业务上的协作能力,而集团也有效提高了对下属各分公司生产的协同掌控能力。

(资料来源:道客巴巴,在线文档分享平台.http://www.doc88.com/p-783378957382.html.)

思考讨论问题:

1. 在没有实施 ERP 之前,华洋电器的物料采购流程存在什么问题?实施 ERP 为该公司解决了什么问题?

2. 华洋电器的 ERP 系统使生产管理获得了哪些方面的协同?

课后同步测试

一、名词解释
MRP　净需求量　主生产计划(MPS)　物料清单(BOM)　ERP

二、思考问答题
1. 物料需求计划的基本观点是什么？
2. 物料需求计划(MRP)中有哪些输入文件？
3. 物料需求计划提出的原因是什么？

三、单项选择题
1. 物料需求计划应根据(　　)制定。
   A. 生产计划大纲　　B. 主生产计划　　C. 生产能力需求计划　D. 总装配计划
2. MRP中工厂日历是用于编制计划的日历，它与普通日历的关系是(　　)。
   A. 与普通日历相同　　　　　　　　B. 由普通日历除去假日
   C. 由普通日历加上加班日期　　　　D. 由普通日历除去不生产的日子
3. 不属于MRP的关键信息要素是(　　)。
   A. 生产纲领　　B. 主生产计划　　C. 库存记录　　D. 物料清单
4. MRP的主要功能是按时间分段计算的毛需求和净需求以及制定各库存项目的(　　)。
   A. 成本计划　　B. 采购计划　　C. 订货计划　　D. 物料计划
5. MRPⅡ的最大成就在于把企业经营的主要信息完成了(　　)。
   A. 优化　　B. 集成　　C. 整合　　D. 贮存
6. 汽车制造厂对汽车轮胎的需求属于(　　)。
   A. 相关需求　　B. 非相关需求　　C. 一次性需求　　D. 重复性需求
7. 运用MRP计算企业生产过程各阶段的计划任务时，应按照(　　)原理进行。
   A. 原工艺路线　　B. 次工艺路线　　C. 反工艺路线　　D. 随机工艺路线
8. MRP中的BOM，指的是(　　)。
   A. 物料清单　　B. 加工工艺数据　　C. 生产能力资源数据　D. 工厂日历
9. C是A产品的配件，在编制C的物料需求计划时，应根据(　　)制定。
   A. 生产计划大纲　　　　　　B. A产品的计划提前订货量
   C. 主生产计划　　　　　　　D. 总装配计划

四、计算题
长丰汽修厂在维修过程中需用A型轮胎，据调查，后10周各周总需求量、预计到货量以及现有库存数如下表。已知订货提前期为4周。试确定净需求量和计划发出订货量。

A型轮胎 $L_A=4$周	周次									
	1	2	3	4	5	6	7	8	9	10
总需求	100	250	300	150	250	150	300	250	150	100

续表

A 型轮胎 $L_A=4$ 周	周 次									
	1	2	3	4	5	6	7	8	9	10
预计到货量		600		350						
现有数(100)		350	50	250	0	−150	−450	−700	−850	−950
净需求										
计划发出订货量										

课外小组实践活动

有 ERP 系统教学实验环境的学校,可以在老师的指导下进行物料需求计划的制定实验,体会在实验环境下 MRP 的使用方法。没有 ERP 系统教学实验环境的学校,可以在老师的带领下到有关企业参观,了解该企业应用 ERP 的情况,根据了解的情况,然后在图书馆查阅有关资料,写一份报告,讨论与归纳有关成功应用 ERP 的经验与失败的原因。

第九章 生产作业计划与作业排序

【本章学习要点】
- 掌握生产作业计划基本概念
- 了解生产作业计划与生产计划之间的关系
- 弄清生产作业计划计量标准
- 掌握生产作业排序方法

【引导案例】

数字化生产作业计划：轻松高效

王云龙毕业于成都某院校的电子信息专业，是西门子成都工厂 PLC（可编程控制器）装配工位上的一名普通员工。每天由西门子 MES 系统生成的电子任务单都会显示在王云龙工作台前方的电脑显示屏上，实时的数据交换间隔小于 1 秒，这就意味着他随时可以看到最新的版本。西门子 MES 系统 SIMATIC IT 包揽了传统制造企业生产计划调度的职能。生产订单由 MES 统一下达，在与 ERP 系统高度的集成之下，可以实现生产计划、物料管理等数据的实时传送。此外，SIMATIC IT 还集成了工厂信息管理、生产维护管理、物料追溯和管理、设备管理、品质管理、制造 KPI 分析等多种功能，可以保证工厂管理与生产的高度协同。

在王云龙的工作台上有 5 个不同的零件盒，每个零件盒上都配有指示灯。当自动引导小车送来一款待装配的产品时，电脑显示屏上会出现它的信息，相应所需零件盒上的指示灯亮起，王云龙就知道该安装什么零件了。这是由于传感器扫描了产品的条码信息，并将数据实时传输到了 MES 系统，MES 系统再通过与西门子 TIA（全集成自动化系统）的互联操纵零件盒指示灯，从而代替人完成了思考的过程。这种设计可以满足自动化产品"柔性"生产的需求（即在一条生产线上同时生产多种产品），有了指示灯的帮助，即使换另外一种产品王云龙也不会怕装错零件了。王云龙确认了他装配好的产品，按下工作台上的一个按钮，自动化流水线上的传感器就会扫描产品的条码信息，记录它在这个工位的数据。MES 系统 SIMATIC IT 将以该数据作为判断基础，向控制系统下达指令，指挥小车将它送去下一个目的地。

在到达下一个工序前，产品要通过"严格"的检验程序，以可编程控制器（PLC）产品为例，在整个生产过程中针对该类产品的质量检测节点就超过 20 个。视觉检测是数字化工厂特有

生产与运作管理

的质量检测方法,相机会拍下产品的图像与 Teamcenter 数据平台中的正确图像作比对,一点小小的瑕疵都逃不过 SIMATIC IT 品质管理模块的"眼睛"。对比传统制造企业的人工抽检,这显然要可靠又快速得多。

在经过多次装配并接受过多道质量检测后,成品将被送到包装工位。再经过人工包装、装箱等环节,一箱包装好的自动化产品就会通过升降梯和传送带被自动运达物流中心或立体仓库。

这样一个完整的生产环节,在传统的制造企业要通过几十甚至上百人的手去完成,而在西门子成都工厂的车间内,却看不见密集的流水线员工,大多数的工序都是自动完成的。

利用西门子 PLM 和 MES 的信息互联,西门子还可以根据物料储备、交货时间等信息,在全球的工厂之间实时调配生产计划,以达到资源利用和物料配送的最佳组合。

应用了西门子数字化企业平台解决方案的成都工厂与西门子在中国的其他工厂比较,产品的交货时间缩短了 50%。而西门子成都工厂的姊妹工厂——西门子德国安贝格电子制造工厂(EWA)目前可实现年产零部件 100 万件,即平均 1 秒生产一个产品,未来的成都工厂将有望冲击这一纪录。

(资料来源:http://www.industry.siemens.com.cn/home/cn/zh/news-events-exhibitions/fom/digital/Pages/Default.aspx.)

第一节 概 述

生产作业计划是安排零部件(作业、活动)的产出数量、设备以及人工使用、投入时间及产出时间。生产作业计划是生产计划工作的继续,是企业年度生产计划的具体执行计划。它是协调企业日常生产活动的中心环节,把企业的全年生产任务,具体地分配到各车间、工段、班组、工作地以至工人,规定他们在月、旬、周、日以至轮班和小时内的具体生产任务,从而保证按品种、质量、数量、期限和成本完成企业的生产任务。

一、编制生产作业计划的各项内容

(一)生产作业计划编制

(1)编制全厂的生产作业计划和车间内部的生产作业计划。这就是把企业的生产计划(一般是季度计划)具体分解为全厂的生产作业计划(一般按月编制),并进一步规定车间、工段、班组在短时期内(月、旬、周等)的具体生产任务。

(2)编制生产准备计划。根据生产作业计划任务,规定原材料和外协件的供应、设备维修和工具准备、技术文件准备、劳动力的调配等生产准备工作的要求,以保证生产作业计划的执行。

(3)进行设备和生产面积的负荷计算和平衡。这就是要使生产任务在生产能力方面得到落实,并使得生产能力得到充分的利用。

(4)日常生产派工。这就是根据工段、班组的作业计划任务,在更短的时间内具体安排每个工作地和生产工人的生产任务和进度,做好作业前的准备,下达生产指令,使作业计划任务开始执行。

(5)制定或修改期量标准。这是把编制生产作业计划所依据的一些定额和标准资料,首先加以确定。有关这些标准的制定或修改,也是作业计划编制的重要内容。

(二)生产作业实施控制

(1)日常派工时,根据工段和班组的生产作业计划以及实际生产进度,为各个工作地和工人具体地分派生产任务,并做好作业准备工作,以使生产任务顺利开展。

(2)通过生产调度(等候线管理)和生产作业统计,检查和控制生产任务计划进度完成情况。

二、生产作业计划的主要决策问题

生产作业计划的主要决策问题包含三个方面:(1)确定批量的大小;(2)确定适当的生产顺序;(3)安排合理的生产进度日程。

三、生产作业计划的作用

(1)编制生产作业计划,是建立企业正常生产秩序和管理秩序,提高经济效益的一项重要手段。通过编制生产作业计划,规定了各个生产单位以至工人的具体生产任务,这就可以使工人在生产前心中有数,干部在日常指挥和管理中有了依据,从而保证了各个部门和车间之间的工作衔接配合;通过编制生产作业计划,可以及时检查和解决生产中出现的问题,保证生产任务的完成。这就为企业建立正常的生产秩序和管理秩序,提高经济效益提供了良好的条件。否则,就会造成企业生产和管理秩序混乱,产品质量下降,消耗增加,成本上升,各项技术经济指标不能完成的严重后果。

(2)编制生产作业计划,是企业计划管理的重要环节。加强企业的计划管理,必须长期计划和短期计划相结合。既要做好长期计划,明确企业的发展方向,规定企业的战略目标和方针,又必须加强短期计划工作,使战略目标和方针得到贯彻和落实。生产作业计划就是企业短期计划的主要组成部分。通过编制生产作业计划,可以及时发现新的矛盾,组织新的平衡。例如,可以根据市场销售和订货情况、外协件供应和生产能力负荷情况,采取相应的措施等,从而保证企业年度经营计划的顺利实现。

(3)编制生产作业计划,也是规定全体员工的奋斗目标、调动员工积极性的重要手段。生产任务是企业经济责任制的一项重要内容。通过编制生产作业计划,不仅明确规定了各车间、工段、班组以及工人,在经济责任制中有关生产方面的奋斗目标,而且也为各个科室人员在经济责任制中明确了奋斗目标。因为许多科室是直接为生产服务的,生产第一线的任务如何,当然就为规定科室的任务提供了依据。另外,通过生产作业计划的编制和下达,再同考核和奖励制度结合起来,这就有利于调动广大员工生产经营的积极性和主动性,吸引员工为实现企业的计划而奋斗。

第二节 生产作业计划的期量标准

期量标准又称作业计划标准,就是为制造对象(产品、部件、零件)在生产期限和生产数量方面所规定的标准数据。它是编制生产作业计划的重要依据。

制定期量标准,实质上就是科学地规定生产过程各个环节之间在生产数量和生产期限上的内在联系。合理地制定期量标准，对于提高生产作业计划的质量有重要作用。它有利于保证各个生产环节之间的衔接，从而保证按期出产和交货；有利于建立企业正常生产秩序和工作秩序，克服前松后紧的现象；有利于合理利用人、财、物，提高企业经济效益。

为了科学地制定期量标准和充分发挥其作用，必须建立健全期量标准的管理制度。由于企业的生产类型和生产组织形式不同，生产过程各个环节在生产期限和生产数量方面的联系方式也就不同，因而形成了不同的期量标准。大量流水线生产的期量标准有：节拍、流水线工作指示图表、在制品定额等。成批生产的期量标准有：批量、生产间隔期、生产周期、提前期、在制品定额、交接期等。单件生产的期量标准有：产品生产周期、提前期等。如表 9—1 所示。

表 9—1　　　　　　　　　　　不同生产类型的期量标准

生产类型	期量标准
大量生产	节拍、流水线工作指示图表、在制品定额
成批生产	批量、生产间隔期、生产周期、在制品定额、提前期
单件小批	生产周期、提前期

[企业实践]　　　　　　　　流水线生产条件下的期量标准分析

流水线生产作业计划是生产作业计划的一部分，是指依据企业流水线车间所编制的生产作业计划。流水线生产条件下的期量标准一般包括：节拍、流水线作业指示图表、在制品占用定额。下面分别逐一介绍：

1. 节拍

节拍是组织大量流水生产的依据，是大量流水生产期量标准中最基本的期量标准，其实质是反映流水线的生产速度。它是根据计划期内的计划产量和计划期内的有效工作时间确定的。在精益生产方式中，节拍是个可变量，它需要根据月计划产量作调整，这时会涉及生产组织方面的调整和作业标准的改变。

2. 流水线作业指示图表

在大量流水生产中每个工作地都按一定的节拍反复地完成规定的工序。为确保流水线按规定的节拍工作，必须对每个工作地详细规定它的工作制度，编制作业指示图表，协调整个流水线的生产。正确制定流水作业指示图表对提高生产效率、设备利用率、减少在制品起着重要作用。它还是简化生产作业计划，提高生产作业计划的质量的工具。流水线作业指示图表是根据流水线的节拍和工序时间定额来制定的。流水线作业指示图表的编制随流水线的工序同期化程度不同而不同。

3. 在制品占用定额

在制品占用定额是指在一定的时间、地点、生产技术组织条件下为保证生产的连续进行而制定的必要的在制品数量标准。在制品是指从原材料投入到产品入库为止，处于生产过程中尚未完工的所有零件、组件、部件、产品的总称。在制品占用量按存放地点分为：流水线（车间）内在制品占用量和流水线（车间）间在制品占用量；按性质和用途分为：工艺占用量、运输占用量、周转占用量和保险占用量。

连续流水线的工序同期化程度很高，各个工序的节拍基本等于流水线的节拍，因此工作地的负荷率高。这时就不存在工人利用个别设备不工作的时间去兼顾其他设备的问题。因此连续流水线的作业指示图表比较简单，只要规定每条流水线在轮班内的工作中断次数、中断时刻和中断时间即可。图 9—1 是连续流水线作业指示图表的一个例子。

流水线特点	小时								一班总计		
	1	2	3	4	5	6	7	8	间断次数	间断时间	工作时间
装配简单产品			■		中间休息		■		2	20	460
装配复杂产品			■				■		2	30	450
机加工（使用耐用期长的工具）			■	■			■	■	4	40	440
机加工（使用耐用期短的工具）		■	■	■		■	■	■	6	60	420
热处理等	■	■	■			■	■	■	6	60	420

图 9—1　连续流水线作业指示图表

一、批量和生产间隔期

批量，就是相同产品（或零件）一次投入和产出的数量。按照批量分批地生产产品，这是成批轮番生产类型的主要特征。

生产间隔期（又称生产重复期），就是前后两批产品（或零件）投入或产出的时间间隔。

批量和生产间隔期关系密切。当生产任务确定之后，如果批量大，生产间隔期就会长；反之，批量小，间隔期就短。其相互关系如下：

$$批量 = 生产间隔期 \times 平均日产量 \qquad n = R \times Q$$

$$生产间隔期 = \frac{批量}{平均日产量} \qquad R = \frac{n}{Q}$$

式中：n——生产批量；

R——生产间隔期；

Q——平均日产量，为计划期产量除以计划期工作日数。

从上式可以看出，生产间隔期 R 是批量 n 的时间表现。其中一个确定之后，另一个也就确定了。批量大小，生产间隔期长短，对生产的经济效益有很大影响。加大批量的好处是：设备调整次数可以减少，设备调整费用就相应减少，设备利用率就能提高，有利于提高工人的劳动熟练程度，稳定产品质量和提高劳动生产率，有利于简化生产的组织管理工作和生产技术准备工作。

（一）批量的确定方法

1. 经济批量法

这是一种根据费用来确定合理批量的方法。因为批量的大小对于费用的影响主要有两个方面：(1)设备调整费用。(2)仓储保管费用。对于设备调整费用，批量越大，设备调整次数就越少，分摊到每个产品（零件）的调整费用也就越少。而批量越小，分摊到每个产品（零件）设备调整费用就越大。而对于仓储保管费用,情况恰恰相反。批量大,仓储保管费用就会相应增加;批量小,则保管费用也就小。而经济批量的原理,就是用数学方法求得这两项费用之和为最小时的批量,即为经济批量。图 9-2 中 Q 点即为经济批量点。

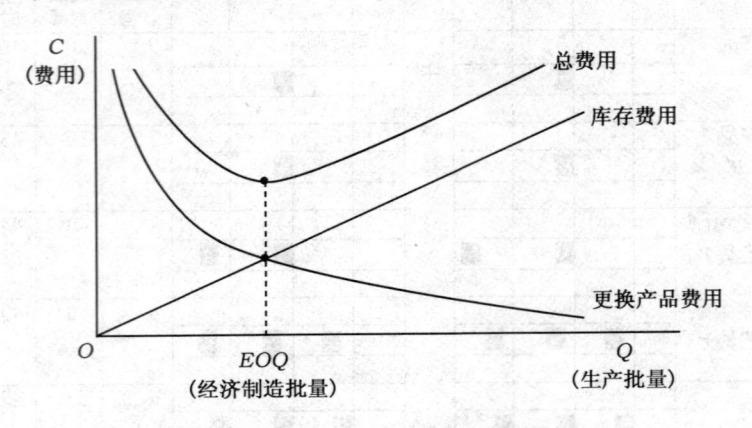

图 9-2 经济制造批量示意图

计算方法:

(1)年设备调整费用 $= A \times \dfrac{N}{Q}$

式中:A——每次设备调整费用;

N——年产量;

Q——批量。

(2)年库存保管费用 $= C \times \dfrac{Q}{2}$

式中:C——每件产品的年平均保管费用。

(3)总费用 $Y = A \times \dfrac{N}{Q} + C \times \dfrac{Q}{2}$

为求经济批量,将上式对批量 Q 求导,且因为 $\dfrac{dy}{dQ}=0$ 时,Y 值最小(一阶导数为 0 时曲线有极值点),所以 $\dfrac{C}{2} - \dfrac{N}{Q^2} \times A = 0$,整理后得到 $Q = \sqrt{\dfrac{2NA}{C}}$。

[例 9-1] 某车间生产某零件,年任务量为 4 000 件,一次调整费用为 250 元,每个零件年保管费用为 4.5 元/件。求解经济批量。

解:$N = 4\,000$,$A = 250$,$C = 4.5$ 元/件,则

$$Q = \sqrt{\dfrac{2 \times 4\,000 \times 250}{4.5}} \approx 667 (件)$$

上述示例只是进行了初步经济批量计算,经过调整就可以确定批量大小。调整方法:

(1)使批量和月产量成倍数关系。

(2)供应车间的批量≥需要车间的批量,并且使二者保持倍数关系。

(3)批量尽可能与工艺装备、工位器具、设备容量(如热处理炉)和设备一次装卡数相适应。

(4)不低于(不少于)半个班的产量。

当批量确定以后,再来确定生产间隔期。

[例 9—2] 制件月产量为 3 000 件,当批量为 1 000 件时,则生产间隔期为:

$$R=\frac{n}{Q}=\frac{1\,000}{3\,000/30}=10(天)$$

因此,可以推算出每隔 10 天生产一批相同的制件,每批为 1 000 件,每月投入 3 次或产出 3 次。

2. 最小批量法

除上面讲的"经济批量法"外,还有一种计算批量的方法,也就是最小批量法。此法的着眼点是充分利用设备和劳动生产率这两个因素的最佳选择。

$$\frac{t_{调}}{Q\times t_{单}}\leqslant k_{调}$$

式中:$t_{调}$——设备调整时间;

Q——批量;

$t_{单}$——单件工序时间;

$k_{调}$——设备调整损失系数。

根据最小经济批量原理,得出:

$$Q_{\min}=\frac{t_{调}}{t_{单}\times k_{调}}$$

这种方法的主要着眼点是从充分利用设备和提高劳动生产率这个方面来考虑的,就是把设备调整时间控制在允许的范围之内。

3. 以期定量法

它是根据标准的生产间隔期来确定批量的一种方法。当产品的年产量确定以后,生产间隔期和批量的关系可以用下式表示:

$$R=\frac{Q}{q}$$

式中:R——生产间隔期;

Q——批量;

q——平均日产量。

这种方法只要有了标准的生产周期,批量很快就可以确定。特别是在产量任务变更情况下,这种方法的优越性就更为明显。

(二)生产间隔期

生产间隔期是指相邻两批同种产品投入(或产出)的时间间隔。要确定生产间隔期,首先要确定各种产品在装配车间的生产间隔期,具体是对每种产品全年计划产量、单位产品价值、产品的生产周期、产品的体积和企业的生产面积、生产组织形式、生产的稳定程度等因素,把各种产品的装配生产间隔期规定为按日、旬(1/3 月)、月、季等几种。然后确定每种产品的零部件和毛坯的生产间隔期。这一步工作要求对各种零件和毛坯进行分类,分类时要考虑的因素有:单位零部件和毛坯的价值、体积、工艺技术的复杂程度、生产间隔期等。把零部件和毛坯合成若干类后,就可以对每类零部件、毛坯分别确定生产间隔期,比如按日、旬、半月、月、季等。一般来说,确定产品(或零部件、毛坯)的生产间隔期,凡是价值大的、体积大的、生产周期长的、工艺技术复杂的产品(或零部件、毛坯),生产间隔期可以短一些;反之,可以长一些。但是,各类零部件、毛坯在各车间的生产间隔期,应与该种产品的装配生产间隔期相等,或成简单倍数关系。

生产间隔期确定以后,再考虑已经确定的全年计划产量。采用生产间隔期与批量关系的公式,就可以把批量计算出来,其具体数值可参考表9—2。

表9—2　　　　　　　　　　　　生产间隔期与批量示意表

生产间隔期	批类	批量	投入批次
1天	日批	装配平均日产量	每日一次
10天	旬批	装配旬平均产量	每月三次
半月	半月批	装配半月平均产量	每月两次
1个月	月批	装配月产量	每月一次
1季	季批	装配季产量	每季一次
半年	半年批	装配半年产量	每年两次

在实际工作中,可以把以期定量法和经济批量法结合起来应用。先按最小费用法求出经济批量,再由标准生产间隔期所确定的批量数列中选取一个与经济批量最接近的批量,这样所得到的批量,既符合标准生产间隔期的要求,管理上方便,又因为很接近经济批量,所以能保证较好的经济效绩。

[**例9—3**] 企业中通常采用的生产间隔期有一季、两个月、一个月、半个月、一旬、5天、2天、1天等,表9—3即某厂的"标准生产间隔期表"。其中,每月按24个工作日计算。

表9—3　　　　　　　　　　　　　标准生产间隔表

批类	生产间隔期	批量	每月批次
日批	1天	1/24月产量	24批
3日批	3天	1/8月产量	8批
周批	6天(休1天)	1/4月产量	4批
旬批	8天(休2天)	1/3月产量	3批
半月批	12天(休3天)	1/2月产量	2批
月批	24天(休6天)	1月产量	1批
季批	72天	3月产量	一季一次
半年批	144天	6月产量	半年一次

二、生产周期

产品的生产周期,是指产品从原材料投入生产起,一直到成品出产为止的全部日历时间(或工作日数)。产品的生产周期由各个零部件的生产周期组成,零部件的生产周期由该零部件的各个工艺阶段或工序的生产周期所组成。缩短生产周期,对于提高劳动生产率、节省生产面积、加速流动资金周转、减少在制品的保管费用以及缩短交货期等都有重要的作用。

确定生产周期标准,一般要分两个步骤进行。首先,要根据生产流程,确定产品(或零件)

在各个工艺阶段上的生产周期;其次,在这基础上确定产品的生产周期。

(一)生产周期的组成

生产周期由生产时间和间断时间两部分组成,如图 9—3 所示。

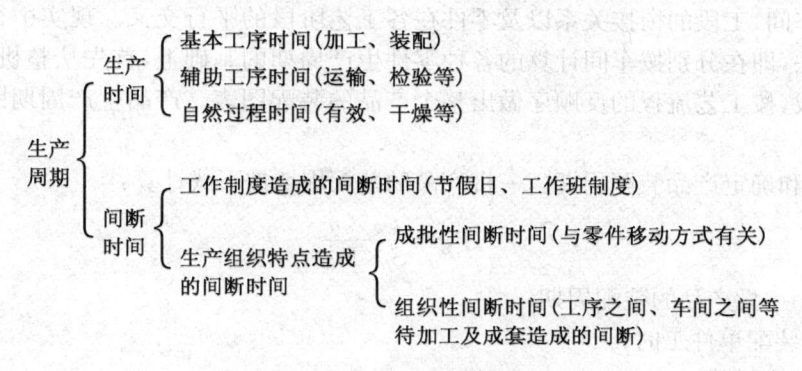

```
生产周期 ┬ 生产时间 ┬ 基本工序时间(加工、装配)
         │          ├ 辅助工序时间(运输、检验等)
         │          └ 自然过程时间(有效、干燥等)
         └ 间断时间 ┬ 工作制度造成的间断时间(节假日、工作班制度)
                    └ 生产组织特点造成 ┬ 成批性间断时间(与零件移动方式有关)
                       的间断时间      └ 组织性间断时间(工序之间、车间之间等
                                          待加工及成套造成的间断)
```

图 9—3 生产周期示意图

(二)生产周期的计算

以电子工业为例,生产周期的计算要根据生产特点和生产类型分别考虑。在成批生产中,生产周期是按零件工序、零件加工过程以及产品进行计算的。一般把电子器件的零件,如晶体、引出线、绝缘子等的生产周期称为简单周期,把制造电子设备的生产周期称为复杂生产周期。产品生产周期的计算方法首先是计算一批零件每道工序的周期,然后计算一批零件的生产周期,最后计算一批产品的生产周期。零件的生产周期是计算产品生产周期的基础。其计算公式为:

$$T_{序} = \frac{t_{序} \times n}{S \times F_{日} \times K_{额}} + \frac{t_{准}}{F_{日}}$$

式中:$T_{序}$——一批零件的工序生产周期;

n——零件批量;

$t_{序}$——单件工序时间;

S——同时加工该工序的工作地数;

$F_{日}$——制度规定的日工作小时数;

$K_{额}$——工时定额完成系数;

$t_{准}$——工序的准备结束时间。

在成批生产中,零件是成批加工的,因此,一批零件的生产周期在很大程度上取决于零件在工序间的移动方式。一般先按顺序移动方式计算,然后用平行系数加以修正。

一批零件按顺序移动方式计算的生产周期公式如下:

$$T_{零} = \sum_{i=1}^{m} T_{i序} + (m-1) \cdot t_{间}$$

式中:$T_{零}$——一批零件的生产周期;

$T_{i序}$——一批零件在第 i 道工序加工的工序周期;

m——零件的工序道数;

$t_{间}$——一批零件在工序间移动的平均间断时间。

如果考虑平行移动,一批零件生产周期可以乘以平行系数,即:

$$T_{零平} = K \times T_{零}$$

式中：K——平行系数，一般取 0.6～0.8 之间。

在计算产品生产周期时，不仅要考虑这些零件在各个车间的生产周期，而且还要考虑这些零件在各个车间、工段的衔接关系以及零件在各工艺阶段的平行交叉。现实中很多工厂更乐意采用图表法，即在分别按车间计算的各种零件生产周期的基础上，首先从整机开始，根据产品的结构组成，按工艺流程的反顺序做出整个产品的装配图表。产品生产周期图表编制的顺序如下：

(1)计算和确定产品装配周期。一批产品的装配周期按下式计算：

$$T_{装} = \frac{t_{装} \times n}{S \times F_{日}}$$

式中：$T_{装}$——一批产品的装配周期；

$t_{装}$——装配单件工时；

n——装配批量；

S——同时参加装配的工作地数；

$F_{日}$——制度规定的日工作小时数。

(2)考虑装配车间(工段)与前一车间(工段)的间断时间(保险期)。

(3)计算部件装配周期(计算公式同总装)，然后考虑部件装配与零件制造之间的间断时间。

(4)计算零件各道工序的周期(按工序周期计算公式)，同时考虑工序之间的间断时间。

(5)最后按日历时间排出整个一批产品的生产周期。

图 9－4 即为某一产品(A)的装配系统图。

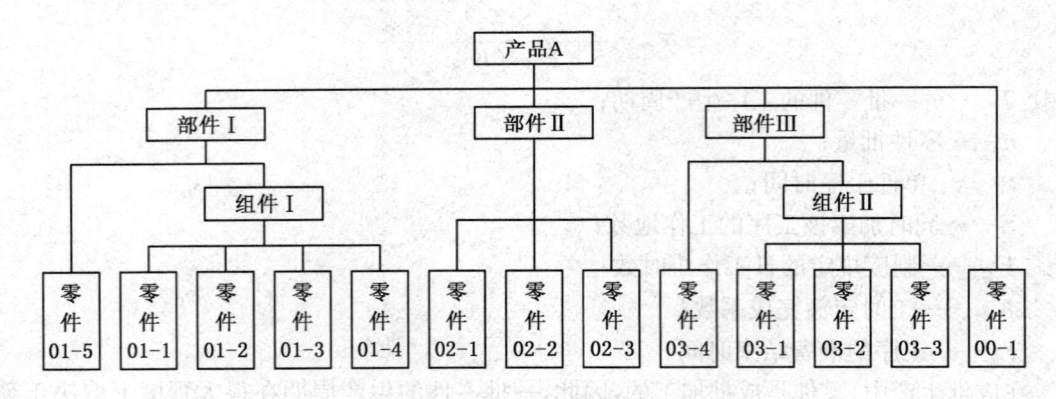

图 9－4　产品(A)装配系统图

三、生产提前期

生产提前期，是指产品(零件)在各生产环节出产(或投入)的时间，同成品出产时间相比所要提前的时间。产品在每一个环节(车、工、班)上都有投入和产出之分，因而提前期也分为投入提前期和产出提前期。生产提前期是在成批生产的条件下，编制生产作业计划不可缺少的期量标准。

（一）生产提前期的分类

生产提前期，是指零件、部件、毛坯，比产成品出产提前的日数（注意：都是以产成品出产那天为基准）。有两种提前期，分别是：投入提前期和产出提前期。投入提前期，指投料比产成品出产提前的日数；产出提前期，指出产比产成品出产提前的日数。

（1）投入提前期。产品（毛坯、零件、部件）在生产过程的工艺阶段，投入的日期比最后出产成品的日期所提前的一段时间。

$$车间投入提前期＝本车间出产提前期＋本车间生产周期$$

最后车间的出产时间即成品的出产时间。投入提前期就等于该车间的生产周期。

（2）出产提前期。产品（毛坯、零件、部件）在生产过程的工艺阶段，出产的日期比最后出产成品的日期所提前的一段时间。

$$车间出产提前期＝后车间投入提前期＋本车间保险期$$

当前后两个车间生产间隔期（A）不等，前车间出产一批，可供后车间几批投入之用，出产提前期计算公式为：

$$车间出产提前期＝后车间投入提前期＋本车间保险期＋（本车间生产间隔期－后车间生产间隔期）$$

（二）生产提前期和生产周期、保险期的关系

（1）产品在各工艺阶段的生产隔期（R）相等的情况下，生产提前期和生产周期、保险期的关系如图9-5所示。

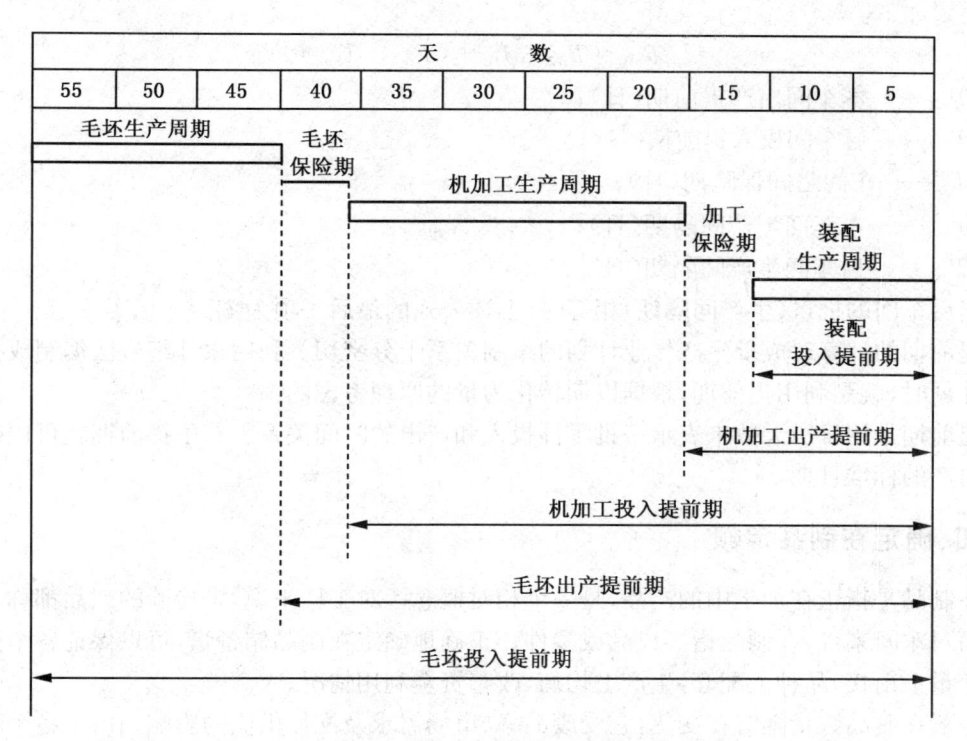

图9-5 机械企业车间提前期示意图

（2）当产品各工艺阶段的生产间隔期（R）不相等时，一般为：

毛坯生产间隔期（$R_{毛}$）＞机加工生产间隔期（$R_{机}$）＞装配间隔期（$R_{装}$）且互成倍比关系时，

则生产提前期不仅和生产周期、保险期有关,而且还和生产间隔期(R)的长度有关。

[**例 9—4**] 例题内容见表 9—4。

表 9—4　　　　　　　　　　各车间的期量标准表

车　间	批　量	生产周期(天)	投入(出产)间隔期(天)	说　明
装配车间	40	30	10	各车间的批量和生产间隔期不等,成1:3:6的比例关系。
机加车间	120	50	30	
毛坯车间	240	20	60	

使用图 9—6 来反映提前期与生产间隔期以及生产周期的关系(为简便起见,图中未表示保险期)。其中红色数字为"日历日"(图中月份下一排数字),蓝色数字为"提前期"(图中中间的一排数字)。

从图 9—6 中可以看出:毛坯车间出产一批,可供机械加工车间两批投入之用;机械加工车间出产一批,可供装配车间三批投入之用;装配车间每隔 10 天投入(或出产)一批,机械加工车间每隔 30 天投入(或出产)一批。因此,机械加工车间第一批出产要比装配车间第三批投入提前 20 天(30—10),才能满足装配车间第一批、第二批、第三批投入的需要。该 20 天是由于机械加工车间和装配车间生产间隔期不等而出现的提前期。在这种情况下,车间出产提前期的计算公式如下:

$$T_{ol1}=T_{il2}+T_{is}+(T_{in1}-T_{in2})$$

式中：T_{ol1}——本车间出产提前期(日);

T_{il2}——后车间投入提前期(日);

T_{is}——车间之间保险期(日);

T_{in1}——本车间生产间隔期(日);

T_{in2}——后车间生产间隔期(日)。

当后车间的批量(生产间隔期)相等时,上述公式的最后一项为零。

提前期的计算对成批生产作业计划的编制关系十分密切。利用累计编号法编制成批生产作业计划时,就是利用提前期,根据以期转化为量的原理考虑的。

提前期是用日历天数来表示一批零件投入和产出的时间关系。有了提前期就可以确定投入和出产的标准日期。

四、确定在制品定额

在制品是指正在加工中的产品,是一个相对概念。对工厂来说,未检验的产品都称为在制品。而对车间来说,在制品指半成品或零件。正确地确定在制品储备量,可以保证各个生产环节在产量上衔接,品种上配套,生产上均衡,改善资金利用情况。

一般在制品数量随时在变化,它受废品率、市场需求及配件供应的影响。由于各个环节的相互影响,所以要有库存来控制。要求随时随地了解、调节,这样才能编制好作业计划。在制品储备量有两种,即车间内和车间之间(即所谓中间仓库)。

(一)车间内在制品储备量的确定

车间内平均在制品储备量＝零件的生产周期×平均每日需求量

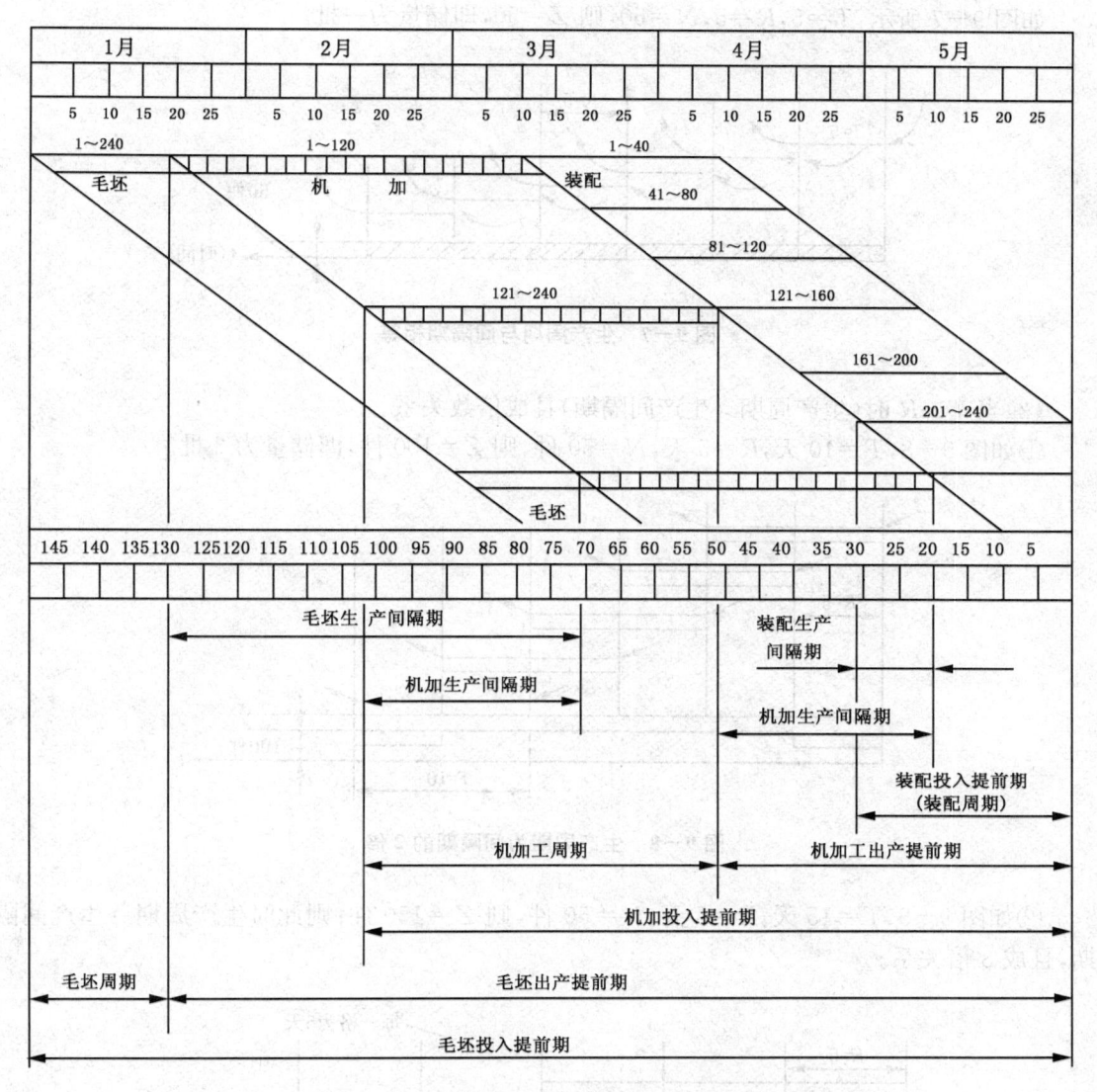

图 9—6 提前期与批量、间隔期、生产周期的关系

$$\text{平均每日需求量} = \frac{\text{批量}}{\text{生产间隔期}}$$

所以，

$$\text{车间内平均在制品储备量} = \text{批量} \times \frac{\text{零件的生产周期}}{\text{生产间隔期}}$$

即

$$Z = \frac{T}{R} \times N$$

下面以一个实例来说明问题。

[例 9—5] 以下分四种情况来讨论。

解：(1)当 $T=R$ 时(生产周期＝生产间隔期)，则 $Z=N$。

如图9—7所示，$T=5$，$R=5$，$N=50$，则 $Z=50$，即储量为一批。

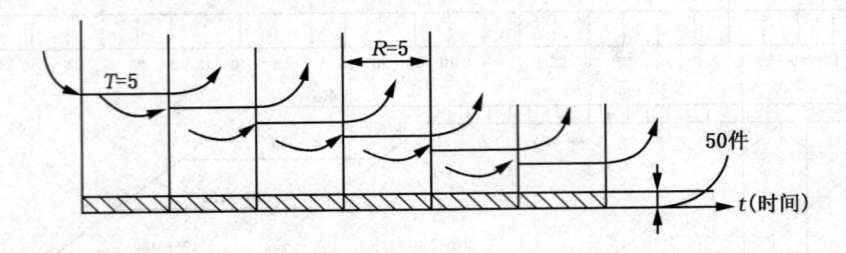

图9—7　生产周期与间隔期相等

(2)当 $T>R$ 时(生产周期＞生产间隔期)且成倍数关系。

①如图9—8，$T=10$ 天，$R=5$ 天，$N=50$ 件，则 $Z=100$ 件，即储量为2批。

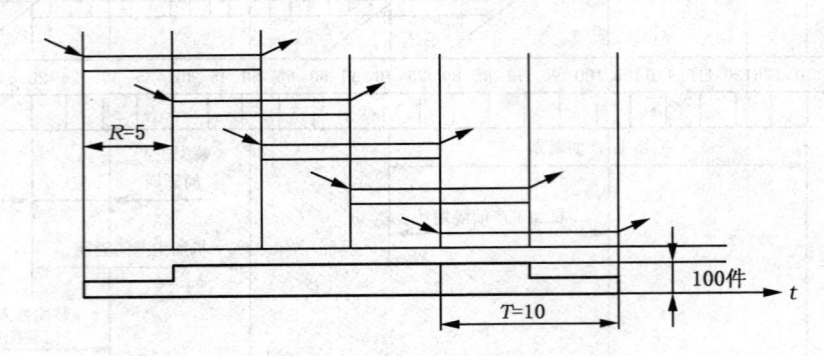

图9—8　生产周期为间隔期的2倍

②如图9—9，$T=15$ 天，$R=5$ 天，$N=50$ 件，则 $Z=150$ 件；则此时生产周期＞生产间隔期，且成3倍关系。

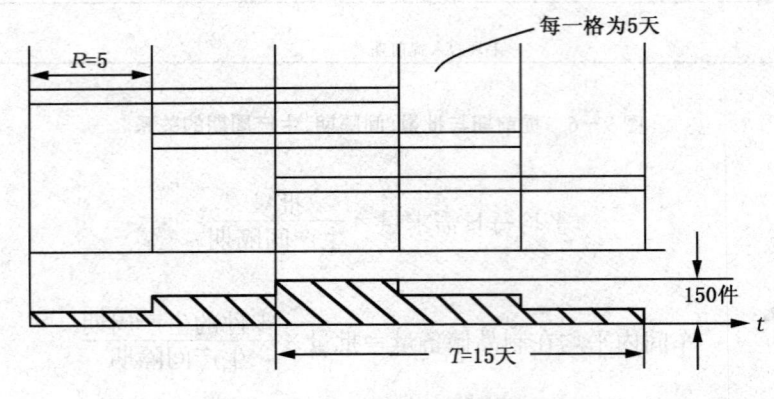

图9—9　生产周期为间隔期的3倍

(3)当 $T>R$ 时(生产周期＞生产间隔期)且不成倍数关系。

若 $T=8$ 天，$R=5$ 天，$N=50$ 件，则 $Z=8/5\times50=80$ 件；这里的80件仅仅是资金占用量(间隔5天共占有 $100+100+100+50+50=400$ 件，$400\div5=80$ 件)，见图9—10。

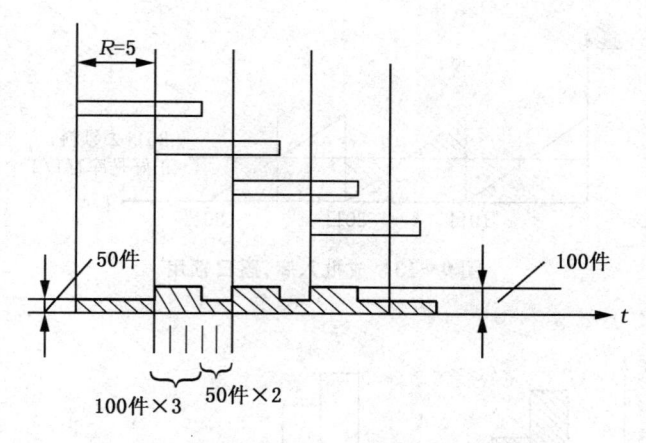

图 9—10 生产周期与间隔期不成倍数

(4) 当 $T<R$ 时(生产周期<生产间隔期)。

若 $T=3$ 天, $R=5$ 天, $N=50$ 件,则 $Z=3/5\times50=30$ 件,如图 9—11。

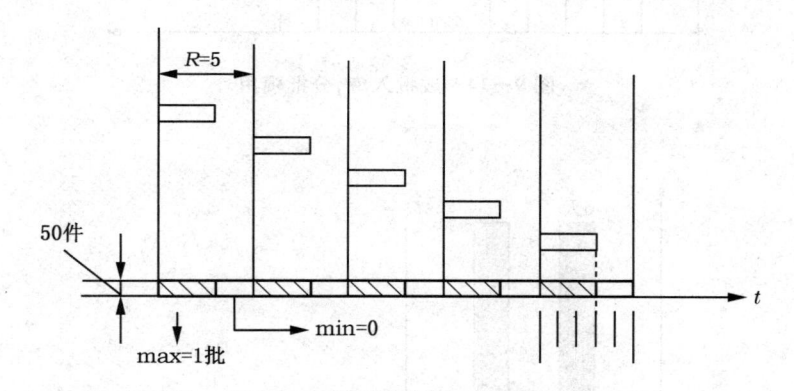

图 9—11 生产周期小于间隔期

(二)车间之间的在制品储备量的确定(中间仓库)

这种情况分两种,分别为库存周转在制品储备量和保险储备量。

(1)库存周转在制品平均储备量=入库量/2,见图 9—12。

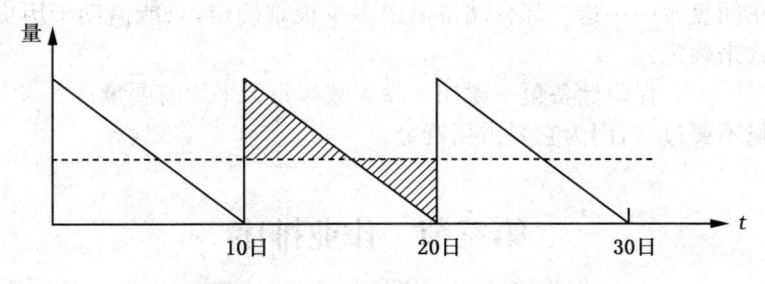

图 9—12 库存周转在制品平均库存水平

中间仓库的库存控制需要考虑三点:①入库量大小;②领料方式(三种领料方式分别见图 9—13、图 9—14、图 9—15);③入库时间。

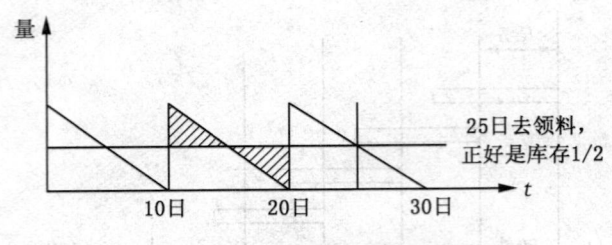

图 9-13 成批入库，逐日领用

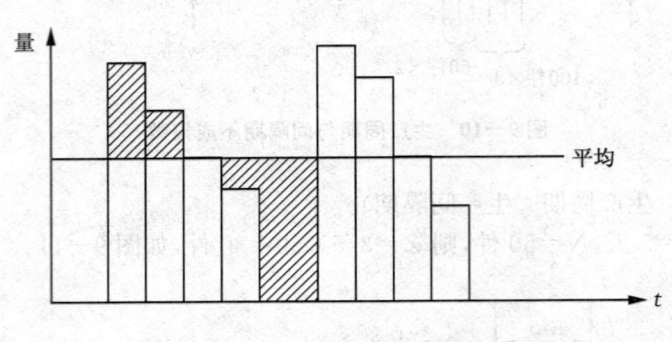

图 9-14 成批入库，分批领用

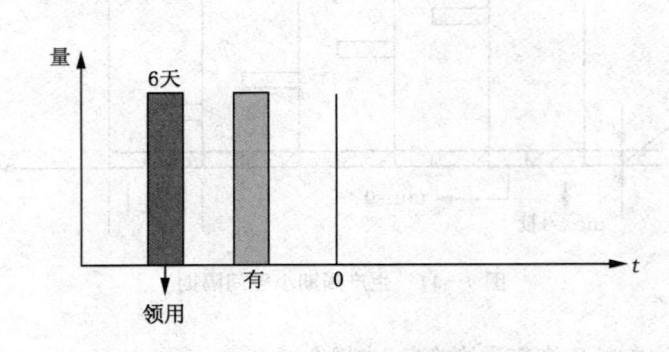

图 9-15 成批入库，整批领用

（2）保险储备量（预防意外事故发生时，仍能保证均衡生产而设置的储备量）。如设备事故、废品事故、车间盘亏……这一部分储备量定多少很难确定，只能借助于历史统计资料。一般用下面的公式来确定：

$$保险储备量 = 误期入库天数 \times 每天平均需要量$$

保险储备量不要过多，因为它要占用资金。

第三节 作业排序

作业计划的编制往往面对的是几项不同的任务，如几种不同的工件，要在一台或一组设备上加工，每种工件都有各自的加工时间和要求完成的时间（即交货期）。由于设备是有限的，所以必须对每个工件的加工进行排序，安排在不同的时间进行生产。作业排序就是这种在生产作业过程中安排加工顺序，决定哪个作业首先开始工作的活动。作业排序是制定作业计划的一个中心环节，但它不等于作业计划，它是作业计划的一部分。排序只能确定各个工件在设备上加工的先后顺序，在此基础上再给定每一个工件加工和日程进度，这些共同构成了一个完整的作业计划。

一、作业排序的规则

作业排序根据的基本原则是优先调度规则，根据一些数据信息确定工件生产的顺序。优先调度的结果需要满足：(1)满足顾客或下一道工序作业的交货日期；(2)使流程时间，即作业在工序过程中耗费的时间最短；(3)使在制品库存最小化；(4)使设备和工人的闲置时间最短。

根据这样的标准，我们最常用的优先调度规则主要有下面几种：

(1)先到先服务(first come, first served, FCFS)准则，按工件到达车间的先后顺序或者订单的先后顺序安排加工。

(2)最短作业时间优先(shortest processing time, SPT)准则。所需加工时间最短的作业优先安排，然后是加工时间第二短的，如此等等，依此排列，一直到加工时间最长的那个工件。

(3)交货期最早优先(earliest due date, EDD)准则。要求交货期早的工件优先安排，而交货期要求晚一些的工件则到后面加工。

(4)剩余松弛时间最少(slack time remaining, STR)准则。剩余松弛时间等于从当前时间起距交货期的剩余时间减去工件剩余的加工时间。按剩余松弛时间的长短，从短到长安排作业顺序。

(5)后到先服务(last come, first served, LCFS)准则。即后运到车间的工件往往最先加工，所以称之为后到先服务。这个规则常常作为作业排序的缺省规则应用。

(6)随机安排准则。管理人员或操作者随机地选择一个工件。

这几个准则各有不同特点。FCFS准则对工件比较公平，SPT准则可使工件平均流程时间最短，从而减少在制品量，EDD准则使工件最大延误时间最小，STR准则保证工件延误最少，等等。管理人员应该根据不同的目标选择恰当的排序准则。

二、n 个作业 1 台机床的作业排序

下面对 4 个工件在同一台机床上加工的情况进行分析，同时对不同的调度规则进行比较。表 9-5 是订单的时间和交货期情况。

表 9-5　　　　　　　　　　　　不同订单的时间和交货期

订单(按照到达的先后顺序)	加工时间(天)	交货期(天)
1	3	5
2	4	6
3	2	7
4	5	8
5	1	3

所有的订单需要在同一台机床上进行加工。

方案 1：运用 FCFS 准则。

表 9-6　　　　　　　　　　　　　　　方案 1 的结果

加工顺序	加工时间	交货日期	流程时间
1	3	5	3
2	4	6	7
3	2	7	9
4	5	8	14
5	1	3	15

由表 9-6 可以看出,只有加工订单 1 的流程时间比交货日期少,而其他订单都无法在交货日期之前交货。总的流程时间是 48 天,平均流程时间是 9.6 天。

方案 2:SPT 准则。

表 9-7　　　　　　　　　　　　　　　方案 2 的结果

加工顺序	加工时间(天)	交货日期(天)	流程时间(天)
5	1	3	1
3	2	7	3
1	3	5	6
2	4	6	10
4	5	8	15

总的流程时间为 35 天,而平均流程时间为 35/5=7 天,第 3 和 5 个订单可以在交货日期之前完成,而其他订单会延迟交货。

方案 3:LCFS 准则。

表 9-8　　　　　　　　　　　　　　　方案 3 的结果

加工顺序	加工时间(天)	交货日期(天)	流程时间(天)
5	1	3	1
4	5	8	6
3	2	7	8
2	4	6	12
1	3	5	15

总的流程时间为 42 天,流程平均时间为 8.4 天,订单 2、3、4 会延期交货。

方案 4:EDD 准则。

表 9-9　　　　　　　　　　　　　　　方案 4 的结果

加工顺序	加工时间(天)	交货日期(天)	流程时间(天)
5	1	3	1
1	3	5	4

续表

加工顺序	加工时间(天)	交货日期(天)	流程时间(天)
2	4	6	8
3	2	7	10
4	5	8	15

总的流程时间为38天,流程平均时间为7.6天,订单2、3、4会延期。

表9-10　　　　　　　　　　不同方案之间的比较

实行准则	总的流程时间(天)	平均流程时间(天)
FCFS	48	9.6
SPT	35	7
LCFS	42	8.4
EDD	38	7.6

经过比较发现,各种准则中,SPT准则是最优方案,无论总的流程时间还是平均流程时间都是最短的,而且经过数学证明发现,在 n 个作业1台机器的情况下,SPT都是最优的。

三、n 个工件在两台设备加工的作业排序

有 n 个工件,都要经过两台设备的加工,且它们流经这两台设备的工艺顺序是一致的,即都是先在第一台设备上加工,再转到第二台设备继续加工。从第一个工件在第一台设备上开始加工算起,直到最后一个工件在第二台设备上加工结束为止的这段时间,称为 n 个工件的总加工周期。作业排序的目标就是使这个总加工周期最短,以缩短生产周期,减少在制品的停放时间。

对于这个问题,往往采用约翰逊(Johnson)规则来解决,约翰逊法解决这种问题分为4个步骤:

(1)列出每个作业在两台设备上的作业时间。
(2)选择最短的作业时间。
(3)如果最短的作业时间来自第一台设备,则首先进行这个作业,如果最短的作业时间来自第二台设备,则这个作业最后进行。
(4)对其他的作业任务重复进行第2和3步骤进行,直到最后排序完成。

[例9-6] 一车间有A、B两台设备,本周要完成4个工件的加工任务。每个工件在设备上的加工时间可以用表9-11表示。求总加工周期最短的作业顺序。

表9-11　　　　　　　　　　不同设备的作业排序

设备	加工任务1	加工任务2	加工任务3	加工任务4
设备A	1	5	3	6
设备B	3	6	8	2

解:根据约翰逊规则,最少的加工时间是1个时间单位,它又是出现在设备A上,根据约

翰逊法的规则，应将对应的加工任务1排在第一位。

在剩余的加工任务中再找最小值，不难看出，最小值是2个时间单位，它是出现在设备B上的，所以应将对应的加工任务4排在最后一位，重复这样的排序得到的结果是：加工任务1—3—2—4。

如果按照1—2—3—4的方式进行排序，得到的总加工周期是19，用约翰逊法排出的作业顺序总加工周期是17，显然后者的结果优于前者。

扩展后，还可以运用于n个作业任务3台机床的情况，然而，实际工作中遇到更多的还是多个工件在多台设备上加工的排序问题。随着设备数的增加，排序问题的复杂程度也随之增加，约翰逊规则无法作出最优的方案。排序问题已经成为动态的，在下游的设备中会形成一系列的排队。

四、n个作业m台设备的排序

实际中更常见的是n个作业m台设备的排序问题，如果这样的作业在设备上进行，那么有$(n!)m$种方案可以选择，只有通过计算机的模拟才可以进行计算，但是总的原则还是我们前面所提供的。当然，在10种排序方法中，经过对车间作业任务的模拟发现，选取优先规则的原则是：

(1)优先规则是动态的，在作业的过程中要经过不断的和经常的计算，对不断变化的现场情况进行及时的反映。

(2)优先规则应该考虑到松弛时间，要注意交货期的一些常见特征。

经过不断的发展，目前最新的排序方法是在计算机上将模拟和人工结合进行排序。

本章小结

本章主要讨论的是生产作业计划与作业排序。首先论述了企业生产作业计划的相关概念、主要内容及决策注意问题；然后详细分析了生产作业期量标准，批量、生产周期、生产间隔期及生产提前期等，各类期量实际计算方法及相关关系；最后具体分析各类排序规则及应用方法。

延伸阅读

[1]郑自途.关于"三台以上机床作业排序问题"的算法[J].天津理工学院学报，2002(4).

[2]时凌.带服务器的3台机器流水作业排序启发式算法[J].武汉大学学报(工学版).2007(3).

[3]周文正.排队论模型M/D/c在医疗服务系统中的应用[J].中国卫生统计，2009(6).

[4]李晓峰等.柔性流水作业排序问题的贪心算法求解[J].吉林大学学报(信息科学版)，2009(6).

[5]程明宝等.无空闲占优机器的加工时间可变流水作业排序[J].工业工程，2010(3).

[6]闫振卫.依赖机器的两台机自由作业排序问题[J].运筹学学报，2011(4).

[7]孔继利等.一类多品种小批量混流制造系统作业组织模式与工件排序[J].计算机集成制造系统，2015(4).

[8] Chase R. B., U. Apte. A History of Research in Service Operation: What's the Big Idea?[J]. Journal of Operations Management, 2007(3):375—386.

[9] Frei, F. X.. The Four Things a Service Business Must Get Right[J]. Harvard Business Review, 2008, 86(4):70—81.

案例讨论

解决移动电话营业厅服务投诉

李先生是某移动通信公司的客户经理。最近一段时间，他接连收到好几个用户的投诉，反映虽然公司采取了一系列措施来改善服务，但营业厅服务仍不尽如人意。

有位用户描述了在营业厅办理手机退网手续的全过程：第一次去营业厅时，因没有指示标志，经询问才知道经办窗口；当挤到柜台前领表、填表时，却被告知要先到缴费窗口查询当前有无欠费；查询完毕盖章后再挤到原柜台办理停机时，又被告知到下月20日后再办理退网手续。再次到营业厅时，又一次挤到营业柜台，被告知再查一次有无欠费；但到缴费窗口时，却被告知因属于存折托收，需到另一楼层查询；查询完毕无欠费后，才再回到原柜台办理了退网。办理一个简单的退机手续，用户总共去了两趟营业厅，"挤"了七个柜台（窗口），花费了很长时间。这还不包括双休日因移动通信公司休息而白跑的一趟。

李经理通过现场观察和分析，认为造成用户不满意的原因在于服务系统设计不科学，主要表现在以下几个方面：

（1）服务时间安排不尽合理。营业厅营业时间一般是从上午9:00到晚上7:00，营业员的班次安排也与一般上班族的上班时间相同，中午12:00左右，大部分营业员午间休息。这样，在中午业务最高峰时，营业人员不足，服务响应时间明显加长。

（2）服务设施布置不合理。在一字排开的营业柜台前，没有任何帮助排队的设施，在拥挤的人群面前，任何人都会不守秩序而使得场面更混乱。

（3）服务的标准化不够。用户对于业务受理需要经过哪些流程根本不清楚，往往是在不同的柜台前来来回回，更加影响了服务的效率。

思考讨论问题：

1. 结合你所掌握的情况，帮助李经理分析指出移动电话营业厅服务存在的问题和原因。
2. 如果你是李经理，你将提出怎样的建议？为什么？

（资料来源：王世良．生产与运作管理教程——理论、方法、案例[M]．杭州：浙江大学出版社，2002．略有改动．）

课后同步测试

一、名词解释

期量标准　在制品占用量定额　投入提前期　生产周期　工艺在制品

二、思考问答题

1. 编制间断流水线作业指示图表时，应按什么样的程序进行？
2. 成批生产类型的期量标准有哪些？制定的方法是什么？

3. 批量的大小对企业的生产有哪些影响？

三、单项选择题

1. 单件小批生产的最基本的期量标准是（　　）。
   A. 按通用产品组织生产　　　　　　B. 产品生产周期表
   C. 按订单生产　　　　　　　　　　D. 确定投入产出提前期

2. 成批生产类型的期量标准不包括（　　）。
   A. 生产节拍　　B. 生产批量　　C. 生产周期　　D. 生产提前期

3. 从原料、外购件投入生产起，到经检验合格办完入库手续，这一时间段称为产品的（　　）。
   A. 生产间隔期　　B. 生产提前期　　C. 生产周期　　D. 出产提前期

4. （　　）是指在一定的技术组织条件下，各生产环节为了保证生产衔接必需的、最低限度的在制品储备量。
   A. 流水线工作指标图表　　　　　　B. 在制品定额
   C. 生产周期　　　　　　　　　　　D. 生产间隔期

5. 生产提前期是以生产周期和生产间隔期为参数，以成品的（　　）作为计算基准，按产品工艺过程的相反顺序计算的。
   A. 投产日期　　B. 出产日期　　C. 投料日期　　D. 销售日期

6. 在制品定额法是适用于（　　）企业的生产作业计划编制方法。
   A. 流水生产或大批大量生产　　　　B. 流水生产或单件订货生产
   C. 成批生产或少量生产　　　　　　D. 间断生产或连续生产

7. 提前期法适用于（　　）的企业。
   A. 单件作业　　B. 大量大批生产　　C. 订货生产　　D. 成批轮番生产

8. 设有五种零件 J_1、J_2、J_3、J_4 和 J_5，在 A、B 两台机床上加工，其 A 机床工序加工时间分别为：5 小时、8 小时、10 小时、6 小时和 2 小时；其 B 机床工序加工时间分别为：9 小时、3 小时、11 小时、7 小时和 4 小时。现提出四种加工顺序方案，请你判断（　　）种加工顺序能使总流程时间最短。
   A. $J_4—J_2—J_5—J_3—J_1$　　　　B. $J_5—J_1—J_4—J_3—J_2$
   C. $J_1—J_2—J_5—J_3—J_4$　　　　D. $J_3—J_4—J_2—J_1—J_5$

四、判断题

1. 在生产批量不相等的情况下，某车间的出产提前期＝后车间的投入提前期＋保险期。
（　　）

2. 企业从原料、外购件等投入生产起，到经检验合格办完入库手续之前，存在于生产过程各个环节的零部件都称为在制品。（　　）

3. 出产提前期是指某一工序制品的出产日期比后一工序投入生产的日期应提前的天数。
（　　）

4. 在生产任务稳定的条件下，日产量不变，则批量与生产间隔期成正比关系。（　　）

5. 为防止工序之间因缺货停工待料，影响生产的连续性，需要设置周转库存。（　　）

6. 保险在制品定额是为了在一定的技术组织条件下，保证生产各环节的衔接必需的和最低限度的在制品储备量。   （ ）
7. 在制品定额法适用于品种单一的大批量生产。   （ ）
8. 最小批量法是一种以最低的费用,取得最佳的经济效果为目标的制定目标的方法。
                                                                （ ）
9. 作业排序问题分为时间作业排序和产品作业排序。   （ ）
10. 作业排序中的"松弛时间"是指当前时点距离交货期剩余时间与工件剩余加工时间之差。   （ ）

五、计算题

1. 一批产品,其加工过程依次经过 A、B、C、D 四个工艺阶段,每个阶段的生产周期、生产间隔期和保险期如表 9—12 所示。求:
(1) 该产品的生产提前期;
(2) 如果有人订货,要求在 45 天内交货,能否接受?
① 如果 C 工艺阶段需要大修,修理需要 30 天,能否接受?
② 如果 B 工艺阶段需要修理 18 天,能否接受?

表 9—12   某产品生产情况

工艺阶段	生产间隔期(天)	生产周期(天)	保险期(天)
A	4	5	3
B	3	6	5
C	2	4	2
D	1	3	0

2. 建工机械厂定期成批轮番生产甲产品。月计划任务为 150 台,月工作日数为 25 天,各车间有关资料如表 9—13 所示。各车间之间的保险期均为 5 天。求各车间的投入提前期和出产提前期。

表 9—13   各车间有关资料

车间	批量(台)	生产周期(天)
毛坯车间	240	10
机加工车间	120	40
装配车间	60	15

3. 设有 A、B、C、D 四种零件,均需先在铣床上加工,再由钻床加工,两种设备各有一台,各种零件的单件工时定额如表 9—14 所示。求总流程时间为最短的加工顺序安排方案,并计算出最短流程时间。

表 9—14　　　　　　　　　各种零件的单件工时定额

机床工时定额(分) \ 零件	A	B	C	D
铣床	7	13	2	5
钻床	12	4	3	8

课外小组实践活动

以小组为单位(4～6人)，选择某一个公益活动为主题，策划一场公益演出。从整体设想构思出发，然后进行人员任务分配、资料收集、整体讨论之后，安排整个活动场地、内容、参与人员及受众宣传等一系列流程。整个活动结合现有资源情况，合理安排资源分配，时间进度控制，体会此类活动作业计划与作业排序方法，最后相互评价并总结经验。

第十章 网络计划技术

【本章学习要点】
- 了解网络计划方法的应用场合
- 熟悉网络计划图的绘制方法
- 掌握网络计划时间参数的计算
- 掌握网络计划的优化方法

【引导案例】

一种被实践证明行之有效的管理方法

世界上工业发达国家都非常重视现代管理科学,网络计划技术已被许多国家公认为最为行之有效的管理方法之一。各种广泛实践证明,应用网络计划技术组织与管理生产一般能缩短工期20%左右,降低成本10%左右。

美国是网络计划技术的发源地,美国的泰迪建筑公司在47个建筑项目中应用此法,平均节省时间22%,节约资金15%。美国政府于1962年规定,凡与政府签订合同的企业,都必须采用网络计划技术,以保证工程进度和质量。1974年麻省理工学院调查指出:"绝大部分美国公司采用网络计划编制施工计划"。目前,美国基本上实现了机画、机算、机编、机调,实现了计划工作自动化。

日本、俄罗斯、德国、英国也普遍在工程中应用了网络计划技术,并把这一技术应用在建筑工程的全过程管理之中。

网络计划方法是项目计划方法中最重要的方法。项目生产在生产运作中属于典型的一次性单件生产。20世纪50年代美国杜邦公司和美国海军首先采用网络计划技术,之后该技术和方法在项目管理中广泛被采用并取得很好的效果。本章将主要探讨网络计划方法和技术的基本原理及其应用。

第一节 网络计划技术概述

一、网络计划技术的产生和应用

(一)甘特图的产生及应用

长期以来,在网络计划技术没有出现之前,生产与施工计划都用甘特图表示。甘特图是第一次世界大战期间,由美国管理学家亨利·L.甘特(Henry L. Gantt)提出的一种计划和控制生产的有效工具,也称横道图。甘特图是对项目进行计划和排程的一种常用工具。它帮助管理者为项目做好进度安排,然后随着时间的推移,对比实际和计划进度,将管理者的注意力集中到发生异常的地方,对项目进行适时控制,从而使项目能够按期完工。

在甘特图中,横向表示时间进度,纵向表示项目的各项作业,用横道表示每项作业从开始到结束的持续时间。图 10-1 是某项目的甘特图,该项目被分解为 7 项作业,时间进度以周为单位,每项工作的开始时间、结束时间和持续时间用相应的横道来表示。在项目进行过程中,管理者能看到哪些作业先于计划安排,哪些作业滞后,从而作出相应的调整。

活动代号	自项目开始计算的周数										
	1	2	3	4	5	6	7	8	9	10	11
A	■	■	■								
B	■	■									
C			■	■	■						
D					■	■	■				
E					■	■	■	■			
F										■	

图 10-1 甘特图

甘特图简单直观,易于绘制,应用十分广泛。其缺点是只能反映各项作业的起止时间,不能反映各项作业之间的相互关系,作业间的整体关系和逻辑关系不清晰,也不能显示出关键路线和关键作业,无法进行优化。因此,对于大型项目,该方法无法取得满意的效果。一般来说,甘特法的运用不适合超过 25 项活动的大型项目。

(二)网络计划技术的产生及发展

网络计划技术是计划评审技术(Program Evaluation and Review Technique, PERT)和关键路线法(Critical Path Method, CPM)的总称,是 20 世纪 50 年代末期在美国发展起来的用于大型项目管理和控制的项目管理方法。

1956 年,为了适应对复杂系统进行管理的需要,美国杜邦·耐莫斯公司的摩根·沃克与雷明顿·兰德公司的詹姆斯·E. 凯利合作,利用公司的 Univac 计算机,开发了面向计算机描述工程项目的合理安排进度计划的方法,即关键路线法。在1958年初,将该方法用于一所价值1 000万美元的新化工厂的建设,经过与传统的横道图对比,结果使工期缩短了4个月。后来,此法又被用于设备维修,使后来因设备维修需要停产125小时的工程缩短78小时。仅一年就节约了近100万美元。从此,网络计划技术的关键路线法得以广泛应用。

1958年,美国海军特种计划局在研制北极星导弹核潜艇时,其北极星计划规模庞大,组织管理复杂,整个工程由8家总承包公司、250家分包公司、3 000家三包公司、9 000多家厂商承担。该项目采用网络计划评审技术,使原定6年的研制时间提前2年完成。1960年后,美国又采用了PERT技术,组织了阿波罗载人登月计划,该计划运用了一个7 000人的中心试验室,把120所大学、2万多家企业、42万人组织在一起,耗资400亿美元,于1969年,人类的足迹第一次登上了月球,使PERT法声誉大振。随后网络技术风靡全球。统计资料表明,在不增加人力、物力、财力的既定条件下,采用PERT就可以使进度提前15%～20%,节约成本10%～15%。

后来,为了适应各种计划管理的需要,以CPM方法为基础,又研制出了其他一些网络计划法,如搭接网络技术(DLN)、图形评审技术(GERT)、决策网络计划法(DN)、风险评审技术(VERT)、仿真网络计划法和流水网络计划法等。从此,网络计划技术被许多国家认为是当前最为行之有效的、先进的、科学的管理方法。

我国是从20世纪60年代开始运用网络计划的,1965年著名数学家华罗庚教授将工程网络计划技术引进我国。华罗庚教授在综合研究各类网络方法的基础上,结合我国实际情况加以简化,于1965年发表了《统筹方法评话》,为推广应用网络计划方法奠定了基础。20世纪70年代后期,网络计划技术在我国得到了广泛的重视和研究,取得了一定的效果。1991年我国颁布了《工程网络计划技术规程》(JGJ/T1001-91)。在这之后,又于1999年重新修订和颁布了《工程网络计划技术规程》(JGJ/F121-99)。

如今,网络计划技术已被广泛地应用于工业、农业、国防、科技等各个领域。

(三)CPM和PERT的区别

CPM和PERT是独立发展起来的两种计划方法,在具体做法上有一些不同之处。CPM假定每一活动的时间是确定的,而PERT的活动时间基于概率估计,是不确定的;CPM不仅考虑活动时间,也考虑活动费用及费用和时间的权衡,而PERT则较少考虑费用问题,重点是时间控制;CPM采用结点型网络图,PERT采用箭线型网络图。但两者所依据的基本原理基本相同,都是通过网络形式表达某个项目计划中各项具体活动的逻辑关系。两种方法在长期的使用过程中取长补短,之间的差别越来越小,常常被结合使用,以求得时间和费用的最佳控制。

二、网络计划的概念与基本原理

网络计划是以网络图形式制定计划,获得计划的最佳方案,用以组织生产与控制进度,达到预期目标的一种科学的计划管理方法。

网络计划技术的基本原理是:利用网络图表达计划任务的进度安排及各项活动(或工作)间的相互关系;在此基础上进行网络分析,计算网络计划时间参数,找出关键路线和关键活动;利用时差不断改善网络计划,求得工期、资源与费用的优化方案。在网络计划的执行过程中进行有效的控制和监督,保证合理地利用资源,力求以最少的消耗获取最佳的经济效益和社会效益。

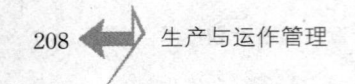

三、网络计划技术的优点和应用范围

网络计划技术是继 20 世纪初亨利·L.甘特发明甘特图以来，在计划工具上最大的进步。网络计划技术的优点主要体现在以下几个方面：

(1) 通过网络图，可以将项目活动图形化，明确项目及各个组成部分。
(2) 估计项目的成本和持续时间。
(3) 指出关键路线和关键作业，对项目进行跟踪，保证项目按期完工。
(4) 使项目成员了解各自的工作和在项目中的意义。
(5) 明确各活动之间的关系，决定哪些活动必须先完成，哪些活动必须随后完成。在不延长工期的情况下，哪些活动可以延期，松弛时间为多少。

网络计划技术特别适用于一次性的大规模工程项目。在工业企业生产与计划管理中，适用于新产品开发试制、生产技术准备计划、设备大修理、大型工艺装备制造以及单件小批生产的组织。一般来说，工程项目越大，协作关系越多，生产组织越复杂，网络计划技术就越能显示其优越性。

第二节 网络图的绘制

网络图是由箭线和结点组成的，用来表示工作的开展顺序及其相互依赖、相互制约关系的有向、有序的网状图形。网络计划技术的一个重要特征，就是用网络图来描述项目活动过程及其内在的逻辑次序。网络图是一种对项目活动进行直观描述的最好办法。

一、网络图的类型

网络图根据绘图符号的不同，可分为双代号网络图和单代号网络图两大类。

双代号网络图是用一个箭线表示一项活动，活动名称写在箭线上。箭尾表示活动的开始，箭头表示活动的结束，箭头和箭尾标上圆圈并编上号码，用前后两个圆圈中的编号来代表这些活动的名称。如图 10-2、图 10-3 所示。

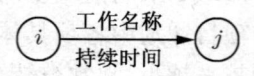

图 10-2 双代号网络图的表示法

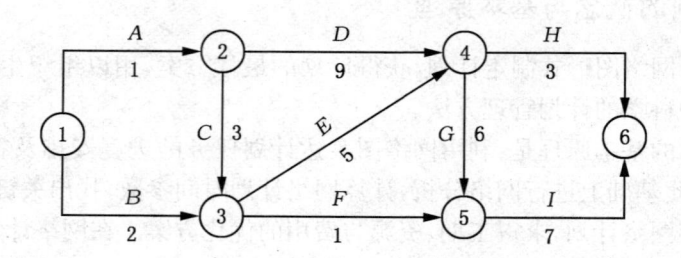

图 10-3 双代号网络图示例

单代号网络图是用一个圆圈代表一项活动,并将活动名称写在圆圈中。箭线符号仅用来表示相关活动之间的逻辑关系,不具有其他意义。因其活动只用一个符号就可代表,故称为单代号网络图。如图10—4、图10—5所示。

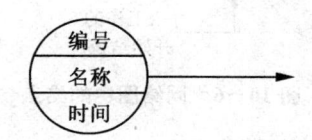

图10—4　单代号网络图的表示法

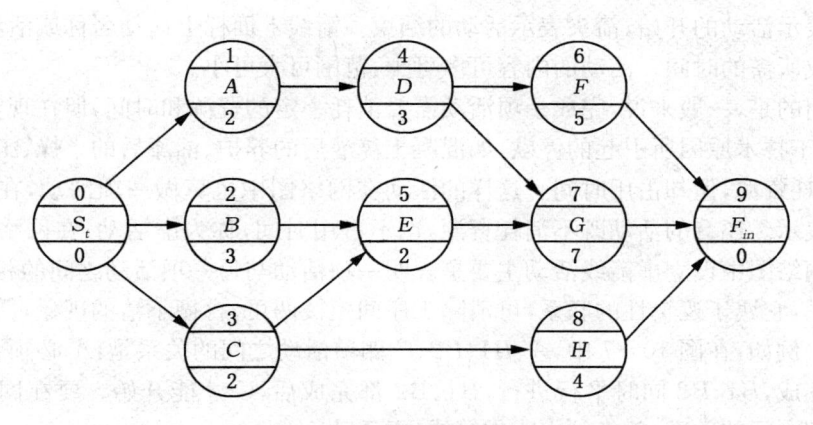

图10—5　单代号网络图示例

实践中,绘制网络图用到双代号表示法更多,所以本章主要以双代号网络图为主来研究网络计划技术。

二、双代号网络图的构成

网络图由结点、箭线以及结点和箭线连成的线路组成,这称为网络图的三要素。

(一)结点

结点(或称事项)是网络图的箭线进入或引出处带有编号的圆圈,它是指某一项工作的开始或完成的瞬时点。它不消耗资源,也不占用时间,是表示某项行为或活动开始或结束的瞬间,表示其前面若干项工作的结束或表示其后面若干项工作的开始。网络图中,第一事项(即网络图中的第一个圆圈)称为始点事项,它表示一项任务的开始,最后一个事项(网络图中的最后一个圆圈)称为终点事项,表示一项任务的结束。一个网络图只有一个始点事项和一个终点事项,介于网络始点事项与终点事项之间的事项都称为中间事项,中间事项连接着前面作业的箭头和后面作业的箭尾。因此,中间事项的时间状态既代表前面作业的结束,又代表后面作业的开始。

因此,结点可分成三种:起点结点、终点结点和中间结点,如图10—6所示。起点结点是只有引出箭线,而没有引入箭线;终点结点是只有引入箭线,而没有引出箭线;中间结点是既有引出箭线,又有引入箭线。

(二)箭线

箭线是指可以独立存在,需要消耗一定时间和资源,能够定以名称的活动;也可以只表示

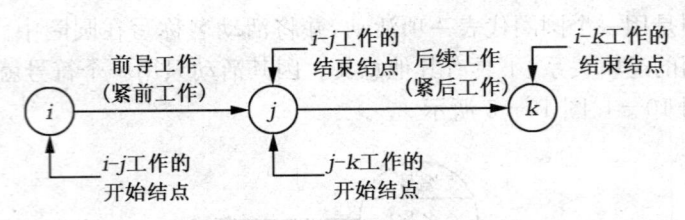

某些活动之间的相互依赖、相互制约的关系,而不需要消耗时间、空间和资源的活动。如"产品设计"这项作业既要有一定的时间来完成,又要有设计人员、设计图纸、设计资料、绘图工具等资源。箭尾表示活动的开始,箭头表示活动的结束。箭线上面标上活动名称或活动符号,下面标明活动完成所需的时间。活动的内容可多可少,范围可大可小。

需要说明的是,一般来说,完成一项活动需要消耗一定的资源和时间,但在现实中,也有这样的活动:由于技术原因所引起的停歇,如混凝土浇灌后的养护、油漆后的干燥、工件的自然冷却等,虽不消耗资源,但却占用时间。这样的活动在网络图中也算做一项活动,在网络图中用一条实箭线表示。还有的活动既不消耗资源,也不占用时间,称为虚活动,在网络图中用虚箭线表示。在网络图中设立虚箭线活动主要是表明一项活动与另一项活动之间的相互依存和相互制约的关系,它属于逻辑性的联系,可消除工序间模棱两可、含糊不清的现象,便于计算机进行识别运算。例如,在图10-7中,A、$B1$、$B2$、C 四项活动之间的关系是:A 必须在 $B1$、$B2$ 两项活动之前完成,$B1$、$B2$ 同时平行进行,$B1$、$B2$ 都完成后,C 才能开始。要在网络图中正确地表示出它们之间的关系,就必须引入虚箭线(虚活动)。

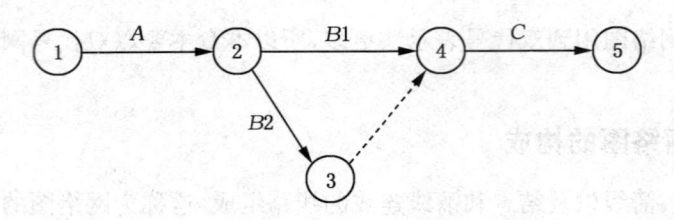

图 10-7 网络图的虚箭线

(三)线路

在网络图中,线路是指从网络始点事项到达网络终点事项所经过的通路。在一条线路上,把整个活动的作业时间加起来,就是该线路的总作业时间。每条线路所需时间长短不一,其中持续时间最长的线路称为关键路线。整个计划任务所需的时间就取决于关键线路所需的时间。位于关键路线上的作业,成为关键作业,这些作业完成的快慢直接影响整个计划的工期。需要说明的是,一个大型网络图,有时关键路线可能有多条。

例如,在图10-8中,共有5条线路,其中关键路线是 $C-D-F$,时间是14。

三、网络图的逻辑表示方法

要完成一项计划(或工程)需要进行许多工作,这些工作之间存在着相互依赖、相互制约的关系,即为我们所说的"逻辑关系"。根据网络图中作业之间的相互关系,可以将作业划分为:紧前作业、紧后作业、平行作业和交叉作业。

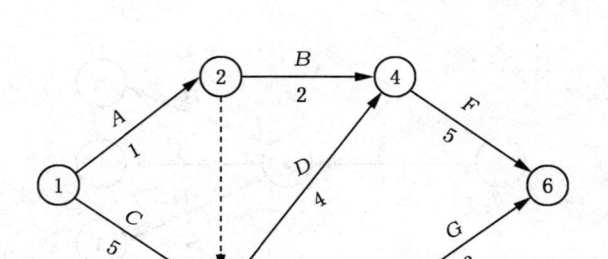

图 10-8 网络图中线路与关键路线

紧前作业是指紧接在该作业之前的作业。紧前作业不结束,则该作业不能开始。紧后作业,是指紧接在该作业之后的作业。该作业不结束,紧后作业不能开始。平行作业是指能与该作业同时开始的作业。交叉作业是指能与该作业相互交替进行的作业。

总的来说,一项网络图中的逻辑关系有 4 种:

(1)一对一的逻辑关系。该逻辑关系反映的是几项活动的作业顺序,如图 10-9 所示,A 作业结束后 B 作业才能开始,B 作业结束后,C 作业才能开始。故 A 是 B 的紧前作业,B 是 A 的紧后作业。

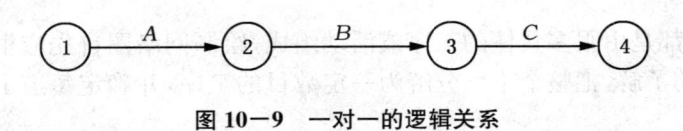

图 10-9 一对一的逻辑关系

(2)多对一的逻辑关系。多项紧前作业完成后,一项紧后作业才开始。如图 10-10 所示,D 作业要在 A、B、C 三项活动全部结束之后才能开始。A、B、C 均是 D 的紧前作业,同时 A、B、C 三项作业又是平行作业。

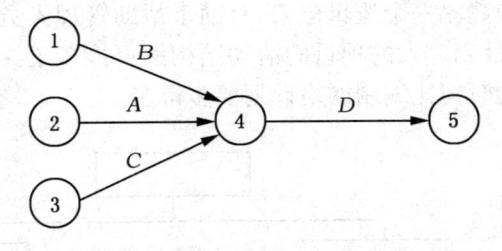

图 10-10 多对一的逻辑关系

(3)一对多的逻辑关系。一项紧前作业结束后,多项紧后作业同时开始。如图 10-11 所示,A 作业结束后 B、C、D 同时开始。A 是 B、C、D 共同的紧前作业,B、C、D 是平行作业。

(4)多对多的逻辑关系。多项紧前活动结束后,多项紧后活动同时开始。如图 10-12 所示,C、D 作业要在 A、B 作业都完成之后才能开始,但可同时进行。A、B 是 C、D 的紧前作业,C、D 是平行作业。

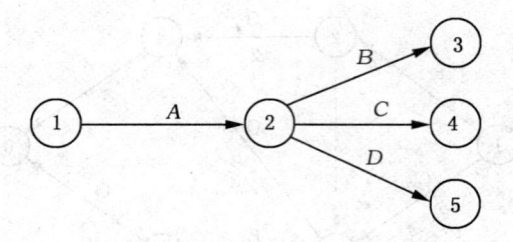

图 10—11　一对多的逻辑关系

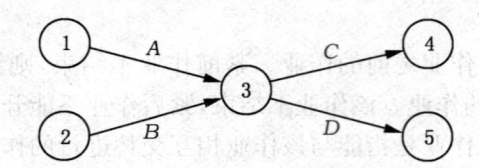

图 10—12　多对多的逻辑关系

四、网络图的绘制步骤

(一)任务的分解

任何一项工作都是由很多具体的工序或活动组成,绘制网络图首先应根据对工作任务的性质、目标和内容的了解,把整个工作分解为一定数目的工序,并确定每道工序的具体要求和内容。

工序分解的繁简程度,应视管理的需要而定。对于高层管理部门来说,需要通过网络图纵观全局,掌握关键,组织协调,工序可以分解得粗一些;对于基层单位来说,将运用网络图来具体组织和指挥,就需要把工序分解得比较细一些。对于工程周期较长的大型项目,常常可以由粗到细绘制三套网络图,以满足各方面的需要。为弄清项目所需要的活动,可以通过任务分解结构图(如图 10—13 所示)建立一个逻辑框架,有助于帮助管理人员确定所要做的工作,便于管理人员编制预算和活动计划。大的项目的活动结构图可能多于 4 层。项目分解工作量大,不确定因素多,它所需要的时间比编制网络计划要多得多。

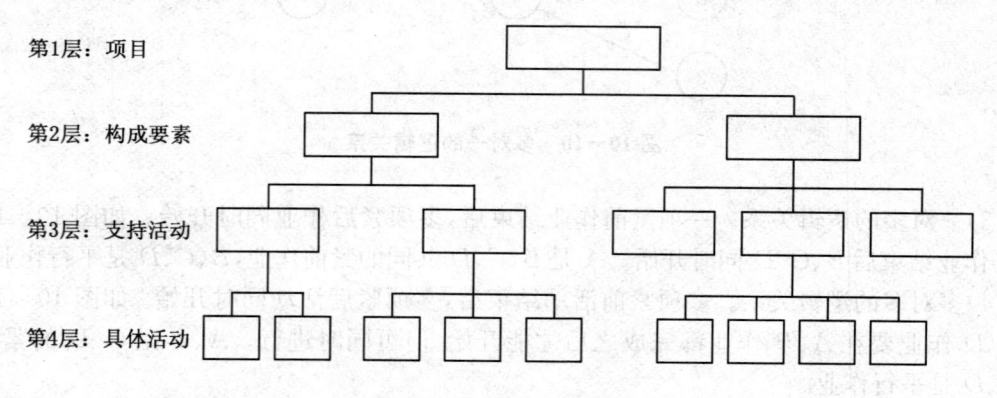

图 10—13　任务分解图

一般可以从以下几个角度进行项目分解：

(1)按项目的结构层次分解，如建设火电站需要锅炉、汽轮机、发电机以及辅机；制造锅炉需要制造水冷壁、汽包、空气预热器等；而制造水冷壁需要对钢管进行加工。

(2)按项目的承担单位或部门分解，如设计、施工、验收等。

(3)按工程的发展阶段分解，如论证、设计、试制等。

(4)按专业或工种分解，如机械、电气、装配、焊接等。

以上几种项目分解的方式可以混合使用，使工程进展的一定阶段与一定的部门发生联系。

（二）工序的逻辑分析

任务分解以后，还必须对各道工序逐一进行分析。包括工序的先后次序，每道工序的紧前工序和后续工序，哪些工序可以平行作业，哪些工序可以交叉作业，以及完成每道工序所需要的时间等。在上述分析的基础上，列出工序关系明细表。

[例10-1] 某厂要维修一台机器，已知各工序关系明细表如表10-1所示。

表10-1　　　　　　　　　　维修机器工序关系明细表及时间

工序代号	工序名称	紧后工序	工序时间（小时）
A	拆卸	B、C	4
B	清洗	D	2
C	机头检修	I	6
D	部件检查	E、F	2
E	零件加工	G	8
F	零件维修	G	5
G	涂油上漆	H	3
H	安装	I	4
I	运行试验	—	4

（三）绘制网络图

网络图的绘制有两种方法：一种是顺推法，由初始点开始画，直至终点；另一种是逆推法，由最终结点开始画，反推至始点。

绘制网路图需遵循以下原则和方法：

(1)有向性，无回路。各项活动顺序排列，从左到右，不能反向。另外，网络图中不允许出现循环线路。箭线从某一结点出发，只能从左到右前进，不允许逆向前进而形成闭环线路。

(2)结点编号，从小到大，从左到右，不能重复。网络图中的结点要统一进行编号，以便于识别和计算。编号顺序由小到大，一般采用非连续编号法，即可以空出几个号跳着编，适当留有余地，以便当结点有增减变化时，可以进行局部的调整改动，不至于打乱全部编号。为了便于对网络图进行分析研究，把某项工作开始事项的号码，也就是箭尾结点的号码，用i表示；把某项工作结束事项的号码，也就是箭头结点的号码，用j表示。

(3)两点一线。相邻两个结点之间只允许画一条箭线。如果在两个相邻结点之间有好几个作业需要平行进行，则必须引入虚箭线。

(4)箭线首尾都必须有结点，不能从一条箭线的中间引出另一条箭线来。

(5)源汇合一。每个网络图中只能有一个始点事项和一个终点事项，不能出现没有先行作业或没有后续作业的中间事项。如果在实际工作中出现几道工序同时开始或同时结束，可合理运用虚作业，将没有先行作业的中间事项与始点事项连接起来，将没有后续作业的中间事项与终点事项连接起来。

(6)明确工序之间的逻辑关系。只有在指向某一事项的各条箭线其工作全部完成以后,从该事项引出的箭线才能开始。

按照惯例,绘制网络图从左至右开始。起始结点画在最左边,表示项目的开始。然后,从活动代号栏中找出紧后活动栏中没有出现的活动,即它(们)是项目开始就可以进行的活动。这样,从起始结点发出的箭线就表示这些活动。画出最早能开始的活动之后,就要找出其紧后活动,再将表示其紧后活动的箭线画在紧后。按这样的方式进行下去,直到没有紧后活动的活动为止。没有紧后活动的活动所对应的箭线汇集在终点结点上。一般在绘制过程中先绘出草图,草图绘出后,将序号标在结点上,将活动代号和时间标在箭线上。要根据网络图绘制规则,逐项活动进行检查,去掉不必要的虚活动。然后,按要求画出正规的网络图。根据例10-1中的工序关系,可以绘制网络图如图10-14所示。

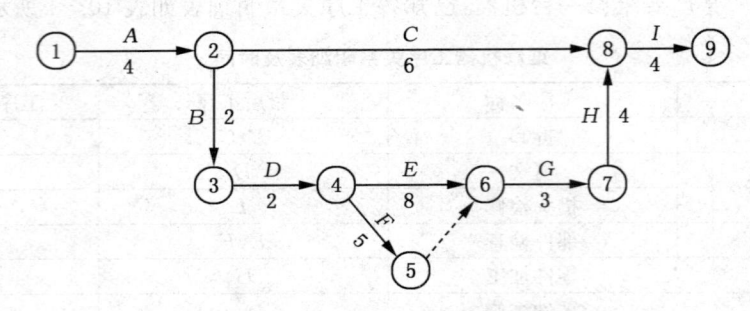

图10-14 机器维修的网络计划图

[例10-2] 某工程有八道工序,分别以 A、B、C、D、E、F、G、H 表示,各工序所需时间分别为 4、2、6、8、4、4、10、4 天,各工序之间的关系为:A 完成后才能开始 C、D,B 完成后才能开始 E,C 完成后才能开始 F,只有当 C、D 均完成后,才能进行 G,当 F、G 完成后才能开始 H。请列出工序关系明细表,并在此基础上画出该工程的网络计划图。

解:首先根据工序分解列出工序关系明细表,如表10-2所示。

表10-2　　　　　　　　某工程工序关系明细表

工序代号	A	B	C	D	E	F	G	H
紧前活动			A	A	B	C	CDE	FG
作业时间	4	2	6	8	4	4	10	4

然后根据工序关系明细表,绘制网络图,见图10-15。

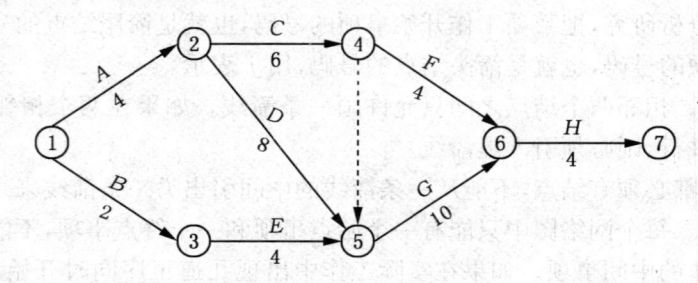

图10-15 某工程的网络计划图

第三节　网络计划时间参数的计算

任何一个工程项目总是在一定的时间内进行的,因此,在把工程项目的各项活动绘制成网络图后,要进行时间值的计算。只有对各项活动赋予一定的时间值,才能动态地模拟工程项目的进程,网络图也才能作为编制计划的依据。网络时间参数的计算主要包括各项活动的作业时间、结点时间参数和活动时间参数的计算。

一、作业时间的计算

作业时间是指一项活动从开始到完成的持续时间。作业时间的长短与该活动的工作量及投入的资源量有关,有时还与该活动的工艺特性或技术要求有关。作业时间的估计有单一时间估计法和三点时间估计法。对不确定性要素较少的活动,其工作进度能估计得比较准确,各项费用变化不大,一般采用单一时间估计法;如果活动的不确定因素较多,就需要采用三点时间估计法。

（一）单一时间估计法

单一时间估计法是指对各项活动的时间,仅确定一个时间值。这种方法适用于有同类活动或类似活动时间做参考的情况,如过去进行过、偶然性因素的影响又较小的活动。采用单一时间估计法的网络图也称为确定型网络图。

（二）三点时间估计法

在不具备该项活动的直接资料或间接资料的情况下,不确定因素较多,三点时间估计法把作业时间作为随机变量来处理,对每项活动的作业时间要考虑三个值:

最乐观时间(optimistic time),是指在最有利的条件下顺利完成一项活动所需要的时间,常以 a 表示。

最可能时间(most likely time),是指在正常情况下完成一项活动所需要的时间,常以 m 表示。

最悲观时间(pessimistic time),是指在最不利的条件下完成一项活动所需要的时间,常以 b 表示。

三点时间估计法常用于带探索性的工程项目。例如,原子弹工程,其中有很多工作任务是从未做过的,需要研究、试验,这些工作任务所需的时间也很难估计,只能由一些专家估计最乐观的时间、最悲观的时间和最可能的时间,然后对这三种时间进行加权平均。

根据统计规律,m 发生的可能性是 a 及 b 发生的 2 倍,则作业活动时间的平均值的计算公式为:

$$t(i,j) = \frac{a + 4m + b}{6}$$

又由于作业时间受多种因素影响,各项活动作业时间值的变动遵循概率法则,可用方差反映作业时间概率分布的离散程度,其方差 σ^2 为:

$$\sigma^2 = \left(\frac{b-a}{6}\right)^2$$

上式中,σ 的数值越大,表明作业时间概率分布的离散程度越大,平均作业时间 t 的代表性就越差;反之,σ 越小,则 t 的代表性就越好。计算出方差后,由此可得出整个计划任务按规定日期完成的可能性。

采用三点时间估计法的网络图也称为随机型网络图。

[例 10—3] 有一个工序在条件顺利时,最快可能 6 小时完工;在条件困难的情况下要 14 小时才能完工;估计最可能的是 7 小时完工,则该工序的作业时间为多少?

$$t=\frac{6+4\times7+14}{6}=8(小时)$$

二、结点时间参数的计算

结点时间是一个瞬时的概念,是时间轴上的一个点,本身并不占用时间和资源,仅仅表示一种状态。结点的时间包括结点最早开始时间和最迟结束时间。

(一)结点最早开始时间

结点的最早开始时间[early time,$ET(j)$]是指从该结点开始的各项活动最早可能开始作业的时刻,在此时刻之前,各项活动不具备开始作业的条件。

计算各结点的最早开始时间,应从网络图的始点事项开始,自左向右,按结点编号由小到大的顺序来确定其他结点的最早开始时间,直至终点事项。因终点事项无后续活动,所以它的最早开始时间也是它的结束时间。通常将网络图始点事项的最早开始时间规定为零,即 $ET(1)=0$。当某工程项目有具体规定的开工时间时,始点事项的最早开始时间应取这一规定时间。

若结点只有一条箭线进入时(如图 10—16 所示),则箭头结点的最早开始时间等于该箭尾结点的最早开始时间加上该箭线的作业时间。

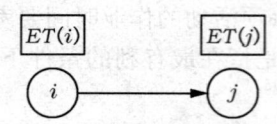

图 10—16 进入结点 j 只有一条箭线图

$$ET(j)=ET(i)+t(i,j)$$

若同时有很多箭线进入时(如图 10—17 所示),则对每条箭线做上述计算之后,取其中最大数值为该结点的最早开始时间。

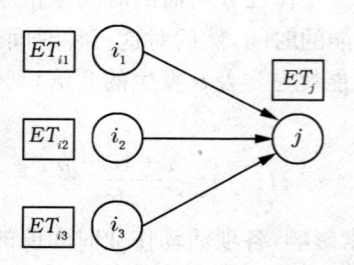

图 10—17 进入结点 j 有多条箭线图

$$ET(j)=\max\{ET(i)+t(i,j)\}$$

(二)结点最迟结束时间

结点的最迟结束时间[late time, $LT(i)$]是指以该结点为结束的各项活动最迟必须完成的时刻。结点的最迟结束时间的计算是从终点事项开始算起,终点事项的最迟结束时间是工程项目的总工期,其实也就是终点事项的最早开始时间。然后按结点编号的反顺序计算其他结点的最迟结束时间。

若结点只有一条箭线流出时(如图 10-18 所示),则箭尾结点的最迟结束时间等于箭头结点的最迟结束时间减去该箭线的作业时间。

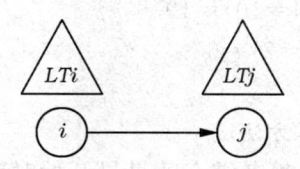

图 10-18 结点 i 后面有一条箭线图

$$LT(i) = LT(j) - t(i,j)$$

若结点有多条箭线流出时(如图 10-19 所示),则每一条箭线都做上述计算后,取其中最小值为该结点的最迟结束时间。

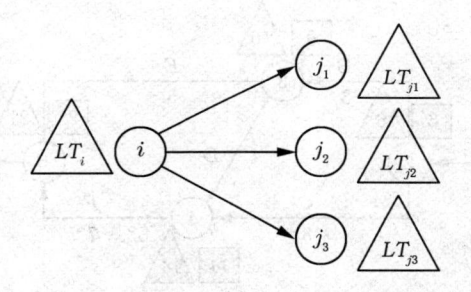

图 10-19 结点 i 后面有多条箭线图

$$LT(i) = \min\{LT(j) - t(i,j)\}$$

[例 10-4] 试计算图 10-20 中各结点的最早开始时间和最迟结束时间。

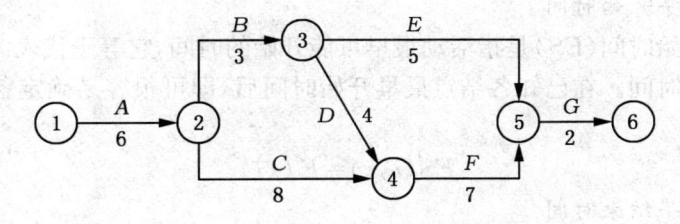

图 10-20 网络计划图

解:各结点的最早开始时间:
$ET① = 0$
$ET② = 0 + 6 = 6$
$ET③ = 6 + 3 = 9$

$ET④ = \max\{9+4=13, 6+8=14\} = 14$

$ET⑤ = \max\{14+7=21, 9+5=14\} = 21$

$ET⑥ = 21+2 = 23$

各结点的最迟结束时间：

$LT⑥ = ET(6) = 23$

$LT⑤ = 23-2 = 21$

$LT④ = 21-7 = 14$

$LT③ = \min\{21-5=16, 14-4=10\} = 10$

$LT② = \min\{14-8=6, 10-3=7\} = 6$

$LT① = 6-6 = 0$

（三）结点时间参数的图上计算方法

这种方法即直接在网络图上计算各结点的最早开始时间和最迟结束时间。计算步骤是：先顺结点编号顺序从始点事项开始计算各结点的最早开始时间，至终点事项为止；再逆结点编号顺序从终点事项开始计算各结点的最迟结束时间，至始点事项为止。为了方便读图，结点最早开始时间和最迟结束时间分别用方框"□"和三角"△"表示。图10-21为以图上计算法计算完例10-4中全部结点时间参数的网络图。

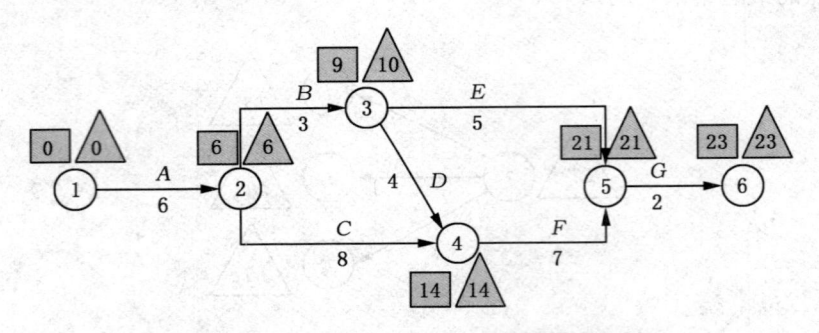

图10-21　计算完全部结点时间参数的网络图

三、活动时间参数的计算

（一）活动的最早开始时间

活动的最早开始时间（ES）是指活动最早可能开始的时间，它等于代表该活动的箭线的箭尾结点的最早开始时间。在已知各结点最早开始时间后，即可很容易确定各项活动的最早开始时间。

$$ES(i,j) = ET(i)$$

（二）活动的最早结束时间

活动的最早结束时间（EF）是指活动最早可能完成的时间，它等于活动最早开始时间加上该活动的作业时间之和。

$$EF(i,j) = ES(i,j) + t(i,j) = ET(i) + t(i,j)$$

（三）活动的最迟开始时间

活动的最迟开始时间（LS）是指活动最迟必须开始的时间，它是活动最迟结束时间减去该活动的作业时间之差。

$$LS(i,j)=LF(i,j)-t(i,j)$$

（四）活动的最迟结束时间

活动的最迟结束时间(LF)是指活动最迟必须结束的时间,它等于代表该活动的箭头结点的最迟结束时间。因此,在已知结点最迟结束时间的条件下,可以先确定各项活动的最迟结束时间,然后确定活动的最迟开始时间。

$$LF(i,j)=LT(j)$$

同结点时间参数的计算类似,在计算活动的时间参数时,活动的最早开始时间和最早结束时间,应从网络图的起点开始,从左至右,用加法,取极大值,逐一计算;活动的最迟结束时间和最迟开始时间,应从网络图的终点开始,从右至左,用减法,取极小值,逐一计算。

四、作业时差

进行网络时间参数的计算,是为了分析和寻求各项作业在时间的衔接上是否合理,有没有机动时间可供利用,有没有潜力可供挖掘。计算作业（活动）最早时间和最迟时间的目的是为了计算作业的时差。

时差 $S(i)$ 是指在不影响整个工程项目完工时间的条件下,某项作业（活动）的最迟开始（结束）与最早开始（结束）时间之差。时差表示该项作业（活动）允许延迟的最大限度。因此,时差又称"松弛时间"、"机动时间"。利用时差可以合理调配人力和物力,达到资源配置的优化。

时差分总时差和单时差。

（一）作业的总时差

作业的总时差也称"总富余时间"或"总宽裕时间",是在不影响整个项目总工期的前提下,某项作业最迟开始（结束）时间与最早开始（结束）时间的差。

某项活动的总时差按照下面的公式计算：

$$S_{总}(i,j)=LS(i,j)-ES(i,j)=LF(i,j)-EF(i,j)$$

式中：$S_{总}(i,j)$——作业 $i-j$ 的总时差；

$LS(i,j)$——作业 $i-j$ 的最迟开始时间；

$ES(i,j)$——作业 $i-j$ 的最早开始时间；

$LF(i,j)$——作业 $i-j$ 的最迟结束时间；

$EF(i,j)$——作业 $i-j$ 的最早结束时间。

（二）作业单时差

作业单时差又称局部时差、自由时差,是指在不影响紧后作业的最早开始时间的前提下,该作业可以延迟开始的时间。作业单时差等于其紧后作业的最早开始时间与本作业的最早结束时间之差。其公式为：

$$S_{单}(i,j)=ES(j,k)-EF(i,j)=ES(j,k)-ES(i,j)-t(i,j)$$

式中：$ES(j,k)$——紧后作业 $j-k$ 的最早开始时间。

五、关键路线

总时差为零的活动也称关键活动。因为活动总时差为零,意味着所有其他时差均为零,也即这些活动没有任何缓冲的余地,只能按时完成。所以,关键活动成为工程项目管理中的重点管理对象。

对于确定性问题,顺序地把所有关键活动连接起来所得到的从起始结点到终点结点的路线就是关键路线。关键路线至少一条,也可能有多条,其上面各项活动时间之和一定是最大的。关键路线的长度决定整个工期。总时差为零的活动一定在关键路线上。

关键路线的确定方法有如下三种:

(1)最长路线法。在一个网络图中,从始点事项顺着箭头方向到终点事项,有许多可行线路,其中持续时间最长的就是关键路线。

(2)关键结点法。在一个网络图中,如果结点的最早开始时间等于最迟结束时间,则该结点为关键结点。由关键结点连接成的线路就是关键路线。

(3)时差法。总时差为零的活动为关键活动,由关键活动所组成的线路就是关键路线。

上述三种确定关键路线的方法中,在未进行结点和活动时间参数计算时,可选用最长路线法;若只计算出结点的时间参数,可选用关键结点法;若既计算了结点时间参数又计算出了活动时间参数和时差,则选用时差法较为方便。

如果网络图涉及的结点多、活动多且关系复杂,用人工计算不仅费时还容易出错,这时就有必要运用计算机进行计算。确定关键路线后,一般用粗箭线或红箭线表示,以示区别。关键路线决定整个项目的总工期,要想缩短整个项目的工期,必须在关键路线上想办法,即压缩关键路线上的作业时间;反之,若关键路线时间延长,则整个项目完工工期就要延长。

需要指出的是,关键路线不是一成不变的。在一定条件下,关键路线可以变成非关键路线,非关键路线也可以变成关键路线。因此,在网络计划的执行过程中,要用动态的观点看待关键路线,保证工期按期完工。

下面举例说明时差的计算及关键路线的确定。承例10-4,根据图10-21中结点的时间参数,我们可以看出最早开始时间等于最迟结束时间的结点有:①、②、④、⑤、⑥。由此可以确定关键路线是:①—②—④—⑤—⑥。

下面采用列表法来计算例10-4中各项活动的作业总时差,见表10-3。

表 10-3 作业(活动)时间参数及总时差计算表

作业名称	结点编号 i	结点编号 j	作业时间 $t(i,j)$	作业最早开始与结束时间 $ES(i,j)$	作业最早开始与结束时间 $EF(i,j)$	作业最迟开始与结束时间 $LS(i,j)$	作业最迟开始与结束时间 $LF(i,j)$	总时差 $S总(i,j)$	关键作业
A	1	2	6	0	6	0	6	0	√
B	2	3	3	6	9	7	10	1	
C	2	4	8	6	14	6	14	0	√
D	3	4	4	9	13	10	14	1	
E	3	5	5	9	14	16	21	7	
F	4	5	7	14	21	14	21	0	√
G	5	6	2	21	23	21	23	0	√

从表10-3可以看出,作业总时差为0的活动有:A、C、F、G,所以关键路线是 $A-C-F-G$,也是结点①、②、④、⑤、⑥连接起来的结点,即①—②—④—⑤—⑥。

第四节　网络计划的优化

制定了网络计划后,为了能够更有效地组织项目的资源,使人力、物力、财力都得到最充分的利用,就需要对网络计划进行优化。所谓网络计划的优化,是指在一定的条件(如完工期限)下,对时间、费用、资源进行平衡,寻找工期最短、费用最低、资源利用率最高的网络计划方案。目前能进行的网络计划优化有三种形式:网络时间优化、时间—费用优化、时间—资源优化。

一、网络时间优化

网络时间优化是在不考虑人力、物力、财力资源的限制情况下,寻求最短工期。这种优化只是从时间的角度优化网络计划,并不考虑其他因素,因此得到的计划有可能不是最经济的计划。在某些情况下,如时间比较紧急的项目中,为了赶工,即使成本高也要缩短工期,可以采取这种优化方法。

由于项目的工期是关键路线决定的,因此缩短项目工期必须从关键路线开始。一般来说,压缩项目时间的方法有如下两种:

(1)把串行的作业改为并行或交叉的作业。把串行的作业改为并行的作业,可以缩短项目的工期。在产品开发项目中,广泛应用并行作业的方法缩短产品开发的时间。

(2)缩短关键作业的时间。除了把串行的作业改为并行作业外,还可以把关键路线上的某些作业的时间缩短,这样可以在不改变作业的工艺顺序的情况下缩短项目的工期。

缩短关键作业时间,一般可以从以下几个方面着手:①从技术上,采用新工艺、新技术。工业企业和建筑企业,可以通过对项目的各种作业工艺进行革新来缩短工期。②从资源上,合理调整资源的利用。例如,把非关键作业的资源和人力抽调到关键作业,或从计划外抽调资源和人力到关键作业。③从组织上,对关键作业的人员采取更大的奖励与惩罚措施,或为关键作业选拔能力更强的人员,提高工作效率。

[例 10-5]　已知某工程项目网络图如图 10-22 所示,试进行网络计划的时间优化,要求把总完工期压缩为 22 天。

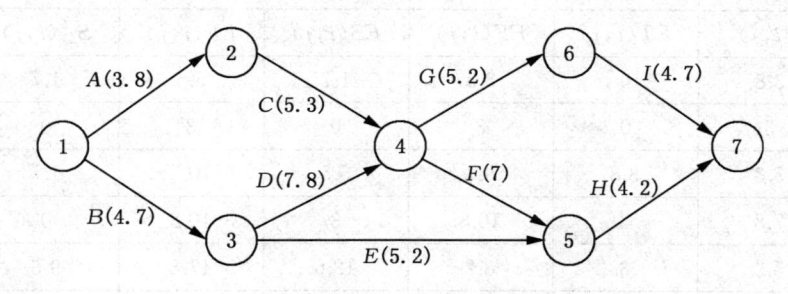

图 10-22　工程项目网络图

解:从网络图中可以看出,该工程的关键路线是:$B-D-F-H$,总完工时间为 23.7 天。进行时间优化的步骤如下:

(1)将要求完工期 22 天作为网络图终点事项的最迟完成时间,并以此为基础重新计算各项活动的作业最迟结束和最迟开始时间及时差。计算数据如表10—4所示。

表10—4　　　　根据完工期要求重新计算的各项活动的作业时间参数

作业名称	作业时间 $t(i,j)$	作业最早开始与结束时间 $ET(i,j)$	$EF(i,j)$	作业最迟开始与结束时间 $ES(i,j)$	$LF(i,j)$	总时差 $S_总(i,j)$
A	3.8	0	3.8	1.7	5.5	1.7
B	4.7	0	4.7	-1.7	3	-1.7
C	5.3	3.8	9.1	5.5	10.8	1.7
D	7.8	4.7	12.5	3	10.8	-1.7
E	5.2	4.7	9.9	12.6	17.8	-1.7
F	7	12.5	19.5	10.8	17.8	-1.7
G	5.2	12.5	17.7	12.1	17.8	-0.4
H	4.2	19.5	23.7	17.8	22	-1.7
I	4.7	17.7	22.4	17.3	22	-0.4

(2) 进行分析。从表10—4中的计算结果可以看出,有些活动出现负时差,并出现负时差线路。出现负时差的线路即为应赶工的线路。出现负时差的线路是:

$B-D-F-H$,总完工期为23.7天,总时差为-1.7天;

$B-D-G-I$,总完工期为22.4天,总时差为-0.4天。

在上述两条出现负时差的线路上,有两个活动是共同的,即B、D活动。于是可以在B或D活动上采取措施赶工1.7天,就可以把负时差消去。

(3) 按照新的作业时间,重新计算网络图的各时间参数,这里假设在B上赶工1.7天,B活动从原来的4.7天压缩为3天。重新计算的活动时间参数如表10—5所示。

表10—5　　　　进行时间优化后的活动时间参数的计算

作业名称	作业时间 $t(i,j)$	作业最早开始与结束时间 $ET(i,j)$	$EF(i,j)$	作业最迟开始与结束时间 $ES(i,j)$	$LF(i,j)$	总时差 $S_总(i,j)$	关键作业
A	3.8	0	3.8	1.7	5.5	1.7	
B	3	0	3	0	3	0	√
C	5.3	3.8	9.1	5.5	10.8	1.7	
D	7.8	3	10.8	3	10.8	0	√
E	5.2	3	8.2	12.6	17.8	9.6	
F	7	10.8	17.8	10.8	17.8	0	√
G	5.2	10.8	16	12.1	17.3	1.3	
H	4.2	17.8	22	17.8	22	0	√
I	4.7	16	20.7	17.3	22	1.3	

这样，在 B 活动上赶工 1.7 天后，就能保证整个工程项目的完工期缩短到 22 天。

二、时间—费用优化

前面讨论的是项目时间优化，没有考虑费用问题。实际上当缩短工期时，费用也发生了变化。因此，如何在缩短项目工期的同时减少费用，寻找费用最低的项目工期就是时间—费用优化问题。能够实现时间—费用优化的原因是，工程总费用可以分为直接费用和间接费用两部分，这两部分费用随工期的变化而变化的趋势是相反的。

（一）直接费用

项目的直接费用是直接发生在每个作业上的费用，包括该项作业的人工费、材料费、设备工时费等。

一般而言，作业工期越短，直接费用越多。例如，采用先进的自动化生产设备、加班加点、采用更先进的工艺设备可以大大缩短作业时间，但是这种情况下就需要支付更大的费用。图 10－23 表示了直接费用与作业工期的变化关系。

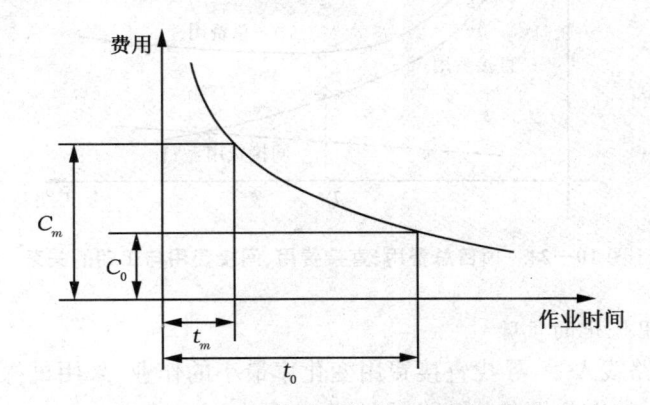

图 10－23　直接费用与作业时间的关系

图 10－23 中，C_0、t_0 为正常的费用和正常的作业时间，C_m、t_m 分别是赶工的费用与赶工作业时间。它们之间的变化关系可以近似用线性反比关系表示，如某作业 (i,j) 的直接费用变化率可用下列公式表示：

$$\alpha_{(i-j)} = \frac{C_m^{(i-j)} - C_0^{(i-j)}}{t_0^{(i-j)} - t_m^{(i-j)}}$$

式中：$\alpha_{(i-j)}$——由结点 i 和结点 j 连接的作业的直接费用变化率。

项目的每个作业（活动）都有直接的费用，总的项目的直接费用就可以用下式表示：

$$C_Z = \sum_{k=1}^{n} C_0^k$$

式中：C_0^k——第 k 作业的直接费用；

$k=1,2,\cdots,n$——项目的作业数。

（二）间接费用

项目的间接费用是与整个项目进度有关的，但不能分摊在每个作业上的费用，如项目经理的薪金、日常行政管理费用、资金的利息、延期罚款等。一般而言，间接费用与总工期成正比关系，即：

$$C_J = \beta \cdot T$$

式中：β——单位时间间接费用变化率；
T——项目工期。

(三)项目的总费用

项目的总费用是项目的直接费用与间接费用的总和，即：

$$C_T = C_Z + C_J$$

项目总费用、直接费用、间接费用与工期的关系如图10-24所示。从图10-24中可以看出，总费用先随工期的缩短而降低，然后又随工期的进一步缩短而上升。总费用的这一变化特点告诉我们，其间必有一最低点，该点所对应的工程周期就是最佳工期，如图中 T^* 点所示。时间—费用优化的过程，就是寻求总费用最低的过程。

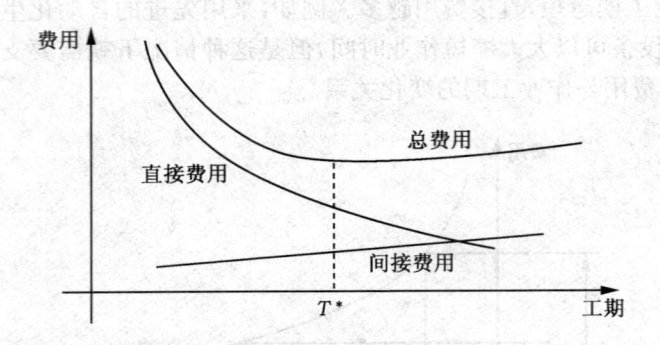

图10-24 项目总费用、直接费用、间接费用与工期的关系

(四)时间—费用优化的步骤

步骤1：从关键路线入手，寻找直接费用变化率最小的作业，采用试探的方法压缩其作业时间，并保证压缩后的作业仍在关键路线上；

步骤2：计算压缩后的直接费用、间接费用和总费用的变化量；

步骤3：确定新的关键路线，如果压缩后总费用变化量不再减少，则停止，否则回到步骤1。

[例10-6] 已知某项目的网络图如图10-25所示，有关各作业的正常和赶工时间、费用如表10-6所示。该项目每天的间接费用为400元，求最佳工期。

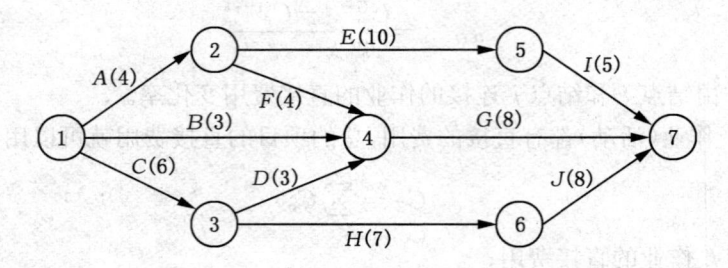

图10-25 某项目网络图

表 10－6　　　　　　　　　　　项目费用统计表　　　　　　　时间单位：天；费用单位：元

作业代号	作业时间 正常时间	作业时间 赶工时间	直接费用 正常费用	直接费用 赶工费用	直接费用变化率
A	4	2	1 000	1 500	250
B	3	1	800	1 800	500
C	6	4	1 200	1 400	100
D	3	2	600	800	200
E	10	7	2 000	2 500	166.7
F	4	3	1 200	1 600	400
G	8	8	1 600	1 600	0
H	7	5	1 500	2 000	250
I	5	3	500	900	200
J	8	6	800	1 200	200

解：(1)计算各作业的直接费用变化率，结果填于表 10－6 的最后一列。
确定关键路线、正常工期与费用。
从图 10－25 中，确定关键路线为 $C-H-J$，总工期为 21 天。总费用等于直接费用与间接费用之和。
直接费用为：$1\,000+800+1\,200+600+2\,000+1\,200+1\,600+1\,500+500+800=11\,200$（元）
间接费用为：$400\times21=8\,400$（元）
因而，总费用为：$11\,200+8\,400=19\,600$（元）
从关键路线入手，寻找直接费用变化率最小的作业压缩作业时间。
关键路线 $C-H-J$ 上的三个作业直接费用变化率分别是 100 元/天，250 元/天，200 元/天。所以应从作业 C 开始压缩，压缩 2 天，总工期变为 19 天，如图 10－26 所示，工期和费用变化见表 10－7 所示。

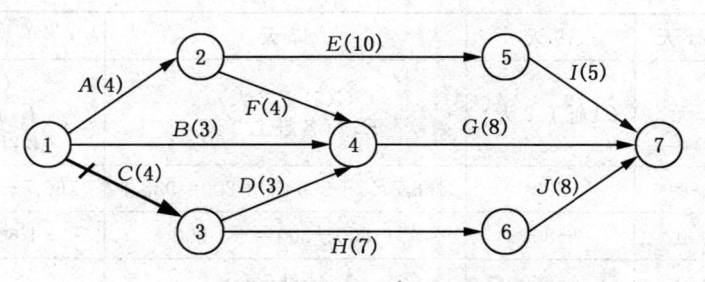

图 10－26　第一次压缩后的网络图

压缩后的关键路线有两条，$C-H-J$ 和 $A-E-I$。直接费用变化率最小的作业是 E（166.7 元/天），因此应压缩作业 E，但是压缩 E 的同时必须对另一条关键路线 $C-H-J$ 也进行压缩才能保证 E 还在关键路线上，才能保证总工期有所变化，因此作业 J（200 元/天）（C 的直接费用变化率最小，但 C 上已经无法再赶工）也同时压缩 2 天，总工期为 17 天，结果如图 10－27 所示，费用变化如表 10－7 所示。
第二次压缩后的网络图，关键路线仍是 $C-H-J$ 和 $A-E-I$。$C-H-J$ 上可以压缩的作业只有 H（250 元/天），可以压缩 1 天，要压缩它必须压缩另一关键路线 $A-E-I$，该路

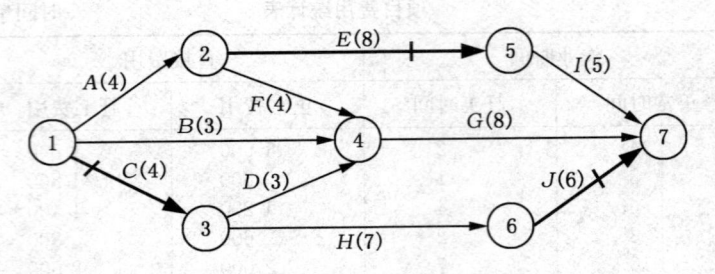

图 10-27 第二次压缩后的网络图

线直接费用变化率最小的是 E(166.7元/天),可以压缩1天,于是两个作业同时各压缩1天。总工期变为16天。压缩后的网络图如图10-28所示,费用变化如表10-7所示。

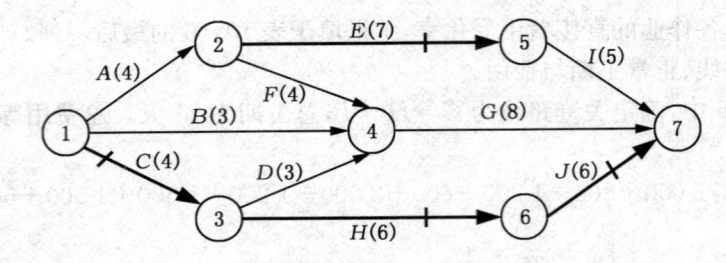

图 10-28 第三次压缩后的网络图

从第三次压缩后的结果可以看出,总费用比第二次压缩后的费用不仅没有减少,反而增加了。此时,我们可以停止了,因为已经找到了总费用最低的时点。因此,最佳的方案是工期为17天,总费用为18 933.4元。

表 10-7　　　　　项目网络计划时间—费用优化计算过程　　　　　　单位:元

工期	21 天	19 天	17 天	16 天
赶工作业	无	C(赶工2天)	C(赶工2天) E,J(各赶工2天)	C(赶工2天) E,J(各赶工2天) E,H(各赶工1天)
直接费用变化	0	200	166.7×2+200×2+200=933.4	166.7+250+933.4=1 350
间接费用变化	0	−800	−800−800=−1 600	−1 600−400=−2 000
总费用变化	0	−600	−666.6	−650
总费用	19 600	19 000	18 933.4	18 950

三、时间—资源优化

资源常常也是影响项目进度的主要因素,时间—资源优化是指在一定的资源约束条件下,调整网络计划使工期最短,或在工期一定的情况下,调整网络计划使资源充分利用。前者称为有限资源下的工期优化问题,后者称为工期规定下的资源均衡问题。

这里所说的资源包括人力、物力、财力。一定的资源条件,通常是指单位时间或某一时间段内的资源供应量。工程项目每项活动的进行都要消耗一定量的资源。增加资源,可以加快项目进度,缩短工期;减少资源,则会延缓项目进度,延长工期。一个工程项目在一定时间内所得到的资源,总是有一定限度的。资源有保证,网络计划才能落实。资源利用得好,分配合理,就能带来好的经济效益。网络计划初始方案的资源需求量是不均衡的,在某些时段内超过了规定的限量,而在另外一些时段资源却有富余。这就需要对工程项目的工期与资源需要状况进行综合考虑,进行计划的调整和优化。

在大型复杂项目中,时间—资源优化中的变量和约束条件变化会很大,通常要综合考虑以下因素:

(1)活动的作业时间;
(2)活动的最早开始、最迟开始、最早完工和最迟完工的时间;
(3)活动的时差,包括总时差、自由时差;
(4)紧前活动或紧后活动的数量;
(5)最长活动序列的持续时间;
(6)具有最大资源需求的活动序列。

而项目包含的活动多,涉及的资源情况也错综复杂,往往需要经过多次权衡之后,才能得到时间进度和资源利用都比较合理的计划方法。具体的要求和做法有以下几个方面:

(1)优先安排关键路线上的关键作业及非关键路线上总时差很小的作业需要的资源。
(2)在规定的工期内,计算项目中活动所需的资源数量,做出资源供应计划。
(3)在不影响工期的前提下,利用非关键作业的总时差,错开各活动的开始时间,拉平资源需求的高峰,使得资源得到连续、均衡的使用。
(4)当资源匮乏时,或者在考虑综合效益的前提下,也可以适当推迟工期,以缓解资源需求的压力。

本章小结

本章介绍了有关网络计划技术的基本概念及网络计划技术的基本原理,包括网络图的绘制、网络时间参数的计算与网络计划的优化。其中重点是网络计划时间参数的计算和网络计划的优化。网络时间参数主要包括结点的时间参数和活动的时间参数,网络计划的优化主要有时间优化、时间—费用优化、时间—资源优化三种方法。其中,时间与费用的优化方法需要重点掌握。

延伸阅读

[1]赵延龙,明磊. 施工项目网络计划优化研究综述[J]. 项目管理技术,2006(1).

[2]李良宝. 工程项目施工进度网络计划的不确定研究[J]. 管理世界,2007(8).

[3]高兴夫,等. 工程项目管理的工期—费用—质量综合优化研究[J]. 系统工程理论与实践,2007,27(10).

[4]姚广军. 建筑工程网络计划技术应用方法探讨[J]. 科技信息,2012(3).

[5]党永胜. 工程项目管理中工期—成本—质量综合均衡优化研究[J]. 价值工程,2013(31).

[6]郭琦,等. 基于蒙特卡洛模拟的工程项目网络计划进度风险分析[J]. 项目管理技术,

2013(11).

[7] 欧阳红祥,等. 网络计划多资源均衡优化遗传算法[J]. 武汉理工大学学报(信息与管理工程版),2013(2).

[8] 苏志雄,等. 求解CPM网络计划的最大网络时差[J]. 运筹与管理,2014(1).

[9] 钱艺光. 比网络计划技术简便的新方法[J]. 经济师,2014(12).

[10] 彭绍雄,申晨龙. 考虑多因素的网络计划工作时间计算[J]. 中国科技信息,2014(17).

[11] 李建峰,等. 基于非肯定型网络计划的环境对施工进度的影响[J]. 建筑工程技术与设计,2015(4).

[12] 张倩玉,张玮. 基于PERT网络计划的进度管理[J]. 安徽科技学院学报,2015(4).

[13] 杨波. 基于CPM法的早时标网络计划时间参数算法应用[J]. 江西建材,2015(21).

[14] 李会静. 基于总时差和自由时差的网络计划研究[J]. 价值工程,2015(6).

[15] 段世民. 网络计划技术在新产品开发中的应用[J]. 现代经济信息,2015(11).

案例讨论

西南大学露天运动场的建设

西南大学(SWU)是一所规模很大的州立大学。它坐落于得克萨斯州的斯蒂芬维尔,在达拉斯—沃斯堡市区西南方30英里处,拥有近2万名学生。那里是一座典型的大学城,学生成了小城的主要人口,在春秋季开学后学生比当地常住居民还要多。

西南大学长期拥有橄榄球运动的优势,并且是11大联盟的会员之一,通常在大学橄榄球排名中居前20名。为了实现获得第一这个遥远而长期的目标,在2003年西南大学聘用了传奇人物博·皮塔诺(Bo Pitterno)担任主教练。

博·皮塔诺加入西南大学的要求之一就是修建新的露天运动场。随着观看球赛的人数增加,西南大学的管理者们必须开始面对这个问题。经过6个月的研究,大量的政治考量和一系列认真的财务分析,西南大学校长乔尔·威斯纳做出了扩建校园内的露天运动场的决定。

即使增加了数千个座位,其中包括数十个豪华包厢,也并不能使所有人满意。具有影响力的皮塔诺想要的是一座一流的运动场,其中有运动员宿舍和为未来的美国全国大学生体育协会(NCAA)冠军队的教练所建的豪华办公室。但是决定已经做出,就算教练和其他人不满也得适应这个决定。

首要工作是在2009年赛季结束后立即开始建设,距2010年赛季开赛有270天。建筑商希尔建筑公司签下了项目合同。鲍勃·希尔看着工程师列出的任务表后,望着威斯纳校长的眼睛,充满自信地说:"我保证队伍明年按时完工。""我希望如此,"威斯纳校长回答道,"比起因与宾州州立大学的比赛推迟或取消皮塔诺教练将对你的惩罚来说,合约规定的每天10 000美元的违约罚款可能不算什么。"希尔微笑了一下,无须做任何回答了。因为在疯狂迷恋橄榄球的得克萨斯州,如果270天的工期不能按时完工,希尔建筑公司将会深陷困境。

回到办公室后,希尔反复翻看数据(见表10—8),其中的乐观时间估计值可被看作赶工目标。然后他叫来了工长,"福克斯,如果没有75%的把握在270天之内完工,我想我们就需要赶工! 告诉我赶工到250天的成本——还有240天的。我希望提前完工,而不是仅仅是按时!"

表 10—11　　　　　　　　　　西南大学项目

活动	描　述	紧前活动	时间估算值(天) 乐观	最可能	悲观	赶工成本(美元/天)
A	担保、保险和税收构造	—	20	30	40	1 500
B	包厢地基和混凝土底脚	A	20	65	80	3 500
C	更新运动场豪华包厢座位	A	50	60	100	400
D	更新跑道、楼梯和电梯	C	30	50	100	1 900
E	内部配线和装置	B	25	30	35	9 500
F	检查和审核	E	0.1	0.1	0.1	0
G	测量垂直度	D、E	25	30	35	2 500
H	油漆	G	10	20	30	2 000
I	五金器具/电线/金属制品	H	20	25	60	2 000
J	瓷砖/地毯/窗户	H	8	10	12	6 000
K	检查	J	0.1	0.1	0.1	0
L	最后的琐碎工作/清洁	I、K	20	25	60	4 500

思考讨论题：

1. 为希尔建筑公司绘制网络图，找出关键路线，并计算出项目的期望完成时间。

2. 项目在 270 天内完工的概率是多少？

3. 假如要赶工到 250 天或 240 天，希尔将如何做？成本是多少？像前面提到的，假设将时间估计值当作赶工时间。

课后同步测试

一、思考问答题

1. 网络计划技术中的关键路线法与计划评审技术有什么不同？
2. 网络计划技术的基本原理是什么？
3. 网络计划技术有哪些优点？
4. 绘制网络图应遵循哪些基本原则？
5. 确定作业时间通常有哪几种方法？它们是如何进行估算的？
6. 什么是网络计划的关键路线？确定关键路线的方法有哪些？
7. 什么是时差？有哪几种时差？它们之间的联系和区别是什么？
8. 压缩网络计划作业时间的方法有哪些？

二、单项选择题

1. 网络计划的关键路线是(　　)。
   A. 活动最多的路线　　　　　　　　B. 时间最长的路线
   C. 资源使用最多的路线　　　　　　D. 作业最多的路线

2. 采用三点时间估计法进行作业时间估计，某作业的最乐观时间为 3 天，最可能时间为 5 天，最悲观时间为 7 天，则该作业的期望作业时间为(　　)。
   A. 3 天　　　　　　B. 5 天　　　　　　C. 6 天　　　　　　D. 7 天

3. 活动的最早可能完成时间是(　　)。

A. 该活动箭头事件的最早可能发生时间
B. 该活动箭尾事件的最早可能发生时间
C. 该活动箭头事件的最迟必须发生时间
D. 该活动箭尾事件的最早可能发生时间加上活动所需时间

4. 如果某作业的总时差为零,则表示(　　)。
A. 该作业为关键路线作业　　　　　B. 该作业不是关键路线作业
C. 该作业没有消耗资源　　　　　　D. 该作业时间不能压缩

5. 项目的间接费用的变化规律是(　　)。
A. 与每个单项作业时间成正比　　　B. 与整个项目工期成正比
C. 与每个单项作业时间成反比　　　D. 与整个项目工期成反比

6. 在CPM网络中,A为B的紧前活动则表示(　　)。
A. 活动A完工后B马上就要开始　　B. 活动A完成是B开始的充分条件
C. 活动B在活动A完成后才能开始　　D. 活动A和B同为关键路线或非关键路线

三、多项选择题

1. 下列表述中正确的是(　　)。
A. 最早完成时间可在这项活动最早开始时间的基础上加上这项活动的工期估计
B. 活动的最迟完成时间以项目预计完成时间为参照点进行逆向计算
C. 最近完成时间可在前置活动的最近开始时间基础上计算出来
D. 最迟开始时间可在该活动最迟完成时间的基础上加上该活动的工期得出

2. PERT计划适用的项目有(　　)。
A. 不可预知因素较多的项目　　　　B. 过去未做过的新项目
C. 复杂的项目　　　　　　　　　　D. 研制新产品的项目

3. 下列表述中正确的是(　　)。
A. 关键路线法主要应用于以往在类似项目中已取得一定经验的项目
B. 计划评审法更多地应用于研究与开发项目
C. 如果任务工期无法正确估计,一般采用计划评审法
D. 关键路线法属于非肯定型,计划评审法属于确定型方法

4. 下列表述中错误的是(　　)。
A. 如果进度计划进行了修改,关键路线不会发生变化
B. 如果时差为负,表示将在预定时间内提前完成项目
C. 如果时差为正,表示将在预定时间内可以提前完成项目
D. 如果时差为正,表示在预定时间内无法完成项目

四、判断题

1. 甘特图揭示了活动之间的先后顺序关系。　　　　　　　　　　　　(　　)
2. 在网络图中,关键路线是时间最短的路线。　　　　　　　　　　　(　　)
3. 箭线型网络图应该有、也只能有一个起始结点和一个终止结点。　　(　　)
4. 虚活动的主要作用是表明前后活动之间的关系。　　　　　　　　　(　　)
5. 活动$i-j$对最早可能开始时间等于事件i的最迟必须发生时间。　(　　)

6. 活动 $i-j$ 的最迟必须开始时间等于事件 i 的最迟必须发生时间。（ ）
7. 不在关键路线上的活动，其松动时间为零。（ ）
8. 要想缩短工期，只有在关键路线上赶工。（ ）
9. 一项活动的总时间差用完了，则其所有后续活动均无松动余地。（ ）
10. 关键路线上的活动，其总时差一定为零。（ ）
11. 虚活动在箭线型网络图中除了不消耗资源外，在计算网络参数时应像实活动一样对待。（ ）
12. 网络计划中，关键路线可能有多条。（ ）

五、计算题

假设某工程的作业明细表如表 10—9 所示。

表 10—9　　　　　　　　　某工程作业明细表

作业名称	A	B	C	D	E	F	G	H	I
紧前作业	B、C	D、E、F	E、F	G、H	G、H	H	I	I	—
作业时间(天)	5	4	3	7	5	6	2	8	4

要求：
(1) 绘制网络图；
(2) 计算结点最早开始及最迟结束时间；
(3) 计算工序的最早开始时间和最早结束时间，最迟开始时间和最迟结束时间；
(4) 计算工序的总时差，并求出关键路线和总工期。

课外小组实践活动

婚礼安排

假设经过几年的交往，你和你的恋人最终决定举行婚礼，而你的恋人希望婚礼相当隆重。你意识到有许多计划和工作需要去做。注意到了你的紧张，你的朋友和父母尽力使你确信每件事情将会顺利进行，并为婚礼提供了许多帮助。作为一名完美主义者，你想确保每件事情都尽可能顺利进行。然而，你刚刚接到一个非常坏的消息：你想举行婚宴的饭店已经被重复预定，由于另一对夫妇已首先预定，并付了相当数额的押金，饭店经理决定在你婚礼那天将饭店租给他们使用。在礼貌表达歉意后，饭店经理向你建议了另外几个日期，并将提供 10% 的折扣。然而，若选定新的日期后，你以前所做的另一些安排可能会和它发生冲突。

以小组（4~6 人）为单位成立一家婚庆公司，假设上面的情形是贵公司所遇到的一个客户，请帮助这位客户筹备婚礼：

(1) 先暂不考虑从饭店经理那儿得到的坏消息，列出婚礼计划和完成项目所必需的活动，画出网络图，给出每项活动的工期估计，确定各项网络时间参数，确定关键路线，找出构成关键路线的各项活动。

(2) 考虑从饭店经理那儿得到的坏消息，为客户的特殊日子做一下重新安排。更新你的网络图，重新计算各项时间参数。确定关键路线和构成关键路线的活动，与原来的计划相比较，有何变化？

参考文献

[1]杰伊·海泽,巴里·雷德．生产与作业管理教程(第四版)[M]．北京:华夏出版社,1999.

[2]周志文．生产与运作管理[M]．北京:石油工业出版社,2001.

[3]王世良．生产与运作管理教程——理论、方法、案例[M]．杭州:浙江大学出版社,2002.

[4]冯根尧．生产与运作管理[M]．重庆:重庆大学出版社,2002.

[5][美]威廉·J.史蒂文森著.运营管理(第8版)[M]．张群译．北京:机械工业出版社,2005.

[6]李全喜．生产运作管理[M]．北京:北京大学出版社,中国林业出版社,2007.

[7]赵红梅,岳建集．生产与运作管理[M]．北京:人民邮电出版社,2007.

[8]苏尼尔·乔普拉,彼得·迈因德尔．供应链管理——战略、规划与运作[M]．陈荣秋,等译．北京:中国人民大学出版社,2008.

[9]陈荣秋．现代生产运作管理[M]．北京:北京师范大学出版社,2008.

[10]马士华,等．生产与运作管理——习题案例课程实验[M]．北京:科学出版社,2008.

[11]潘艾华,阮喜珍．生产与运作管理实务[M]．武汉:武汉大学出版社,2009.

[12]王建民．生产与运作管理[M]．北京:北京大学出版社,2008.

[13]陈志祥,李丽．生产与运作管理[M]．北京:机械工业出版社,2009.

[14]柯清芳．生产运作管理[M]．北京:北京理工大学出版社,2009.

[15]陈志祥．生产运作管理基础[M]．北京:电子工业出版社,2010.

[16]马义飞,张媛媛．生产与运作管理[M]．北京:北京交通大学出版社,2010.

[17]陈英．ZARA、H&M、UNIQLO三大品牌北京店铺选址现状调研和分析[J].纺织导报,2011(9).

[18]蔡建飞．生产与运作管理[M]．长春:东北师范大学出版社,2012.

[19]陈荣秋,马士华．生产运作管理(第4版)[M]．北京:机械工业出版社,2012.

[20]Jay Heizer,Barry Render.运作管理[M]．陈荣秋,张祥等译．北京:中国人民大学出版社,2012.

[21]数字化企业平台_成功案例．http://www.industry.siemens.com.cn/home/cn/zh/news-events-exhibitions/fom/digital/Pages/Default.aspx.

[22]道客巴巴,在线文档分享平台．http://www.doc88.com/p-783378957382.html.

[23]http://www.yukontek.com/chenGong_47.html.